新天理図書館善本叢書 9

類聚名義抄

観智院本 一 仏

八木書店

例言

一、本叢書は、天理大学附属天理図書館が所蔵する古典籍から善本を選んで編成し、高精細カラー版影印によって刊行するものである。
一、本叢書の第二期は、古辞書篇として、全六巻に編成する。
一、本巻には、『類聚名義抄 観智院本』十一帖の内、篇目・仏上・仏中・仏下本・仏下末の五帖を収めた。
一、各頁の柱に書名等を記し、墨付丁数と表裏の略称（オ・ウ）、および篇目番号と部首を表示した。
一、各頁の下欄に正宗敦夫編『類聚名義抄』（風間書房刊）の本文番号を記載し、同書「索引」との対照の便に供した。
一、解題は大槻信氏（京都大学大学院教授）が執筆し、第十一巻（類聚名義抄 観智院本 三 僧）の末尾に収載する。

平成三十年四月

天理大学附属天理図書館

目次

法　目次（第十巻　類聚名義抄　観智院本　二）

僧　目次（第十一巻　類聚名義抄　観智院本　三）

類聚名義抄

観智院本

篇目・仏

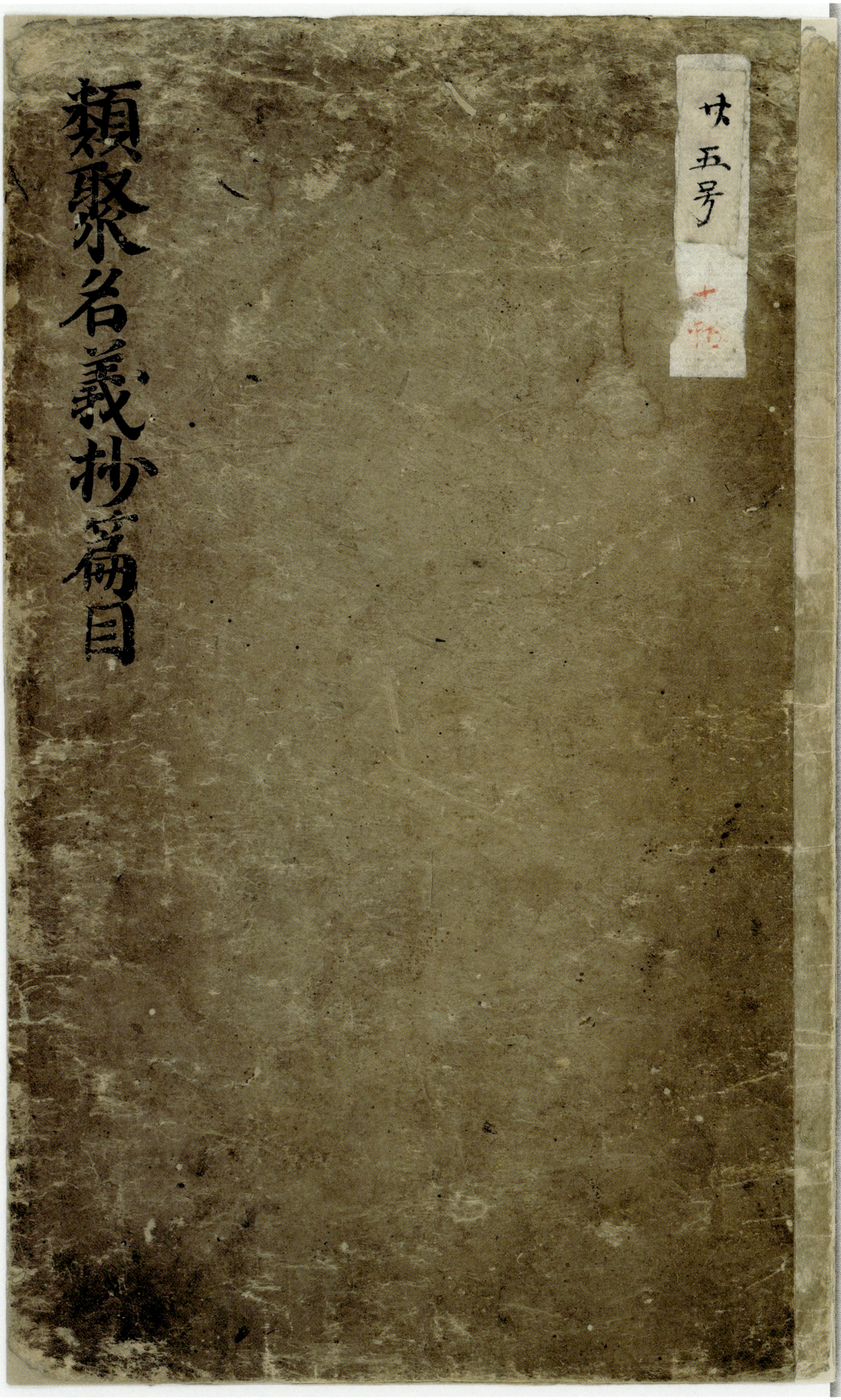
類聚名義抄篇目
廿五号

天理図書館蔵

類聚名義抄佛上　篇目

人 一　彳 行 二　辵 夂 三　匚 匕 四

走 五　麦 六　一 七　丨 八

十 九　身 十

佛中

耳 十一　女 十二　舌 十三　口 吅 品 㗊 十四

目 自 十五　鼻 十六　見 十七　日 曰 白 是 十八

田 十九　肉 月 廿

佛下本

舟 冊 廿一　肙 廿二　甬 廿三　貝 廿四

頁 廿五　彡 廿六　髟 長 廿七　手 廿八

木 林 廿九　犬 才 卅

佛下末

牛 牜 卅一　片 爿 卅二　豸 豕 卅三　乚 卅四

几 九凡火光元 卅五　攴 八 卅六　八 各 卅七　大 卅八

火 灬 卅九　黒 卌

類聚名義鈔法上

水 シ 卅一　ン 卅二　言 卅三　⻊ 足 卅四

立 音 卅五　豆 豈 豊 卅六　卜 ヒ 止 卅七　面 卅八

齒 卅九　山 五十

法中

石 五十一　玉 王 五十二　色 五十三　邑 阝 戸 五十四

阜 阝 𠂤 五十五　土 士 五十六　心 忄 五十七　巾 帛 五十八

糸 五十九
法下
衣 衤 六十
示 ネ 六十一
禾 禾 香 黍 六十二
米 六十三
丶 六十四
宀 冖 六十五
勹 六十六
穴 六十七
雨 雲 西 六十八
門 閂 六十九
口 七十
尸 户 七十一
戸 扈 慶 七十二
广 厂 七十三
鹿 七十四
疒 七十五
歹 歺 夕 七十六
子 孑 七十七
斗 七十八
躬 阜 七十九
寸 八十

類聚名義抄僧上

僧中

凡此書者為愚癡者任意抄也不可為證矣立
篇者源依玉篇於次第取相似者量隣也於

字數少者集爲雜部〻依類者吏也篇中聚字
者私所爲也印字雖在人部依雜求入厂《し》部
失字雖在手部依雜知爲大部等也自餘字
准可知之注中多略用斤《カタくツ》
亠音字乚訓字丨也字彳從字才於字等也
朱音者正音也墨声者和音也　片假名有朱
點者皆有證據〻有師說無點者雜〻書中
随見得注付之不知所追〻可決之

觀智院

類聚名義抄佛上

人一　彳二 行　辵久三　匚ヒ四
走五　麦六　一七　丨八
十九　身十

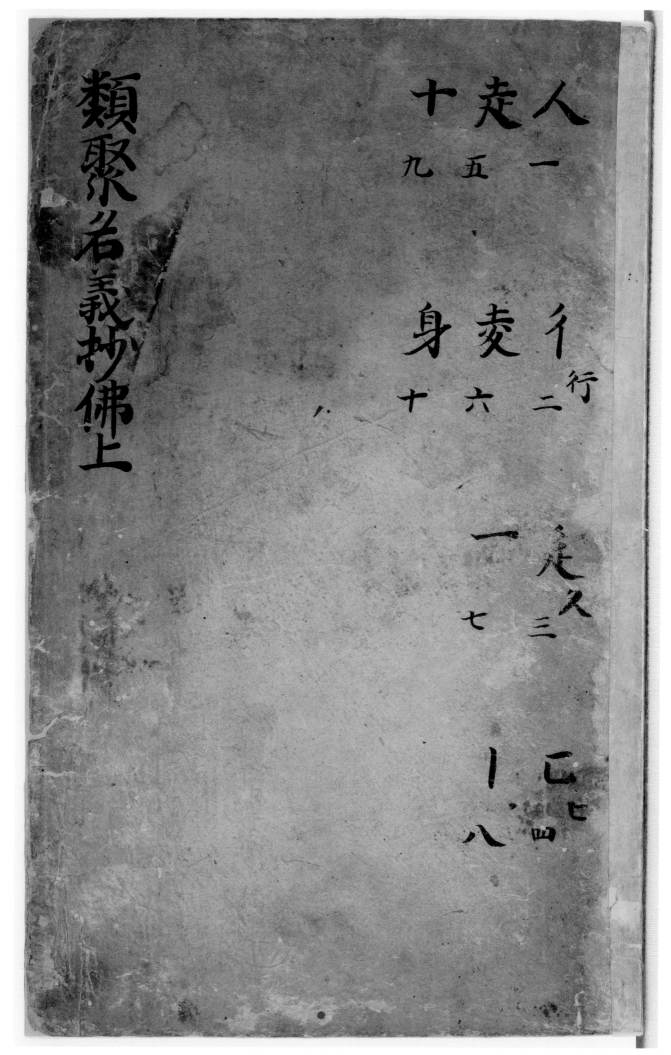

天理圖書館藏

佛上一

人 一
彳 二 行
辵 三 久
乚 四 匕
走 五
夊 六
一 七
丨 八
十 九
身 十

佛中二

耳 十一
女 十二
舌 十三
口 十四 吅 品 器
目 十五 自
鼻 十六
見 十七
日 十八 曰 白 是
田 十九
肉 二十 月

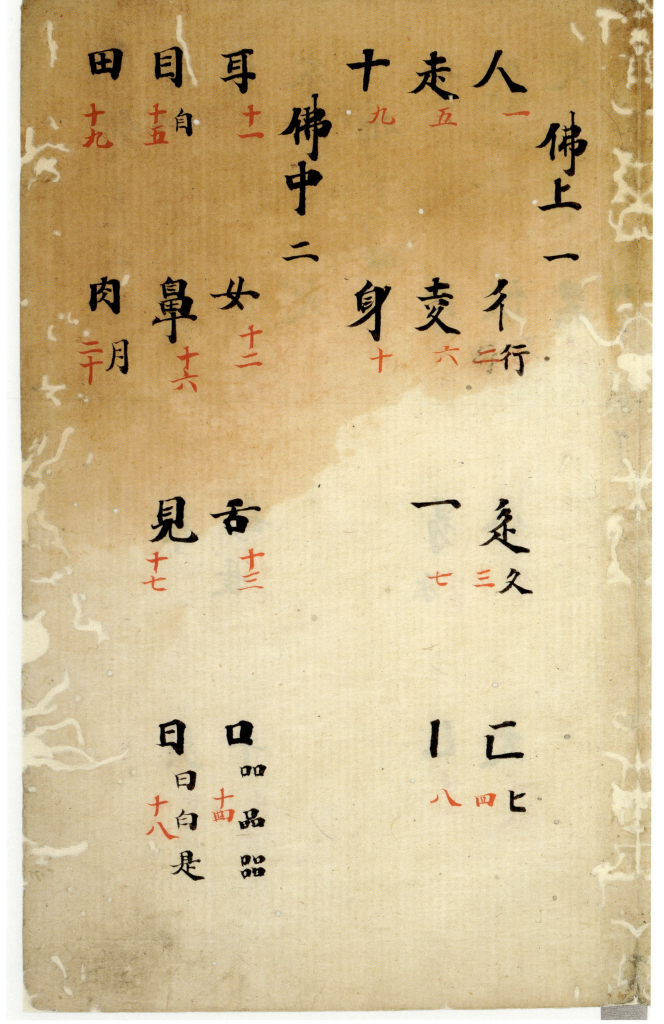

佛下上三

舟丹 廿一
骨 廿二
角 廿三
貝 廿四

頁 廿五
彡 廿六
髟長 廿七
手 廿八

木 廿九
犬 卅

佛下下四

牛 卅一
片 卅二
豸豕 卅三
乚 卅四

儿九九尢 光尢 卅五
攵 卅六
八 卅七
大 卅八

火 卅九
黒 四十

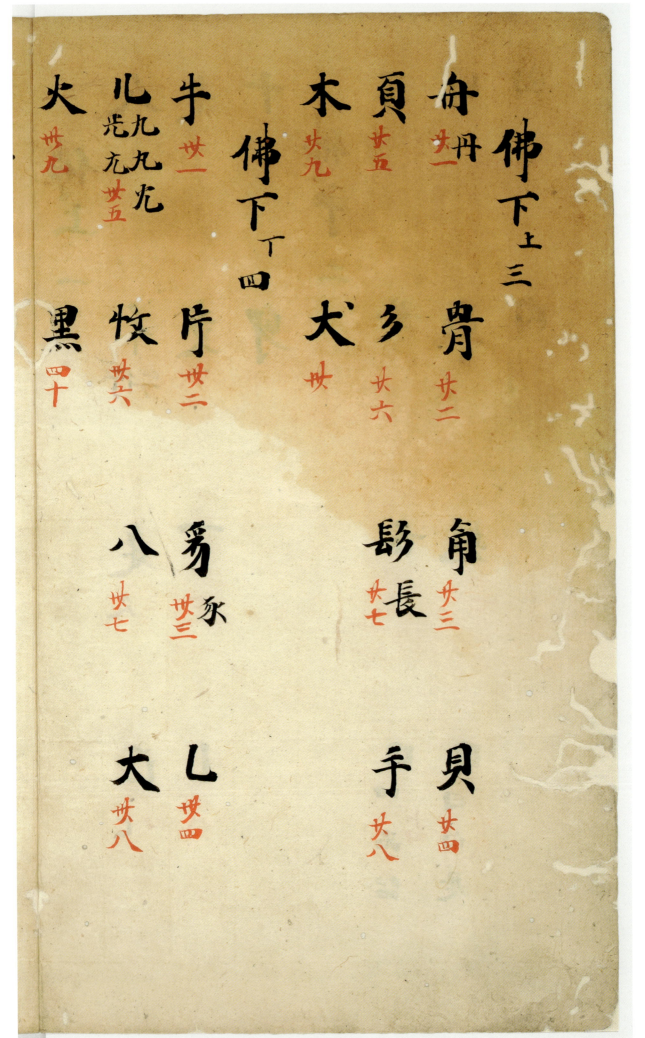

法上 五

氺 四十一　氵 四十二　言 四十三　是 四十四

立 四十五 音　豆 四十六 豈 豐　卜 四十七 匕上　面 四十八

齒 四十九　山 五十

法中 六

石 五十一　玉 五十二 王　色 五十三　邑 五十四

阜 五十五　土 五十六 上　心 五十七　巾 五十八

糸 五十九　衣 六十

〔仏上目3〕

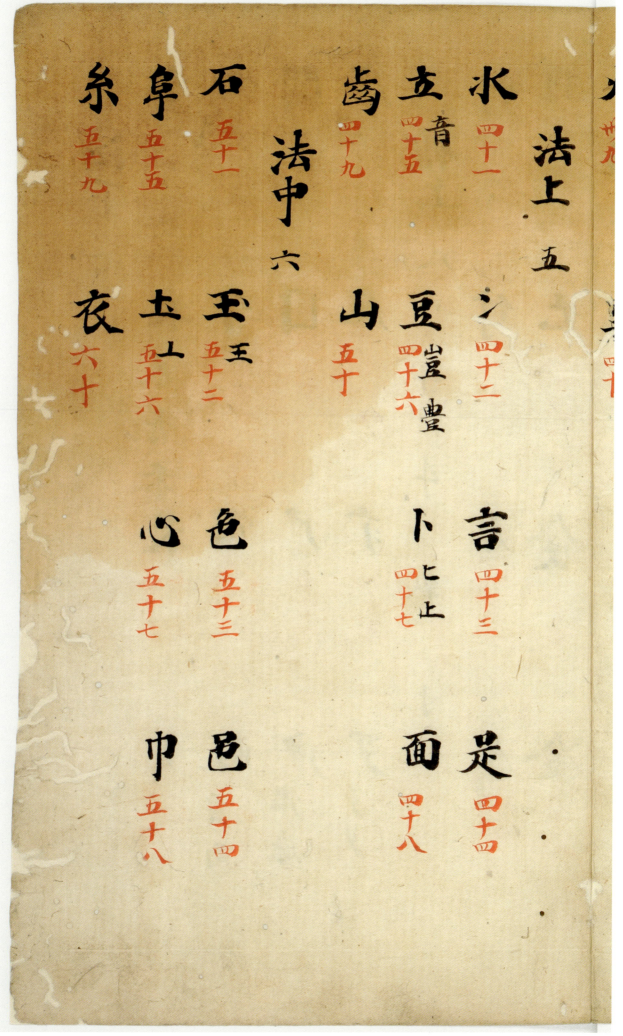

法下　七

示 六十一　禾 六十二 禾香黍　米 六十三　丨 六十四

宀 冂 六十五　勹 六十六　穴 六十七　雨 六十八 雲 禹

門 六十九　口 七十　尸 七十一　户 七十二 鹿 康

广 厂 七十三　鹿 七十四　疒 七十五　歹 七十六 歺 ソ。

僧上　八

子 七十七　斗 七十八　殳 七十九　寸 八十

艸 八十一　竹 八十二　力 八十三　刀 八十四 刀

羽 八十五　毛 八十六　食 八十七　金 八十八

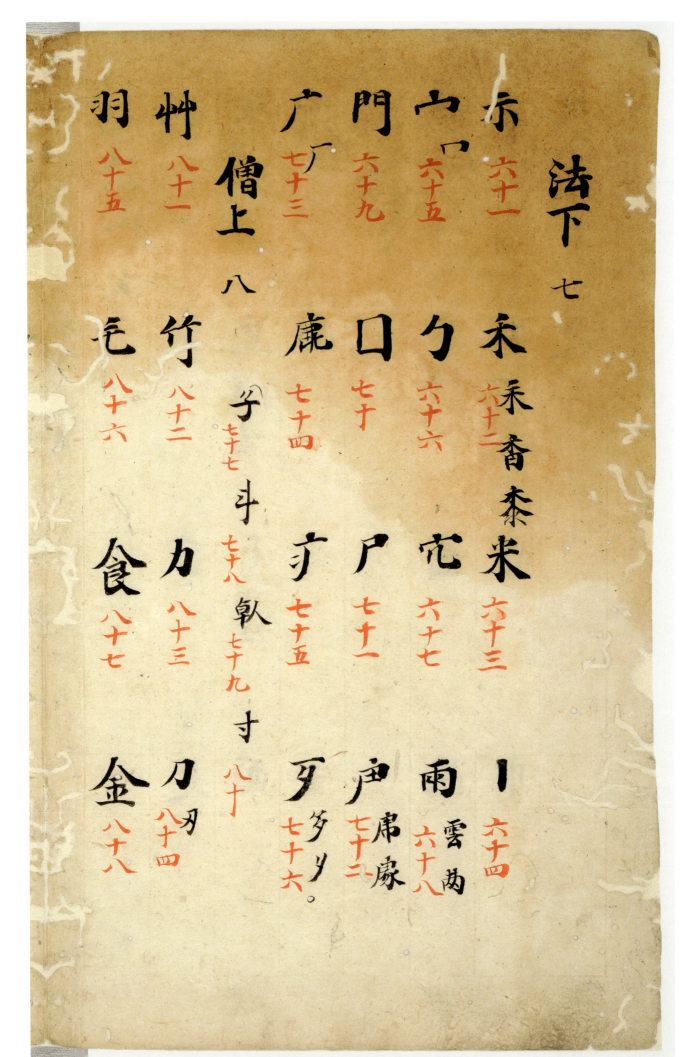

厶 八十九

爪 九十 爪 爫

僧中 九

冋 九十一

四 九十二

瓦 九十三

缶 九十四

弓 九十五

方 九十六 方

矢 九十七

行 九十八

彑 九十九 彑

戈 百

欠 百一

又 百二

支 百三 支

殳 百四 殸

皮 百五

革 百六

亊 百七

車 百八

羊 百九

馬 百十

僧下 十

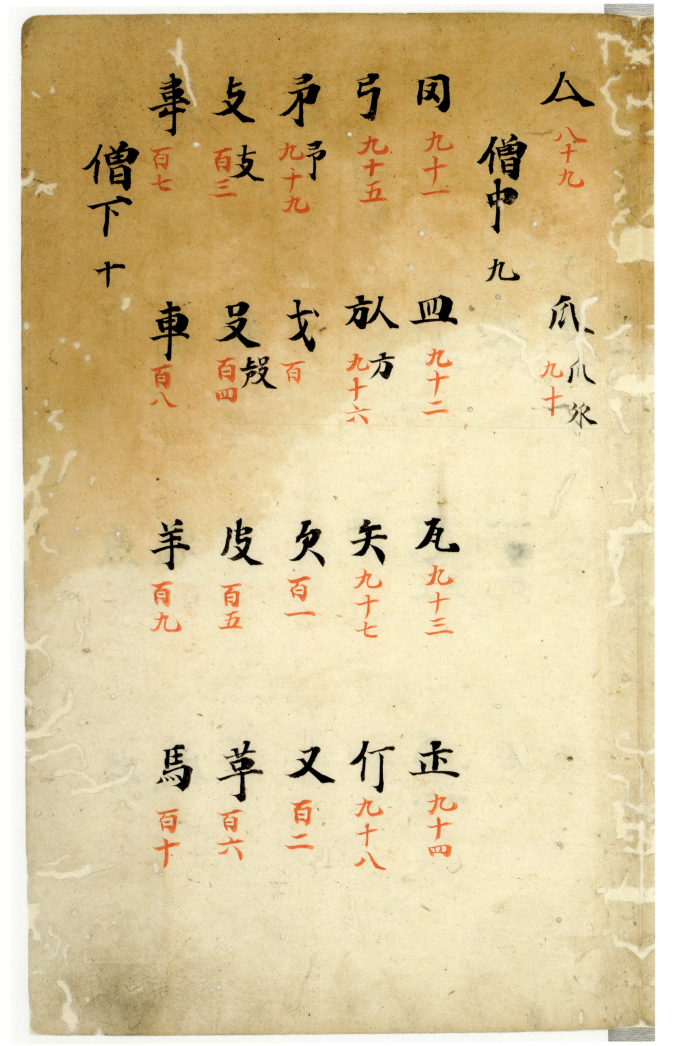

鳥 百十一
隹 百十二
魚 百十三
虫 百十四

鼠 百十五
龜 黽 百十六
黽 百十七
風 百十八

酉 百十九
雜 背等 百二十

篇目

為頌

人《ニン》 一
彳《テキ》 二 行
辵《チヤク》 三 又
匚《ハウ》 四 匕

走《ソウ》 五
夊《ミヤ》 六
一《イチ》 七
卩 八

十《ヒフ》 九
身《シム》 十

類聚名義抄 仏

人部第一

人 音仁 ヒト 禾レ サ尒　一人 ヒトリ　二人 フタリ

五｜ イトリ　｜等 ヒトヘモ　湯｜ ユヱ　真人 マフト

漠｜ アマ　海｜ 同上　盗｜ ヌスヒト　不良人 同上

毛｜ エヒス　白｜ シシモノ　桃｜ モモノサ尒　｜參 カノニテツサ

佛 音費 アノカナリ 又符弗反 フツ ホトケ シアキラカナリ　仏 俗佛字

タチニチ 又音弼 ヒチ タヌツ 和音部ハ　又見別字

彷佛 ホノカナリ 上芳往反 アノカナリ シアツカナミ　倆 或作髣正

ナラフ カタヒソ イカル 下音費

仿像 ホノカナリ 下在下　㑅 内《ナイ》納二音　儹 薿音 又カハラフ 子ン口 サトル 和音 サン

僔 遵《サウ》曹《サウ》二音 終也　僁 音謂《井》胃也 サソフ　倡 音昌 ウタフヒ イサナフ アソフ ミフ ウタメ ウタフ 禾サウタ

亻導 イサナヒ ミチヒク　亻女 ウタメ　侶 音呂 トモ トモカラ 禾音リヨ 又ロ

仰 古文信字 ミコト　伿 音易 モノウミ コロ 慎也　佋 音韶《セウ》 テラス カロくミ ミ動廟尊卑之次也

偪 偪 上音 下正 去聲 又音寒 又如 正 太 又 ノトモ　詳視也 空旱又旗直 笑く 音者之

仁 音人 ヨミ キミ ナムチ ヒト ウツクシフ スクム ムツニミ コロコフ ヒルス ミノフ タフトミ

仜 六紅肥　任二 未詳　仕 音士 ツモム ツカフ ツカニツル ミヤツカヘ　不亻 カタ子 アミタス

任 音壬 シノフ タヘタリ ツホミナウ ニカス アヽ ホミイマ タモツ ハラム アタル タツ ヒテ アサ ミテ ナ イトクツ アツ 又去声

佂 渠往反 遠行〻

佳 エ家 ミナ ヨシ フカシ ウホイナリ フサヌ カス 禾ソコ チリ

倣（公）｜ ニルニノキ

俍｜ タヽスム ヨロホフ

イラヽ アツヽカヘ丁ヽ

倭僂 二音 禾ハイヘ ソムソ

僮 エ童 カタイナシ ヤツカヒ ツカヒ人 ヤツコ ワラヘ ツヽ丁ツ

傳 苦停字

佳 雉佚反 ハニカ ハツ スム 禾地音

倚 エ綺 ヒム ヨル ヨリフス ヨリタテリ

｜子 イヌ

｜羅麼 ホロノハ 鳥䍚羽

倍 苦慼字 於古反 静〻

傍 エ八房 ホトリ カタハラ ナラフ ヨル ツフ ツリ カタヽ ソハ アニチミ チカシ

偪 スミカ トヽマル タハフル タミフ ツソ

位 胡愧反 タヽ クラ井 ヒラ ヨシ クラカヌ 禾井 鋳器

倍 薄乃反 イカタ イハフ 公ヘリ アト タノム カタフク ヨセタツ ヨリイル 丁サル 丁スヽ ソムク ヘツ

倭 エ渟 オコツル ヘツラフ アサムク カタ丁シ イツハル ミノリカハシ

億 カナラス エ憶 シク 十万 ラモフ ラモハカル

停｜ 丁トヤカナリ ヤム ヤスム ヤトル 上エ庭 ヒトシ トヽマル ツヽ井ル トヽコホル

傍偟 ーー トク チモトロール　彷ー 同下 上皇 タチモトホル タチマチ アトコス　傍ー 上帝 催問

㒒僕 上呉 下正 蒲木反 ナツカし ヤツコ ロし ツカフ ツクノ 上ルナリ ツフ子 ナツ ナメス 禾ホリ　僕 呉 谷　僕 或

僕 正　倈 女 㦒反 弱、　倭 呉 妊字　倖 呉 弄字

倠 皮水反　侻 呉 ヨル　傺 又維 如鈎反、 又如鴆反　僥 ナツテシ 大ハフ

佛 呉 帶字　倣 蒲遊反 又並上 並、　位 令 ナホシ トモ トモシ　倂 蒲斷反 ナラフ シカシナカラ

ツフ トモ アハス カクス スフ クロシ黒　侢 呉 弄字　傑 肌及反 又赤上

カス ツラヌ アツマル スミ

倚 㝊上 送上 又孕上　倚倚倚 中下正 高上 ヨル 高、　仏 呉 徒字

以 上茲 モチヰル コレヲモテ モツ モテ爪 サテアリノ トモニ シモフ ウモシミレハ ユヘ

モチウ タメニ 不ス哉 ーーチ三セ モテシケラシ ステニ アタフ アフ オモヘラツ 木イ

モテストモ ナラヒ
众 若 トモ
ヨル スナハチ ヒキリニ アツヒ カサヌル
チナヒ ツイテ サラニ ヲサ
仔 五奚又 陽不知、
儫 ヒトヒ
仅 乃都又奴、 古好字
コトヒ アエタリ チカヒ トモカラ ナラフノリ
ミノトコロ 辰巳之巳 ツソ
不一 ミカヒ

丽一 上ヘ コノ上ヘニ
双 従字 ミタカフ
仔 上子克、 タフ
伃 焉討又 佯不知、
倓 ツヽル
仫 上次 トヒ

是 コヽシモテ
父 乚字、 鄙淺又
伮 未詳
儫 撰 ツフサニ ソチム 三儿
伋 上急 人名 カタフリ
伙 アクヒス
侣 倪 上戓下若
攸 上由 トコロ 事、 辯、

佩 上吟 又于飲 人
仍 如陵又 又訓 昊上 乗 ナホ
儠 上盈
ツナフ ヒリフツ
ミメス
伖 カタフタ 名ル
似 徐姉又 禾上ヒ ニタリ ノル
如 似 ニタリ
條 可見イ部 シサム シコユフ

ツクル　カサル
カキル
サカナ　アフツ
傯　同欲
僜　儵　二或
アカフサニ　スミヤカニ　ミハラツ　トミ
黒繒　羲色
キノカミラ　オホウ
⿰亻夆　工條　ー蝙　火虫
⿰亻⿱夂非　先盍又悪、

｜理　ツクロフ
佰　音頏字　工迴　ミヌカフ　メクル
ツフサニ
翛。倏　儵　上二音　下二正　又儵字　工外　木宿
漢書蕭工　速疾、　キ工
僜　音欲　或欲
⿰亻⿱夂奐　工條　奐如鷄　赤尾六足
四首音如鵲
⿰亻⿱夂今　｜クツ木ツラ
⿰亻⿱夂女　古好字

脩　シサム　カキル
倏忽　ミニ　アカラミ
⿰亻熏　同　⿰亻⿱夂熏　正
⿰亻⿱夂貝　渠往反
貝載戴器
⿰亻⿱夂如　而招又　又如上
ミキハフ

脩　可見彳部、
ナカミ　ホミ、
⿰亻⿱夂心　ミナキハム
倏
⿰亻⿱夂熏　今儵字　工同上
タチマチ　ミミ
⿰亻⿱夂糸　⿰亻⿱夂糸　今正　他力反
絲繩又欲
條　工ヲ　ナカミ
⿰亻⿱夂辶　下　木メ　揚雄又
陘、陌、隘、
⿰亻⿱夂知　音如字

伽 呼郎又 ヤハラソ
僜 音隆字欤
神仙 ノイキホ トケ
傳 無瘥又
僄狭 トヽキオ
仃 ユ丁 丁人長 アヽ
休 許尤又 ヤスム ヨコル トヽアル
息 イコフ

伽 ユ迦 ヨル ニタカニ 不力
僊 ユ鮮 ヒヽリ ヒト アフ
偬 音滖字 雋郎又 行ヽ ニリこ
傳
付 ユ十 ナヽ アツム アナフ タスリ ステ カナフ アこハル
仆 ユ匐 又赴 ホリ 木ホリ フ タフル フス セリ
ヤム イコフ ヨこ サル 又呼吏又
トヽノフ ホリ
伓 普悲又 有ウ又 衆ヽ
佸 音

剎 音刹字
仙 音僊 僊僊 二或
偠 ユ杳 细要
僄 漂ユ カロこ ナメこ ウカフ

儉 音斂字
僊 今 僊 正
価 ユリ
⿰亻尌 音 儒 正
彬 音漆字
付 ユ賊 ツソ サツソ アてハこ アソ 木平
俅 同 俅 若、休 正、体
休 溺字 キヨこ タヽヨフ

俰 イツシコシ ニハカ ニナフ ツクル オホセリ カス 禾カ
ー若 曰
奈警ー イカムニ
ー人 ナニヒトソ
ー以故 ソ ニ
ー焉 イツレ
僴 ツカヒ人

儁 休上 鳥部
ー哉 曰上
不奈 ナムトモセス
ー曰 ナニヽヨテヽカ
ー須 ナスレソ
如之ー イカム
伺 司寄二ミ禾平 ウカヽウ サソラフ

儶 若
如ー イカン
其ー 曰
云何 イカム イカムニテカ イカナルソカ
ー縁 曰
ー為 曰上 イカムカセン
無ー ナシ イクハリモ 又所名
侗 通上 又同上 太直ヽ イタム

何 ナウ 胡歌ゝ ナニモ ナンヤ イツクソ イカニナム
ー如 曰
於ー 曰 奈ー 曰
コヽニナソ
ー以 ツレシツモテカ ナニシツモテカ
幾ー イクソハク
其如何予ー シ ウカムカ ウセム
倜 上惕 タヽく

佝佝 二正 詞驗文 未受シ モトム イトナム ミダカフ トナフ ツヒニ ホロホス ナミ イツツ ヤヽ クソツ
傳 或
侚 搆エ欲、俳、 優、向二正
佝 雹研 二エ亘 𠈃文流星、
侢 エ吻 又武弗文 ソムリ
佝 若向字
佰 エ階 一百、 モヽ モヽチ
俏 エ百 カミ ナカミ
阿丨 シテ
佃 若偕㨾字 今ヽ
仇 エ求 タクヒ トモ ヤカラ カタキ アタ トモカラ アミ ノフ
仉 エ泛 カロミ エカム ヒロミ
仉 掌エ人姓
化 若叱字
伍 エ五 五人、イツ、ナラフ ツラ ツラナル トモ トモカラ アミフ
倍 ツラナヒリ トモ ミミナミ
伉伉 若浪文 吳エ掌 ヒトミ ナラフ カタキ タツラフ アタ アツ カミコミ タフ
俔俔俔 三若
沆儷 オノコノミスルナリ 一一 匹偶 トコロアラハミ 下エ麗 ナラフ ヒトミ タクヒ トモカラ ツラヌ ツラスリ ヨハミ ヨル アナフ
儷 若
儺 或
伉伉 二若兀字 五骨文
佤佤 迄迄二エ イサム

シツツレタリ 伉正 伉タスク 伉モテアソフ 俒宙 タヒ
又奥説メ
伈月 促ウツス 侻他活反可 ヨミ 侁讃上 往来 白八
侊上光 又𧦝 小器 侊若 亢字 侥上尭 ミヒカヒ ヒキナリ 侁〻 行声〻
丨倖サイハヒ サイハヒ 下上 幸 悻或 悖悖二正 倪若 亮字
俛上免 フス ウツフス ツトム ノタリ ミル ヒサマツク ナミヒヒ アフリ アツ 俯丨 フミアフリ 上上府 フス フミトコロ
俯仰 ワヒミモアラス フミアフリ 下奥 掌メ アフリ イタル タル ハミメ 俛丨 フミアフリ
タノム ノタアフ シワース ヰムコロ 本カウ
端丨 ヒタシモムキ 俛九 上俛 免 ヨミ ウコナハラス トヽノフ タヒニ 儳儳 上若 下正
俛和 サカミラフ 丨言 月 僶俺 アフク 下正 王悉メ ツトム

傀儡 賄磊 ヒタカナリ 二エ クヽツ 下クヽツ ヤフル 上又古文鬼又太クヽウ ミニクミ ダヽハミ

傀懐 又若懐 字

一一子 クヽツ

傀衣 或瑰字

佃 付書又 糸一 進ヽ 女咸又 又エ男

俾 必旃 俾正 普米又

欠一 アクヒノヒス

傀衣傀衣傀 五或

儓 若傀 或儡 若儡字

傫 課二正 火縁又 トミ ツヨミ 智ヽ 恵ヽ

⿰亻留 力救又

俾 エ庇 セミム ミム アタフ シヨフ イカミ コヒチカフ ミタカフ ツカフ アニ子ミ モト アツミ 又普米反

偶 エ藕 タヽサカ トモ ヒトコロヘリ タテく タクヒ トモカラ

仰 在下 若押正 胡甲又 習

傀儡師 三ハミ クヽツ

⿰亻石 カト石

佃 エ田 又同年又 ツクリタ

僤 撣エ ハラハラ ウコリ 疾ヽ

侽備 二正 二者 諵南

伸 エ真 ノフ ノヒス ノヒアカル

仲 廚諷又 ナカ ナカく ナカ流 ミツカフリ ハナミ

俾　ツヒ
偎　隈上國名
偲
儽　カサヌ
㒩儯㑌偬偬　五音
偕　音協字
㑦　上ヨ一尋、七尺、八尺、ヒロ　ミツ　アツフ　ヒロサ　ノホル　ヒカル　アラカフ
㑩　所飲ヌ

僔　音押正　北買ヽヌ
偎　受
但　カル
偏　音摘正　畜上　又許宂ヌ
仂　上カ　又カ得ヌ　ツトム
㑲　熄二正側　宂又妊娠ヽ

偲　七枝ヌ　シ、　ミタフ　サイ
倮　カ果ヌ　又作躶裸　贏字　アカハタカ　ハタカナリ　アラハ
儽　カ追ヌ　壘、又磊上
任　上提　カタフツ　タヒラカニ　トモ　ソルトニ　ヒクトキ　ミニカニ　本テイ
低正　偬今
　今為カ字
仔　音遅　枝枚又

偬　上ヨ　ミノノ
儽正　カサナル
伍　音欣
仭　音初字
伹　音鈎字欣
代　上遠　カフ　ヨヨ、カハル

カハル ヽヽ ニ口

貸 他代反 カス カル

垈 𠂇靡 罩身、

俌 上门 フクロ トル ヨロ

儎 音載字

ヤム ハラハフ フルヒヒ ツカヒメ フミメ リタル

伏 ヨル

ーヽ ヽ、

僓偖 二音 上 ツイノフ カナ

傂傎 二音 弋貞正 他得 徙人求、

袋 音

伐 踐上 又似前羽 又淺

㑁 ツカ

休使 二音

佽伏 下正 上友 㐌、

更ー カハルヽ

償償償 三音 貮 貮正

忒 忕 二正 勅上 慎、

儎 音裁字

㥩 他則反 失常

伏手 ツヽサフ

佚 逸上 アヤヽナ サカリ

中ー ナカコロ

黛 上代 マユスミ マユカキ

伐 上筏 ウツ キル ホコル ソイコル

儎

伏 上服 フル カクス ル ウツフス ヒメカフ

伏突 ヨコハキ

伓 歩本反 又音又 千内反 状名

倚 古奇字

僑 未詳

妓技道 已木サアミ タソミ コロ爪 カフル

僟僟 幾上 精、

傚 上力雨メ ナラフ ナスラフ

儌儌 又作僥儌 ユク メク メキツ サイキル サ、ツ

儌 若徼字 膊上

假 若段字

誇侉 巨佐メ 怙、倩、病、訶、、 烏佐メ 病詞 アフトコフ

仗 上杖 ウツハモノ タノム ヨル リタル

仦 扶教メ 一、 ヲ、、

使 上吏 ソラフ アカス

儆 五到メ 昊上 号 シコル サハカシ ホコル 儌或ナラフ カリトル ミソカフ ヨル 若竜

儌 三皮メ 煩、、

儌 許・鑑メ

仦 若沙字

伭 若眠冥字 瞑李

徽 元歸メ 妙、細、無、 非、好、

儌 敬言 二正 愍或 上競 ツ、ミム イ、ミム イヤシム

佛儌 下正昌六メ サカリニ ハシメ

伶

伎伎 渠倚メ 藝、女樂作

俵 上表 ア、

傲傲 上力雨 ナラフ ナナフ

儌 上雅會

僟僟僟 上今 中古 下正 上流 ハナム
僭 禾十三 任皆又 トモカラ ヒトヒ タリヒ
偖 古欣
傻傻 下今 詰焰又 ミタカフ イヘシム タム
傢傢傷 並古 遍字
儀 古蒙字
傢 上蒙 カツチ カタハサム カタシロ ミタリ ノトル シモヒヤル
想一 シモヒヤル
僚 上废 遠、之車又 儸、
僬 彼俻又 武、行、
偯 堂上
傯 ウルフ
備備 下古 ツツノフ ヒトヒ サツク アタヒ ノフ アタフ
上容 ナホシ 又腩円 禾又ヨウ
俄 上義 ニハカニ ミハラク スミヤカニ カツフク タチマチ ツラヌ ミハラクアリテ ナヽメナリ
戲戲戲戲傾傾 七古
盛 今
伶俜 又作跉跰 上上 零丁 下普丁又 サスラフ 禾リヤフ
俜 円 ツカヒ サスラフ 禾ヒヤウ
伶仃 サスラフ
伶倫 二上 霊隣 楽人 トモ ナラフ 下ツソヒ モトム トモカラ ツツラフ ヒトヒ ノリ ミツフ 禾リン
佮 古押字欣 囹上 アハス

偟 常踰反
丨閑 アカラサマ
ツヽシム タヽス 廿反
シル 丨ヽシム
佱 音企字
飤 音飼字 上寺
价 佡 畀上 善ヽ 太 萬ヽ
傑 傑 傑 傑 下普 上揭 獨立ヽ 英俊ヽ 智出十人ヽ スクル サカシ ヒトリ ヌリ
木サ カシコシ スクル ソナル イチシルシ
俊 儁 儁 中道下正 亦作俊 上駿 智出万人
トシ サトシ サカシ スミヤカナリ

偷 上投 ヌスム ヌスミニ ヒソカニ ウスシ ヤヤシ シハラリモ
イヤシリモ カハル 氷ナウ
丨兒 ヌスヒト
儉 渠儼反 ケハシ スソナシ チヒサシ
ツヽム チキル 世ハシ カナフ ナシシ
倇 音捻字 倇字欲 又音
伶 钳上 渠廣反 古樂反
佡 音仚字 丘毀反 呼蓮反
佽 尼尒反 ナムチ イマ
シヒ
俑 コロス
偵 他钳反 無 宜適
徐 書上 又始反 緩ヽ 舒ヽ 解
儈 古會ヽ 市ヽ
俗 俗 俗 与我 㭊月 彼陳反
儔 恵上

佯 其輩反 ツタク ネカツ ヒトヒ キラフ クチ ハラフ カキスツ スナラス ニウル

俟 上士 又矣 又其 イツ ナラフ ツチニ ニワム ツフサニ サフラフ ニワリ一 イタヒ

俣 疑輔又太 ニタ ニツ

侱 呈上 侄、 ムカフ モトム イタル ツツヌ モラフ

侯侯 上唯 キミ コヒ ヒタカフ イル

訪一 ミウカラ

袒一 サフラヘリ ツミヒミサフラフ

催 許維又 魄面、

催 崔上 モヨラス ハム コフル ウナカス ノハツル ツリル

御 臣達又 疲、 又脚上

御 若却字

僻 上霹 ヒカム サカサニ アカニル サカル 側、禾 ヨコサニ 上カム サルヒク カリスニツム 禾カツ ハチ ヨコタハル

僻辟 二若

偓 於樂反 儉、

⿰亻屬 若嘱字 燭上

偪 歩芳又

伲 若眤字

偬偦 二正 屑上 小声、

佯 上羊 ヒトヒ キラフ ヒト ナラフ

傒 アヤニチ

候 上後 ニツ ウカフ サフラフ トキ

行一 上上 オヒウツ せキ

佉 上去 又去羅反 イトナフ サフラフ禾カ

倨 居上 居去反 ツコル ヲコル カフル アタニキ ホコル ノカル ノコギリ

倔 コハシ

偋 蒲定反 偋、

丨孤 カタミナシコ

偏 上篇 ヒトヘニ カタハラ カタツカタ ナゾオ ノモテ アマネシ サカル 一ツ ムヘリ ニカル ツツヒ トモカラ ヒトツ ヤキロコ ヒトリ タスク カタフク ノヤミ ムサホル

俟俊 下古 カ計反 モトム ソムツ タカフ イ名 上カム イカル

倀 振上 之仁反 ホラハヘ 奴嵩又

偋 古

倀子 ホラハヘ

倨 古勤字 アタイキ

僝僝僝 上願 黙、

偓 偓上

偏 扇上 カトキ トヒラ サカエ

偶 他盡反 悪、

備 上タウ

𠋫 𠋫 𠋫 下古 相列反 齒字

佡 青公又 又作忪 遽、利、慧、

俶 相客又 嬾、

偬 子弄又 タヒナル キハアムヒリ

偬 偬 下植上 キ公アヒリ

偬 上字誤作欤

偬 先枕又 オソル

俠 粥上 偶上 ミツ シソル

佞

儃 於莿又 古上 儃

傞 傞 二古 惱字

偬 ヒフ

任 之成又 懼、 遽、

儃 字茲反 又呂 専又 今云

儃 儃 二古 懲字

㦖 音巖字
偺懴懴儖 四俗
倒 二正
僬 音蕉字
㒲 音權字
儚 忙僧反 惛、
僅 里女反
尌 徒對反 乎、

㥶 音適衍字 上襄 トカ アラシ ニクム カクシテ ツミ アヤニツルチ 禾サハヒ カクム モトル
僭 竹摺文
僚僚 下正 上聊 又作寮 トモ トモカラ シホヤケ モテアソフ
僕僕 下或 輕、 業上 又虚構反
僃僃 二音 旨潤反 姓、 藺字
儳僝 三正 頼 堯上 昬、
僅僅 下音上覲 或廑 ワツカニ スクナシ ツトム 禾ツラハス
偞 ハシメ
僔 ハヤラス

俠 今作淺上淺 ヤスシ ミツカナリ
俺俺 下音於劔反 シホクナリ
倸 徒侠反
僅 丁里反 又薑上
偤 猶上
儂 ツカロ ヤウ
倩 コノサヤカナリ

借 子亦 子夜二反 タトヒ ムナシ
債 光上 武、
三子ソ ハツ 木クサ
又濁
倩 上茜 ツラヽく アトフ アツラフ トモ
ヤル モトム アサヤカナリ ミメヨシ ヤトフ タチマチ
債 胡封反 大
他羅反 肥大、
俏 昔肖字
ツソノフ
儹 子管反
寂、
償僨 昔貿字

カルス トフ
カリス 木者ソ
僞 千餓反
不安、
偽 罵上 人姓
價 村暇反 重、長、
フルニヒ
佾 上逸 列、
儹 正
儐 上賓 ヤララ 公ヘリ ツカヒ人
アフ ツラヌ ノフ イフ

借問 上上 トフ ミヤ
一本 コスリヤ
僞僞 上音 危賭反 イツハリ アヤニツ
ウカル ウコカス ウコリ ソラ一
偄 奴鳥反
傿 於塞反
又於乞反
債 上寂 ツトメ セム モトム ヤトフ ハタル
トモシ ナツミシ カヽム ツヒユ ウコソ ウルハシ シオセリ
アタヒ オカフ
木ナ
侑 上祐 ムクユ
ススム アフ
偖 アヤニツ
ツラヌ ツラ
償償償 三昔
貿字
僣僣 子念反 アヤニチ タカフ ミハく ヒトシ
ヌスミ セム カリ ウコル
倚 モトホル

償 上尚 ツクノフ アカフ コタフ ツヒユ タクラフ モヨホル タニフ ミナヒク ノフ ムクユ アラハル・アツ カヘル

俦 ナリハヒ

儻 儻 下音 勅朗反 木平 コヒチカハソハ イツハルタスソ アヤミ ナウ タマヽ 又、 タヽサカ ミクリヤハミ モミ トモ トモカラ ナソ

儏 察正 初八反

儜 巨八反 健良 一倚

倚 呼八反 見上

儛 儛 下音 女耕反 ヒロミ 困、 悪良

儂 音 緩字

大於九反

倇 音

倇 倪 声マタミ 娓之去

儫 求愁反 肩傴

儷 音穴字 弋主反

俠 音 安字

傛 上容 華、

俗 上續 ヤフル ナラヒ アルミ トコロ ヨシトコ ツム

凡 一 タハヒト 赤口人

佫 音 名字

佮 白上 高上 太 毀、

佟 大冬反 姓

儅 上當 ハツム

倌 上官 又管

僱 上 之上声 權、 樂

保 先鎖反

侒 上安 宴、

俗 下各反 姓

佗 陀上

侘佗　下古 都嫁 勅家二反 ハフ　ホフヒン《ホロフ》

佹　或詑字

佹　恥危反 奇、依、累、

傴僂　上通 下正 上堰 呉上 演 フス タワル ハイフス ノク ヤスム ソラス カリル　アフリ ニカス フセリ ナヒカス シノツカラ アラス ノチサマ

丨傿　トツカフ 自強 縦　傲之状 下居件反

僂　或

丨臥　コス　ハイフセリ

傴傴傴　中古 下正 上逶　ワカフ

カイトイタム シモチル ヘツラフ オコツル

カリム ユツル タム エラフ

ウカヽフ ヤスラフ イレナリ ノソム ヒサミ

ノリ ハム(ヘリ) タテリ トナフ 矣、儲、

侼侼　勃上 怨、恨、コハミ

侘傺　タツサ一 下上ツイ 在下

倔佗　上魂 乜之上声 大而無収

僂僂　上古 寒之字

傴蹇　シコル

倭　於為反 長、 又烏和反

佇　正 作貯《ナヨ》 タヽズム イツトシム ツモル チカフ サフラフ タツハフ

延丨　タチモトホル

侼　トル

佷　若 貌字

佷　胡懇反《コム》 モトル ヒスカミ

ヒソ フミコル セメク ソメク アラフラ
ミツ ソカフ モチヰル ニカル イツハリ
ソハタツ ソ公 ホノカニ カクル カソフハリ ソル カタ一カル
フノカミ ツツフ スミ ミツ 禾 ソリ
例 例 上勵 ツ子ナリ トモカラ ナラフ ケカル モトノイ
倒 上島 タフル クツカヘル サカサニ カタフリ カヘリテ アフ 禾耳
侄 侄 牛耕 牛燕 二文 スミヤカニ スヱ 禾タル タヽ ミナノリ 禾キヤフ タム チカヒ
従 タチニ チニ
徘 徊 上排 回ト 下メクリ タチモトホル ソムク トタハスム タチモトシル トヤスラフ フム 上 タハフル メクル タチモトシル
桃 佻 下戒 勅聊メ ヽヤヒ カロヒ タチヒ トモ ユツヒム

御 音御字 カタ一カル
彿 彿 下今
潦 丨 禾ケ久ル 上已久ル
従 音従字
徒 徒 知俺メ 人走
佻 禾カル

側 ホトリ 俎棘反 カタハニ
仄 丨 トコカヘリ
亠 亦成ヽ
侄 上質 コハヒ ツヨヒ カタシナ公
縱 山須メ 縱上 衆立メ
俳 音悲字
佌 禾ル 且現メ トラフ 禾カル

倪 胡李反 ｜化

偕 背亜多作 ｜ ムカフ 禾サ争 イコフ トナフ イタル トシ 木ケ

偒 ナホシ シヤツ

傷 上商 イタム ヤフル ソコナフ キスツツ オモフ ニクム キス ヒハル イトフ シシム ニレカ

偂 若前字

佶 口蔦反 急暴〻 サカユ ヤスシ ニツ タノシ アヤニナ アナカナ オフ スス タフル

偺 上昝 トモニ トモカラ ヒトシ アマネシ ミナ トモナフ コハシ ナラ

仳佪㑋 丗女下二或 上𠀍 又徒小〻

傴 若助字

僬 若漁字

僙 亦㒰字

傷 上易 今作易 愓〻 輕〻 又神鼓反

傷 又鬭 恚債反 盡〻 ホ

僯 憐正

㒓 若㒓字 呼結反

㑦 若掠字

侎 李迷反 アヤニチ

偈 丘烈反 其逝反

偒 湯浪反 長直

儻 儻儻 上䜿 長状〻

佶 巨訖反 ツヨシ タ〻 オコ

倞 渠命反 又巨高反 古文競字

僦 即就反 ヤトフ

侍 時至反 ムヘリ サフラフ ツカウマツル チカシ ツカフ ノソム モリカフ

傳傳 上椽 ツタフ 木カツ・タノム アマネシ イカル タスク ツテニ シツル タ、 シミフ 木又平

侍 直里反 ニウリ

侍 音持字

傳 上附 ツリ カミツキ ツカフ ミヤツカヘ

俌 撫上 タスク

儔儔 下正 上道 又陶 又疇 トモ トモカラ タクヒ ツリ ヒトシ タツラフ・カツル 木 籌 ナラフ

偵 勅令反 偵、

傎 田上 顛正 ミル

傎 音 傎 タフル

値 直吏反 アタル アフ アツ 木チ

罝 音置字

健 渠建反 コハシ スクヨカナリ ツヨシ タケシ 木見 又去 コン

閒丨 タメラフ

旋丨 日

侹 音誕字

侹 音侹字 他頂反 直、 代、 長、

倢倢 字攝反 健、疾 飲 祖、

僆 輦練二上 變生二子、

㒓 達上 䟦、

過 科上 義、

儁 ニフ コニ

傍 或 蹁正

僪 音譎字

倘 俗商字

御 俗禦字

ウラム ヨム コヒ ウレヒ

オムカレ 示事

𢕄 上隙 疵、 勞、

衙 俗衙字

衙 俗衙字

術 君世反 ヘリ ヒユ

侸 丁侯反 佑ー

𢔆 丁敵反

御衙 御字

街衙 二俗 御字

佉 下于反 亭名 タハフレ

衙衙衙衎衎

衕 上斯 養、

僖 尌 二正 住駐

倍 ハナレ

傳 上䏝 太、 タリヘヒ イカヒ ウルハシ タヽハシリ オトヽナヒ

衞 俗

衢衢 二俗 衢字

𢓭 正

衙 六字 衙字

僜僜 上俗 都鄧反

僖 上樹 立ー

佛 未詳 ヌツラフ アヤヒ

颿 胡積反

衙 五加反 俗作 御

衒 巻字

行 俗 行字

日陵反 蹐 行之貌 スチリ

僖 火之反 タノヒ コノム ホム

供 居用反 イウツ タテマツル ソナフ ツカフマツル ノソム タマフ 禾クウ
僎 士巻反 具、 エラフ
僵 強上 フセリ ス リツス シカス タフル ノキテ 禾カウ
僞 若藕字
丨客 アフス
佑 文 タスリ
佑 古 又敵 アタヒ ヒト ウル アキナフ ヒ
佾 若
佑 丁兼反 丨佢 下商（？）㒵
佸 上括 會、 掔、 至、 勤、
伲 若尼字
佴 上貳 次、 ソツル
侢 上申 ハラム
儞 之海反
備 スヘテ シツル
僊 僊 若差字
偖 若椿字
儲 上除 イウリケ タリハフ ステフ タツナフ
偖 若又直略反
僐 帝戰反 姿、 ツソル
傢 工襄反
俵 若
儴 為對反 辰上 哭、餘声ノ
俠 胡類反 ナフ 任、 ハサム 木キ ハサム
倢 今
佚 上失 傴、
侏 力代反 ヒトリ ミシカ キ ル

侏 胡上 憮、

僴 限上 又祐限又 ソチシラホキナリ エテフ

僩 僴 二若 諫字

僩 刃咸又 寰、

佪 チイサシ ニフ

佩 上背 オヘリ オヒタリ オホフ オム 才

僴 シハシ山 ハツ鍔 カツリ

佪 古文宿字

偶 上耦 トモ トモカラ アフ ソニサカ タイく タツヒ ヒトヨロヘリ

倅 倅 倅 倅 倅 倅 副、 千内又

俠 又丈又 悪、 ヤフル キ爪

侏 僫 上朱漂 下サカシ ヒキウト上 ソチヒキ ヒキナリ ハカセ 和 オキナリ ヒキウト

儒 上道 下正

便 而六ムル 如朱云文 或而而字ヤニラトナリ

偒 若端字

停 身上明、若梈字 徒亦又 シホキナリ

倗 上朋 ソスリ

優 愛上 ホノカ ムス ラツル ホヤラカナリ

傍 若遥字

儴 如羊反 又霜復二上 ヨル

儴 儴 下正奴 黨又

偯 上啓 開衣領

依 上衣 ヨル ツサフ イタム タヨリ ソスル ナシフ タトヒ ホノカナリ ウツリシウ ソノム

丨乚 イツム タシヤカナリ

傀 他用又 行不正、 若又亭札又

傕 巨項又 備、 不娟、

僃備 下苦ム項又

僤 若輩字

傰 上穪 イハツ ノタ〻ハリ タスリ アソノリ イフ 穪若

儗 上儗 カル ナスラフ

衄 或鬪字 況域又

偭 上面 ムカフ フム フムリ ミツカナリ フミル ソハ

價價儃 中令下正上 誕 又 禪上 態、何、能、

侳侳 則卧又 カスミ フムリ 又若座字次

俙 上希 又大皆又 依ー、ホノカナリ

倄 上爻 又羽羅又 イタム ナケリ

侵侵 侵下 二若

侵 正七林又 ヤウヤツ オカフ ナカフ ツカス オフル ハルカニ ホミム

⿰亻飢 若飢字

儸 上羅 又力邊又 タケシ

俊 ウカフ ウカラ

偍 若體字

促 且足又 モヨラス ウナカス チカツリ

スミヤカナリ チカミ ツ〻ル ミミカミ

偎 推璧又 木上 サヤウ 又ヤリ ツカフ ツウナル エタスエ イ名ル イナナム ウス

儺 以可又 又那上 ウニヤーノ仂

世〻ル 世又トル 〻ホル ウツカス ト〻ム

儭 初恨又 ウチ チカミ ツ〻ム 又七刃ノ タテ〻ツル イタル ウチニルー 枕 ミシ

スミヤカナリ

ヌ、ヤラフ ナ
吉貌
傻 蕤后反 シキナ オユ
㑎倓 上 違左右 兩視、
丁甘反
ツカラ タトフ コト、、ツニス
俸 補孔反 禄 オキナ 又上 鳳 又諷
又娉面反 木コン 又平 又 ヒム

雠 モチヰル アタ
倪 上 蜺 又上声 俔 遍 シノツカラ ナリス
傻 同上
儍 若 發字
偻 先刀反 驕、
倄 昌孔反 トミ オコリ アツシ
方丨 ツ丨ク丨 ヤスラフ

偖 若 首字
傫儚 下正 窂上 胾太 古文
侃 正
侵 未詳
傺 勅厲反 又子例反 又勅介反 ワツラフ
偨 胡介反 カイ 隘、
僐僐僐 中若 通下若
偯 上 亞 ヨシ
俔 若見反 又下顕反
倦 渠春反 シコル ウミム オウシ タユム ツカル ナタム 木 眷
便便 方連反 スナハチ タヨリ ナリ タヤスシ ヤカテ 豣 木キヌ ウルハシ ナラフ
着丨 同上
丨帰 スナハチ

将為 セムスヘ タテニツル

若ー

籍ー

從 人善ヌ讙、

但 上憚 ダヽミ タヽニ ツタナミ ニフミ ミナ トモ ミカル スク ネタシ

偪 一文ヌ ソヽセ セソク ニル カヽニル タフル ワフル ネシ ミナ ネソ

将ヰ為ー イムスヘ

大使 オホイウモ

正ー

向ー

儀 且撿ヌ オロソカナリ ミツカナリ イツソミ ヨキカア ミヤイフ アフソ アノメク ウルハミ カミコニル

張 旅上 タフレタソ

ー背 ソヽセ

使 所里 所使ニヌ ミムセミム タトヒ ツカヒ ツカフ ミタカフ ヤル ツカサトル ネミ

副ー スイナイ オモ

設ー

就ー 已上皆同

偍ー タトヒ 上在下

縦ー

遣ー タテニソヌ

但 ニフミ 粗徐ニ上 ツタナミ

儀 苔旅字

俱 矩瑜ヌ トモニ トモ トモカラ

僤 五昆ヌ 姓、

佐 佂 二字 廷字

僂僂僂 中今 下正 上ア 鉅又 クヽセミテ カヽヤカニノ アカル タスノ リキシヒ

偤 亩

儰儅 上音ヽ 丅不仁ヽ

僩 胡滿又

化 呼依 呼西 翔文 霸夲 エツ 木如 カハル

佀 汜上 公

佳 若蛆七余又

傻 風木切 ソツル

偝 若道字 ソメカフ

俤 上余

傳 尊 或尊字衆 アツマル 一沓 ミリフ亭 キメナミ

傣然 上恭好ミ コノム サメク

傾 口營又 カタフク コミハル 禾況 ウコツ オツ シミノ

傾 若類字

頃 若頭字

偵 若貞字

シミフ メリム シツツミフ シモフツ ツカラ キス アラツム

オツ ウコツ ミタル ウルフ 木ソユ

他 詑何又 アタリ 木タ ヒト カミコ アツミ 尗力

㐌 若地字

優 上憂 タハフレ アツミ アサレリ メツミ 上タカナリ エルス アスク ヤスミ ウレフ スソル イラナリ

信 言部 ニフ ツカヒ 禾サ ムヘナフ ミナ ツミム エツ オモミ セム アカス 馬行 ミナ ウヤアラ キ公 ミルミ トミ アキラカ サチ

ノフ コレ スナハチ
ソソヨ
保夜 ホヤ
ツカフ タメニ サクル イタル カハル
ハシム 禾サ サク
禾イ
カル イトニ ウタヽ カル アカラサニ タカル カツミ タトヒ ヨル カハリカス
ヨロコフ シホキナリ イトニアソ 又上 格 イタル 禾ケ
|藉 カル
|如
フルナヒ メツラシ ナラフ カタフソ キタル
モ ソナフ シホイナリ タツヒ 禾

保 上寶 タモツ ヤスミ ニアル シリ ヤミナフ ナカス キル衣 ミル
サミ アタル カナラス ナヽ 禾ホ ホウ

作佐 茲賀反 千合二反 去者為入者造 十心 又 ツクル シコス シル
ユツ シサム ラヒタリ キソ シツ タラム ノリ スナ タツ

作劇 タハミレテ

侍 ナハ イニ ニフ
於時反 コレ コヽニ

僬僥 上焦 尭長 一尺五寸 上行容
ハミ良

假假 下古 吉雅
古 訝反

|借 月 カリソメ

|使 タトヒ

|令

|有 已上皆月

|哉 カナイカナ

儀 上宜 ノリトル ヨソヒ
カタチヨミ スカタ

俚 上里 イヤシ

儂 ヒト
上農 禾レ

佗 上蟄 専作丶 丨丶 耕良

偒 若偒字 又若惝字歟

俑 上學 又角

佯 羊上 ヨミ イツハリノ

傒 或蹊 胡礼反 待丶 アタミ丶 ノソム

僢 尺允反 或舛字 ソムリ

僜 若僜字 アナヒスミ ヨコアハフ カホカミ 未上 ヨウ

佹

傭 クツカヘル

俑 勇上 痛丶

㝵 ノリ

僐 或

僢 古舞 元府反 ミワ カナツ

行 捍字 上汗 行在雜部 キラフ

𪙹 蕃北反 西南人

𠊱 今丶

侃 アム

伴 蒲且反 トモ トモカラ トム イツハル タヒ アフノフ 未ハム

係 上計 カリ カハル ツカヌ ムスフ ツラヌ ツラヌク ツナク ツキ ツク

俘 上孚 トル トリコ コモル

僺 巢上 又若勦字歟

作 㤞字 五故反 或迮

𪙹 正

能 或態字

保 ロオ反

丨囚 フミエ

㑞 上勆 又郎得反

市人 若作內閙 好孝反 サカミ

𠏿 若爍字 鑠灼反 又若樂字歟

徧倫備 上音中通下正 皮秘反 ツフサニ ツナハヒリ トモニ キ公 カナフ ミルミ 三十 コトゴトクニ トモ ツヽシム ソフ トモヤラ アツカル スソウ 木ヒイ

億億 蕭幷反 心部

侈 上歯 シコル ヲコル サカリ フルフ ミヘダリ ナカスハリ ニツカニ アサムク ニサル フルミ ミホキナリ カソスホ一

耆 シコリ ホコル

偐 上多姓

尨 音虎字

佈佈僦 正

倒俘 牛句反

偉 上臺 歒ヽ

僳 渠飲反俯 頭ヽ

儢 呂上 不欲 為ヽ

倔 音隧字欽 世ニル ヤフル オナシ 一丈カミ ヘキ

俞人 上兆 ウ子

儈 ヨル

倂 孃留反 アサムル

俌 音上斯 又亘一 佘ヽ又上池 タカヒニ

倮 巨凶反一仳

倰 慮登反 長ヽ

俥 オリ タツ

偡 ト、ノフ

偔 音愕字

傻傻 曾上

儸 上達 使ヽ

佩 音狐字 ウカル

偪 鄙力反 或逼字 ミリツク イル

偌 ハソル

偕 ノフム

侮 亡武ム アナツル ミノフ カロム オコル

倫 トモカラ

倈 或嫉字

儁 ウカリ キサ

僫 ウルフ

俻 亡侵 又火旻又 眠｜

儚 亡壊 古薨字

儁 タカリ

偵 クツミ

僦 フリツナミ

佬 カ彫切｜、、 大皃

得 イヤミ

債 分之去声 ウコカス ツツル ツツカスル ムツカル

傎 ミル

傺 来故又 ムカフ シモムソ カナフ

傜 好孝又 若内字

僩 イヤミ

儥 餘祝又 見、重、長、 動、 ウル 仆、｜決

彳 刃亦又 タヽスム アユム スソナミ

律 カ出又 ノリ ノフ ツチ ユク ツル ハミメ トヽノフ 木カツ 木リチ

｜亍 トタヽスム 下恥録 竹句二又 タヽスム

德 多勤又 ノリ サイハイ メクム トル シワル アツミ ノホル アツカフ 木トソ

得 都勒反 ウ ホトイ一、 足、 禾トリ
イタル ツクロフ ナラフ カニフ シタカフ ヒラク ナカレ 徳正 タア

得或 得今

循 同上 ナカレ メカレ ウフ シサム ナラフ

彸 上着 シサム ツリヽ ツトム シコナフ

アフク トシミ ユク ワキ ツカミ ナカミ セナミ

所念一 オホミオ キテヽ

一者 ナト、

慫 翼周反

循 上逓 メクル シタカフ ヨミ ニカキ シサム ヨル ナラフ並 ヤキル カサル

蕭條 トカスカナリ

鯈 上朱 呉上宿 アカラサマニ メチナチ ニハカニ

條 上逓 エタ シナヽ シミフ サトル カキル ミタカフ ナカミ ヤウヤク シサム ツトム カサル ミチ

ミヌ 禾エ ワレ ワウ

往 羽岡反 ユク ヤル ムカミ トコロ イニミヘ イニ イヌ サル サリ ツカハス イタル カヘフ ノチ ユクサキ ホメル イツ モト

徃 古

以往 シツカタ アナタ イニミヘ

已往 サキ

一音 ムカミ

一者 円

一日 円

一古 円

既丨 イニシヘ　乃丨丨 日　丨く トコロく 平上 ムカシ　復 方富又 カヘルテ 平上上 フタ
イサル カハル フク オホフ ツクス 告 トル ツカフ カフル
フタヽヒ カヘリミル ニタスル 又上伏 カヘス カサネテ 和フ フク
復
丨道 ヨキミチ　復 古退字　後 上后 ノチ ウシロ シリヘ シリソク シリソタリ
シコタル シソシ ヲリウス 和コオ 徬
以後 ノチ　後 字ム又 數丶　徇 上旬之去声 トム メクル アマ子シ
徇 日 トナフ アハ子シ シタカフ イトナム　彴 止 彴又 シタフ　巳丨 日
向丨 ムサキ ナリスヱ　微 莫飛反 禾上ミ ホノカニ ハキナフル スコシ ウルハシ スコシキ
アラスナシ ミナ シハラリ トラフ カクル ヒソカニ
カシコニル ツヒエ シホツカナシ ウカメリ シサナシ イヤシ トモシ ヨロシ ホソシ キヨシ
スクナシ イツハリ ヨシ ヤウヤク シツカナリ スコフル
徴 上通下正　徴 日　徴 上澄 シルス ヤム ハタル アラハス メス
モトム ナスル タメス トム モヨラス ミキス セム

｜｜ミム　タウトミ　トカ
カス　又竹里又
徽　上通下正
徽　ウルハシ
徽　上同　モトム　ウク　ハナナス　サイキル
役　居反又　トク　フルニテ　ナリ
ノル　スヽム　ハムヘリ
ツフ　アリク　ウナカス
御　正
ミリソリ　カチヨリ　ヒトリ
ニーミソ　ウツス　タリヒ

徽迹　ハヽメツモフ
徽　上同　熾、　シルシ
徽徽　上通下正　直列又　トホル　イタル　スツ　シリフツ　ヲハル　テツル
トル　アキラカ　ヌク　アカル　禾テナ
徽　日　チナタ
役　古腕反　役、
ノル　アツ　フセリ　ツカフ　ツカフ　コタフ
コフ　アカム　ノリ　豎　禾コオ
徒徙　上通下正思紫又　ウツル　ウツス　ウツロフ
トモ　トモカラ

徽　上耀　ヨリス　ウルラス　ウルハシ
徽　日上　奥大　有力
徽　某悲又　又妹上　烱、　クミタリ　禾
彼　古委又　カレ　カミコフレ　禾ヒ　ソコ
御　奥據又　禾カツ　ムカフ　サフラフ　トヽル　アフ
ツカサム　オホム　ツカサトル　トヽノフ
御　日　御　若
徒　上途　タヽ　イタツラ　トモカラ
徒　通
｜博　トヽ　ツムナテウテ

徒跣 ハダシ
｜然 ツレヽナリ
｜御 タムアクヒ
後従從 下 上中通

上縦 シユウ シタカフ ヨリ 上ルス シフ ホシイマヽ ソヒリ ウツス ヨル キタル ツカフ コトモ ノム コトモナシ アヒイツ
衡従 ヨヽ ミサ タヽミサ
目｜ ナカハ八ル

｜仕 コトナシ ツカフ
｜来 モトツキ
自｜
従 七恭又｜ 容 木上 主ウ

徯 遐 启又 アツ 小路、或 蹊
徑 上敬 木名リ ワラヌ ミチ タヽチ アトトホル 或 遅ト 通ス
徐 上蜍 ヤウヤク シツシ ヨワヽ

シハラツ シモフル シツカ 昊上 序
徶 人欲
俸 扶用又 与、
很 痕之 上声 シタカフ 若很

モトル 遠、閲 訟、 很、
徥 若徥字 シカス コロス ハフ シヒ上 コモヽ フカシ
従 役字

徘徊 見人部 タヽスム タチモトホル
徊 正 木力ル タチモトル
徬徨 見人部 上上 傍 上ク ヨロホフ

彷｜ 同タ、スム 下スム イトヽ
彷徉 房羊二上 ヤスラフ 上タ、 徘徊、シノヽツ
徂 在胡反 上リ イヌ ハミム

タヒラカナリ 存、
亠音 祖字

衿禓 見ヘア上上 霊

𧝔 ツカヒ 古

禓 冂

徎 領上 又除頚又 徎、

褋 世又又 復、 習、正

褋 冂

𢕟 先吾又 行皃 馭字 又所蔵反 正𢕟字

徙 斯《シ》 體《テイ》 二上 則、 又宅買又

徠 上表 移户

徠 今

徉 峯上 使、

徉 冂

衲 上宙後《チウ》、 宙字

徦 上格 イタル

徲 大奚又又 蹄上又、

徲 今

䡥 正踵字 腫上 蹤、 行、 又ロ

𢖋 先羊又 遼

𢖺 正

徛 丘奇又 右橋、 跂、

徛 正

徝 竹志又 馳、 饱、

德 正

徥 上端 䞨 行皃

𢕦 正 靡字

𢕲 シソミ

𧘯 㕭 又除 飢又 徘 佪、 㕭、

徠 力詠又 就、 至、 カヘル キタル

𢔔 陟字

𢓿 犯字 シタカス

待 正怠 ニツ ミル 餘、逗、ナスラフ ツナフ トム ミチキル アタミ禾ユ タノ
徛 ツナフ
征 之盈反 ユウ ウツ タヽフ サル

ツコナフ チカフ
徆 ユウ
𢔶 ユウ
禦 ウツモル

𢕛 古僕字 ツカフ ツカヒ人 ムカフ ヤツカリ ツケミ
𢕌 ユウ
徧 遍見文 アハネシ メクル 適若 ヒロシ ヒトヘニ 木ヘム

徃 ナリ
𧶠 ユキテトヽミラス
䘧 ユウ ヤスム
徖 ヤスミ

後 ムナシ
律 ユタカ
徭 タヽ
徯 ミタカフ

𢓜 ツミ トカ
得 方尒文 エタ
衧 コハシ
𢓊 ユウ トク

𢕟 ツカヒ人 アフ
𢖍 踵二古徒重文
𧗿 ユウ
衞 フセリ

行 遐庚文 ユク ヤル イテヽミ アリク サル ニツ イチ サケツ ミユキ ミチ フム メクル ツラヌ ケ 又胡浪文 オコナフ 禾サミ 禾ナ オキツ ナムヽトス ツトム ツラヌ ソヒ アヤマル ハカツ

ノタフ アタ ナカル リタル ナケツ ヒク サイキル コヽ カタチ
ニチイル テタテ 争博声 ウツノレフ スル ニツリコト コヽロ テタツ 博 木キヤウ 無景行 メニキス カタ
衢 句衢 二上 行ヽ チマタ 𧗾 上劬 チマタ 禾又去 街 上皆 又上佳 チマタ ミチハシ メクム 丨衢 ノチマタ
衛 王歳又 アホリ モ メクル アモル カリム 杢上 衛 曰 律 千肆又 術 述上 ノリ ミチ タノミ
チカフ シキテ タノム 衍 上漢 タノシフ ユタカナリ 禾カフ 衙 ユウ 衡 行ユ ヒラナリ ハカリ ハカリノシモミ
ハテ
ヨコタフ タヒラカニ イクツラ 衡 正 衡 今 衡衡 二呉 權衡 カラハカリ
ヨコサア イヒキ 今 ドツ
衒 上縣 テラフ ウル ヘツラフ ウツム アサムソ ヱラフ 衛 正ウル
カヽヤカス キラス ナラフ キラフ 禾又化ン
衝 齒熊又 アシハル ツソ ツマタ 衝 円 ヨコタフ チマタ ツツ オコリ ユク ムカフ ミル フム
オリ ツイカサヌ キル ヒトミ ウルハミ ニトヒス カサヌ
衍 上演 ホミイテヽ タノシヒ ヤスミ ミツ ヒク ノフ トホル イタル 衍 円 古衍
ホトコス トミ アホル ユタカニ

衜 下彩反 フム（リ） クツハミ クツハ 馬クツハ
衘 𠬝前ア反 陷、
衏 古鮪反 軌字、 道、 迯、
衛 所律反 今為率 字
衕 苦粥字
三
辵 丑略反 作⻌ 作行
ツチ トモ シタカフ 木随ウ
間道 カクレミチ

衜 ノム フクム ヌル
衛衛 古道字
衠 ヒラク
衛 踐上 フム 踐字、
衝 工懸反 車揺
⻌ 今變作⻌
遉 正
地道 ミタツミチ

衘 ミチ
衛 上道
衕 上牙 トフ トシ シコナフ アミタ ミチヒク ユク ミラフトシ 又上奥
衛 チマタ チキル ユク
衛 ハカル
道 上稲 テタツ 情、 ミチ イフ トツ コトハル シモハツ ノリ アサミ アサミ ヨル
馬ー 若、 ミチ メタウ
䃣ー ヤマノカケチ

衘 徒東反 イタル トホル ウルハシ チマタ
衕 胡倍反 チマタ ミチ
衛 アツル
徨 サスラヘアリク
微ー コミチ
倫ー ミチ

𨓍丨ミチツラヘ　閑丨イフナラツ　從丨日　治丨ミチハリ

丨行ミチキ 音樂丶　𨑺上帝驚 不進　逓若　邏盧賀又 フサソ ニソ

ヒラソ フセソ テラス 禾ラ　適逌遾若簸字 𨖣古 李衆又

邇力尓又 上ソ カタチカヒ スソ ナコヤカナリ　邐正　迅トフ 若訏字 上信

迅上峻 トシ フルフ ハヤシ スミヤカナリ トフ 又上信　迣フルフ トフ　達上師 先導 或𨔵字

迷若悉字 松迻又　迷莫雞又 ニトフ ウツス ナク タカフ 禾メイ　遈遅遅

邉邊補田又 ホトリ サカヒ ハカリ スツ 禾ヘン　邉正　邊若 邊若欲

邊邉コナタカ ナタ　我丨ワカ　人丨ヒトノモト　遡若〓字

迄 上乞 オヨフ イタル シハル　迄 正　迩 尓上 チカシ ハカル 古文 テツ

逾 コトくリ ツヒニ　逾 正　迮 側草又 オトロ 吴乍 セハシ ヌサツ スホシ チカシ サハル 㞷 テル サトル ニハカ タチ一チ

遼 上聊 トホシ ハルカニ　遼 正　遼 若　遭 若大一二又 ハタメク イカツチ イナヒカリ　遭 正

邏 遠 若遠字　逮 上代 トリ 又弟 コホルス 正隶 禾タイ シヨホフス イタル ウ　逯 若録 ノカル サル ウヤマフ ニエツル ヒタカフ

逯 口黒 前頓 竹季二又　逎 徒戴又 イタル 正𨔵又殆上 カタシ オヨフ シヨヌカ　逬 布孟反 ナル ソヽク ホトハシル トハシル

ホトコス ナラフ ハシリ チル ハヒコル ホヒコル サスラフ テラス　遷 七延又 シリソク ウツル アラソム カハル ナカハ サル 禾セシ カハル メクル

遷 遷 若　遷 若　遷 正　連 上脯 ノカル 博謨又 ラソミ

ハシル トム　逋 右　遑 上皇 ユツ ミシ 東點上三ツ、ケタリ ヤク タツミシ イトマ 又君二六 イム 訓又反二 ヤム

ニソ 訬

何遑 イツチカ イヌル　邀 上梟 呉上更 又古弔 於尭二反 サイキル モトム チキル ハフリ タツヌ イル ヒトシ ヨハフ 木カフ

邀正 邀　選 相兗反 先絹反 エラフ スリレタリ トヽノフ ヒトシ シハラツ カソフ イル キル

遂 上詛 スミヤカニ タチマチニ ミハカニ イソツ イトナム ツカフ オツ ハツ ハヤシ オツル ノカル シヤカフ　遽正 遽 怱

遽 スミヤカニ　促 スミヤカニ スミヤカニス　邈 莫角反 コトナラム ハカクミル トホシ ハルカナリ カクル シノフ

邈正 邈 若　逡 上皴 マカル ハル シリソツ　這 上彦 又章石反 若遮上 ハフ ハヒイル イトニ フム イフコト マトモリ ムカフ

ウツス ハツス ヨハウ　迤 迤 旎倚反 ウレフ メクル　迤 逜 ウチハカシ 下上 鱣又上声

逜 上吾 下正 ウツル メクル 上　逨 上来 又郎代反 キタル イタル ママソ ツツ　逨正 遥 遥 餘招反 ハルカ

小ホシ ヤウヤク 禾エウ　遛 遥 廷　廻 逍 逸 逢 七若

逍遥 タハフレ上上 胥 アソフ ヤウヤク
キハム 未 スイ
遂古 遂古
遥點 トホヨソ
逹 古撻字 他達反
達 古
邃 相遂反 フカシ ハルカニ トホシ
速 素木反 スミヤカニ メス ヨミ ニチソ サソフ トミハヤミ イツソミ ヨハフ ツク キタル イタル 木ソソ
遨 或 ホフル ヨロコフ アフル
遅｜ オソフ トサ
上ミケミ ナヽメ ナヒソ
逈迥 陋称二上 タツヤカナリ ナヽメナリ カタチカ化 ミリソソ ナヒカス
逶迤 上於偽反 タツヤカナリ ヒメラカ 未 タカクル 旲上威称 アツクル ツハソム ナヽメナリ
透 詠上 抽上 又他上反 孤クケリ ツヽツク タカシ ノソソ シトコ スヽム シトル シトロソ タル ツイハム ツハソム サイキル
退 通上對反 ミリソソ アカル
カヘル ヤム イツク シトス 未 タイ
退正 退正
｜給 ニケタニヘ スナハテ ナムナ
迺 古
迺 古陋字
迺 古逼迺字 上乃 トホシ ウツル タノミフ ユソミメ
遺 一或慣字 古惠反 習

エツ ドホス 遲 息廉反 ス丶ツ アキラカナリ エラフ メグル トル 遟 シトロツ

逊 サカル トホシ ハルカ 遏 古文 トホル サク トホシ サカル 遬 スツ トホス ハルカ 遏 上唐 スツ 是歟 トモシ

遇 正 邂 胡懈反 タニサカ 禾皆 丨逅 タニサカ下胡遘反 アツ 迺 昔

适 二括 又ミヤカナリ ヨル 遘 上構 アフ カヘフ ソムク カソフ 遴 正 遺 歟 昔 遻 五各反 アフ フル

遝 遝 正 迫 上百 セム シヒユ タチマチ セハサル スミヤカニ チカシ 禾ハツ ツヒヤカス 迫 未詳 ノフ

遹 未詳 还 上不 又浮 辷 ヤミ ココカラミ タヒソ 辻 未詳

遡 素上 サカノアル ムカフ 遡 正 逊 娉減反 達 ミチ シホキナリ チヽタ 上蘢

遶 昔 逸 与質反 ヤスミ ホヒイマヽ ホシキマヽニ アツフ マヌカル ナルソ シトル スサヒタリ オコル オコリ スリ イサム ノカル ホロフ トリ

オツ スツル サクム アヤ二剋 イフリ二
ツチニチ 禾イチ
遞正 遞 未詳
逮 カ主反 又カ俟反 連
逮正 逮
逮 古
延 月延反
辿 古 シコツル
辵 ツレハキアケ
達達 古 称字
迂 上于 又於矩反 サル スヽム ニコル ヒム サカル タミタリ アカル メクル
迈 正 カサヌ ミツル
迓
還 上睘 カヘルス メクル ニツラス シリソツ ミタ ヤム 又上旋 禾外ン
遐還 古
往還 サイヨフ
適 上釋 ユリ ハミムメ アツレ タヽく ムカヒ カナフ ノフ ヨミ ミサニ 禾ツカニ サトル スリナミ ヒタミ ヤハラカニ アキナフ アヽナフ
スナハチ トヽム ヨル ミタリ アタル ニサミ ミツカニ
サキニ トヽノフ 又敵上 ヨロコフ ナツサム ヤル ニコトニ
適 古
迒迒 元上 又充上
迺 右上
遈 斗上 又外上
送 古恭字 トモニ
𨘢 古循字
遭逹 古葦字
遊 古競字
遀 古権字
遏 上閼 トヽム ヤムサフ タ上リ

ツヽス ミリソク サヽタツ サイキル
ツヨフ サル カキル ホアチ カチ
過
迷 造 遡 音穀字 呼角反
遳 適 達 音贖字 又頻 徒達人
逸 音頻字 呼結反
迪 上狄 フム ミチ ヘサシ イタル ススム
ミチヒク イフ
遊 音
遄 上篇 トモ ハヤシ スミヤカニ トホシ タチマチニ イヤシ トム カツ〻
迺 未詳
遞 遉
廻 上回 又クル カヘル ハカル トラフ ラハル ハルカナリ サル ミチヒク メクラフ 禾上
迥 正
迂 迴 タミサカレル タミメクレル
｜帶 メクリ メクル
巡｜ 日
幾｜ イクタヒ
逈 トコロ カヘル イタル ホクサヤウ 又向 トシモ ムナシ アラハナリ ナシ シカシ ハルカナリ メクル
迴 音 ハルカナリ
迵 達 徒弄反 トホル
逌 逌 上酉
逌 日上 攸[illegible] 小咲、
適 トコロ ケイ
遺 ツヒニ トモシ ホクサ
遺 正 遺 正
遰 徒帝反 ハルカナリ ユツサル トラミコユ

達 徒葛反 イタル コホス トホル カナフ ヤル タツ ミチ
ツカハス ツフサニ ナラス ユツ カヨハス サトル

逢 俗 達 俗

迖 未詳
カクル ハヒコル 仍丶
ヨル ニヌカル ニラ

遯 俗

逗 上豆 トヽル アタル カヨフ ニカセナミル
ミチ 或トウ ハシム イル イタル ホコル

辶親 俗親字

迲 俗徒字

洞達 トヽホレリ トホリヒラケタリ

辶焉 未詳

遯 遁 俗

辶飛 俗緣字

辶柰 俗榛字

遨 俗敖字 アソフ タハフル 五刀反

迕 上悟 ツカス タカフ ムカフ オロカ
ツカス シハル

遈 俗甚字

遯 或 ノカル

辶炎 淡字

遛遛 上留 ウツヽミ 逗ー丶

途 上塗 アト ハミ 徒 ミチ

辶帖 俗清字

逹 正 丁随反

遁 上鈍 ノカル サル 禾頓

辶韭 苦告反

逭 戸官反

辶地 俗地字

辶念 俗

辶郎 上延 辶師 俗

遉 勅正又 ナウ
遊 上由 アソフ ウカル ミユ タハフル シトリ メクル スミヤカニ
遊 西 ｜𨗉 シトリ
迖 古
逌遨 古
逾 上庚 コユ イヨく トワし スキタリ スヽム ホタル コヽニ カロし
｜邁 ミスく ナウ
逮速逮 古 走字 上極
遆遞 上第《テイ》 古頭 徒帝 徒礼又
遞 正 タカヒ
遆遆遆 三古 タカヒ
遰 古
逓 古欲 オタル 禾啼 タイ ケカフ タカヒオフ
遃 上提 サラニ ムカフ オクル タカヒニ
追 猪龜又 ホツイ オフ ミツカフ ヤラフ 又上 碓冠
追
遛 都雷又
逭 古 頣字 弋之又
逭 胡貫又 ノカル ニケ ナウ メクル アタル カナシフ
迭 大結又 タガヒニ カハルく タカフ
スミヤカナリ カハリ スヘル ヒトし
迭 トシし タカフ
迖 徒餘又 跌
达 ナムチ
遳 下甚又 般没 声 未詳
遻 古 𩃬字
遯 古 𩆰字
遂 古 蒙字 遂 古

邁 莫拜反 ユク ススム カヘリ ツトム スソ オコナフ ウフ 禾ーイ

遐 スカル

逋 上跛 ハシル

遺 上獨 行 ヒツ ウツル

𨗟 上黎 小息

𨔟 烏玄反 行

述 上術 ノフ ツクル メクル ソフ オサフ ヒタカフ キハム

𨘚 胡貫反

遨 上校 恭謹行

迋 于況反 ナリ トロソ

道 ツソル イソル

𨗿 正

遾 カタ反 ムサホル ハヽカル

邋 上獵 擸、

𨙸 或

𨑷 上征 行

𨓀 日訣 ナリ トコロ トロソ

遵 正

𨘋 竹句反 不行

𨗼 正

𨑨

𨘥 正

邁 上會

𨗨 上由 疾行

速 上吏 會

迻 上移 ヒタカフ ウツルス ハシル

迟 去遅反 曲脊 行

逑 上求 アフ サソフ トモカラ アツム

逭 上育 アユフ

逕 禾キヤウ ミチ アヘテ 禾名

ハツ ハルカナリ タ、
タ、チニ カヘル
迺 遒 自秋又 長、 ツチヘチ トクミム ウルハシ
逌 古歎
遷 人一又 近、 又昂由又 縣名 ハルカナリ ツツル カハル
遙 士治又 疾、
甘ム せニル シハル メクル ラサム アツマル スミヤカナリ ツキヌ せヌトル
遦 アツマル カクミ 上字歎
遶 以見又 移
迣 弋制又 禾名 ワクヌク
迾 上列 コツル コフル
逷 正
迂 進軋上
迂 正
遳 踐上 前頓
速 或
迦 上加 不得進 カナフ
遡 正
逴 勅角又 ヨ略又 鶩 トツミ
逴 正
逴 古
逴 蹀 トコヱス キタル
逹 上陵 至、
逹 或 律字
远 上航 又胡朗又 ウサキノミチ アト ミチ
遉 或 フス タカヒ タフル
迢 テ上 至、
逜 上的 又ヲ上
遾 上誓《せり》 逮、
遼 上袤 上ツ
遨 上勅 張、
迱 上企 避、
迻 上次 トツミ

迫 上淺 スサム 夫、 賍名
過 胡臥反
逽 五駕反 ムカフ
迯 正

逬 或丗字
遞
遨 百[?]反 ハウ 筒 無文
遖 上悟 テ、

遺 以見
還 徒合反 相及、 迨一
迨 上合 オヨフ
邏 邏 若羅字 若懐反

蓬 徒了反 見草ア
逢 フナヤカタ
通 勅東反 ツゝ アニタニ ユツ トホル カヨフ ミチ サトル ナミ トツゝ トモカラ ホツウ

遊 スキイツ
遺 上錐 アタフ ノコス ノコル ミタカフ ホスル クハフ スツ ハナル アフス ウミナフ オツル ウツス ツゝス トモニ トム アニル イタル

遶 未詳
遣 去聞反 ヤル ニタス ツカハス ヒム セミム サル ヨソル ハナル ユルス ホシミ トーヲハ ノーセシム オヨフ ホケシ

避 捋致反 サル ユツ ミヌカル ノカル ニカム ホヒ
連 上聯 ツラヌ ツラナル トモカラ アフ ヒキリ ツリ オヨフ トフ ヒタ メツラス ニカル 木吉又平

注一 ヒリイハナハ ヒリクヘ
黄一 カウニツサ
王一 日
留一 タチノモトホル タゝスム

運 上暈 ハコフ ウツス トフ鳥 オコソ メツル シカヒ ムツユ スミヤカニ イノチ メクム サイハヒ オクル
逯 ハヒル トヽム

遂 スソ イヨヽ
遇 上寓 アフ 禾ツカニ メクル カヘリミル タイサカニ オモフソ メクル ニヽル 禾月
遭 二 遇 アフニ アヘリ

過 古貨又 スソ トカ ヨキル 禾タル タヒ アミ コユ アヤマツ 又上ヤ シコタル 禾クヮ禾
逃 上桃 カクル ノカル ハヒル ニソ イハ サル ニラ タロフ 禾テウ

迯 苦 イヌカル
迯 円 ニソ
逃 匪 上逈又 ミ上 又裴 未詳 雅
逦 ハンサフ

逌 シリソリ
巡 上旬 シコル 禾順 イル メクル アニ子ミ シサム サソ
遜 先困又 ウヤニフ ミタカフ ノカル

サル ムツル ニソ 昊上 トツミ 遱 ソン
避 ー イナヒニウス
遅 上迉 チ 去声 シツヒ ネカフ スルヒ ハカフ ヒメヤカナリ オクレヌ ヤウヤク オモフ ウルハヒ ニツ

遅 遅字
ー ヽ ウラヽ
逝 上㯰 イヌ ユク 禾セイ イタル シヨフ サル

邁 タフトフ サル メクル ノリ
迹 上積 タツヌ アト 跡同
迹 トム タツヌ
䢊 ウトム

七九

遮 巳虵反 サイキル サニタク サハル サル サシヌク カクス サシカクス トフ オフ サニラハシ 禾ニヤ

〻莫 アチキナシ 莣アラハアレ

邇 ハシル

造 徐道反 ツクル 去声 イタル ツリ スナハチ トフラフ ナシル ハシム スム ナリ ホコル タメニ ミカラニ ナラフ 〻舟 ナスル アヘリ 禾サウ

造次 ニハカニ スミヤカニ

遷 ニシハル イタル ヒトシ アツマル ソヒクルマ

返 甫晩反 カヘル サル オツル ウラム アト カヨフ 又府元反 タヒ カヘサフ

込 コモル 廿ム

遠 胡阮反 トホシ サル ニソ 又去 サカル 禾ヲン

逼 碑棘反 廿ム 丁ル セフ チカツク セハサリテ セハシ チカシ オヒヤス ウルハシ 禾ヒキ

遍 布斯反 アマネシ シハル ヒトヘニ ヒロシ ホトコス ミツ 徧正 エソ 禾ヘム

〻一 ヒトタヒ

三〻 ミカヘリ

進 上音 スヽム アイル タテニツル ノホル タヽ ノトル

〻退 ヤスラフ フルニフ ノヘシム

𨗼 未詳

遐 霞上 トホシ アツフ サツ ハルカナリ サカル

逈 ハルカ

邀 トツヒ

導 仮之平 モチヰル ヨル ナラツ ニナフ タフトフ ミチヒク ツフニアソフ ヒキヰル

八〇

ヒタカニノ トソ オソム
ユリ
ソムソ ウラム ユルス
カナフ メクル サル
トシ ツハル ヤスミ アマネミ トム ハタルス
ヤミナフ オフ トホル ヒタカフ ツソス ユリ ヨル スム
アラカヒメ ヒリソク
サカフ 木 キヤク
逆 遭 トハルカナリ
遶 ｜繞 上遶 下正
逾 ススム
逞 ヒタカフ

送 蕿 貢又 オクル 木 ソウ
遠 若
迸
遾 イツク
遵 スミヤカニ トミ
過 セム
巡 ヒソ

縦 ｜ ヤツハナケナ 牛ツオフ
迹 上軸 オフ オヒラツ ヒタカフ 木円
遡 オモフリ ナソ ムカフ ノカル
逆 追 上吾 テウ トヲミ ハルカナリ コユ
过 ツクミ
迂 スム
速 カソル ホワミ カタミニ
近 フルニフ

違 上事 ハカフ 木カル ハナル
遂 辞類又 木去又平 ツヒニ
遅 臭戦又 ムカフ サカサニ タカフ
｜ヽ トホノカナリ
遶 メツル カツム
邇 シコナフ
迷 ホノカナリ
迂 チ フルニフ

遊遊 ヌリノカル
還逨 シモハカル
遭 上糟 アフ
遭

遂 コノキラカ ミチ
遷 ソラミ
迎 亘景又 ムカフ サカサフ 禾カウ
逢 枝恭又 アフ

逢 同正
迂 上遊 又定 亦迂字 アタミミリミテ
近 渠謹又 チカミ チカツツ コノコロ サイツコロ 莫ー スキタルハ 嗟声 ツリ ーミス 禾吾ム

迫近 セマリ チカツケリ
近曽 サイツコロ 迫 セマリ チカツケリ
迺 通而字 メグル アミテミ
連 通運字

遅 云 ナツミ タミ チミター 次 シホキナリ オホミ ハ
逞 上騁 ノフ タクミミ 通、
邁 ノフ

迡 古文 起字 ツコス
道 間 還 達 未詳
迫 上ハク セマリ チカツケリ
速 スミヤカニ

之 ノカコミ コノ オノ カリノ イタル アリ
迴 ムカフ
逄 逢 逢 古 今正 上亭

維ー
遂 遜 遳 遳 二古 今正 上延 席
逑 ハヒコル

邃邃邃 俗今 正臣居又 ー蓧
遽 上 ー表
起 古起字

蓮 古 字
遼遼 古 遼 古 數 正 カ白又咸香器
蹀 古歸字

遊 徐售又
迷 上 述草
遠 干軌又 姓又 遠上 ー恚
逮 上 速壯弟

遼遼遼 通古 正上聊 草木踈莖
逋 上 通ー草
逝 月

遂 キヒシ アツシ
蓮 ハチスノミ
遽 ハスノハ
邊邏 ヤ チモリ

羅戸
邐 メソル
遐 スカル
運 フム
遺 ツノル

迺 ツニツソ
倂遒 ソナル
攵 正弋歹又 長行ヽ
攵 今為剌字

攵 今
迋廷廷 定上 上廷 甲ヽ朝ーヽ
迭 古弗フル サカフル シトル アフ ニサル

ツヒミ
辿 音
迤 或
丨 䰜 日
四 匚 方上 受物之器 玉一方 甫玉切
匜 移上 又弋介又 匜 迤
匡 匩 二正 筐 或
匫 全上 炊篹

建 建 居萬又 タツ シヨフ サル イタル ヨコフ コホス ノヲヤル 禾コン
延 以然又 ノフ ヒク シヨフ ヒリソク ミチヒク ヒサヒ チカツク ホヒコル ス丶ム アヒタ トラヒ ナカヒ ヒロク 禾エン
迒 迒 音
迿 ナカムヒロ
近 上上 吳上 昌近 音ツヒミ 是次 タツミ
匜 ハンサフ
匤
匵 檢 笈 賁 二 或 真上 小栝
延 ムヒロ ヒキ牛 ホヒコル
𨔰 ハヒコル
延 延並征字
延 トコロ 丑連又 去行丶
医 音使又 匽 音 医 正
匡 音去王又 タハスヒ マサヒ タソヒヒ オツ カヒコニル ス丶メリ マウス スナ ヤム 吳上 况
高 匩 ニカフラ メカ
匴 竹 苗 籔管又
匪 甫尾又 アラス アフ スナナカヒ ナヒセノ 上ルナリ ナイカヒロ 禾カク 木ヒ 吳 彼

匳 上斂 古器 ヌリ

唐櫛— カラクシケ

匱 正

匯 古

匥 上并 筒

匳 匲 上古斂 古未詳

匧 陋字

ツトム ケカラハシ イニシヘ

匣 上狎 ハコ

𠥼 上翼 田器

匵 上獨

区 巨尖反

匴 上詮 竹器

匯 又作匯 メクル

匾 上軀 一チク チクヒ サカヒ イヤシ カクス 一チ タスク ツクヒ

匿 正

匣 ハコ フムハコ

匱 櫃古 遠位反 ツヒエ ソコナフ

𠥽 上令 取没

匫 上忽 古器

匳 上廉 古籢字 ハコ 鏡——

匭 ヒツオ

匽 偃上 カクル フス 匽 古欤

三衣匣 サムエハコ

匯 胡罪反 又來 トモシ ツクス スリナシ 昊—貴

匯 内 二音

匰 上单 祭宗 廟器

匳 古 カラクシケ

匸 又 胡礼反 有所使藏—

匿 女力反 カクス カクル ホロフ ノカル

匽 古

医 於計反 蔵、弓弩矢器、

匹 音欲 疋音欲

匽 勝二音

巨 航上 音頃字

匹 辟吉反 疋疋 トモ フタツ カツ メツル ナラフ アツ タツラフ 音 トモカラ ヒトヨ（ヘ）リ 配、ムラフ ヒトヒ タツヒ 木ヒ千

匹 如 ハルツミ

匬 ■

匜 或 占字

匾 牑 音 方顛反

叵 普可反 木上破 カタシ へカラス

匯 匯 上 梯

叵 依上

五

走 子厚《コウ》反

赱 正

赱 走 二或 下通

走 音 道 ハシル ユク オモムク 木ソウ

趧 孚豆《トウ》反 又赴上

䞃 又 歩北反

趍 二 式 《シユ》 又音 揄 上 コユ アクノナフ 馬

趑 踣 二今

趐 音 翅字 チカス アクク クハタツ

趫 趚 趏 三音 イタル

趧 音 儻字

趙 丁年反 クツカヘス ハシル

趨 趪 二或 逆今 布孟反 ハシル

趄 上恒 又上栢 易 壜 累 居、

趬　去嬈丘堯二反　ソハミ　タツ　コノム
亦上草　ハシル
トシ
趚　布吴反　ー趚　伏地
ー趄　ミサル
趚　若了字　盧　烏反
趟　都庚反
赴　上作　オモムク　フ　ツツシム　ユク　ハシル　コユ　木フ
趏　去皮二上　舒行皃

趧　若
趛　上徒
趦趑　二若　オフ
赳　乩上　タケシ
趙　竹支反　ー趙　狂走、
趮　躁二正　祖到反　トシ

趬趌　二若　タチツマツク
趍　若趨字　五高反
趀趉　二若　趨字
趚　若愕字　婆盈反
赶　若趼字　リクル　オモムク　才恤、
赲趲　力展反
趡　七誅反　ハシル　大、山　ウコク
趫　上鳥　善像　木、ハシル　トシ

趠　勅教反　又他、、反
趢　若佯反　羊上
趑　七夷反　ミサル
趨　若僘字　勅憲反　大走草、
趌　若造字　ハシル
赴　知掩反
趭　子州反　去へ、
趫　正

超 他旦反

起 上音 オコス タツ ツクル サラニ トシ シカス オキヌ イツ ホキ ヨキリ フム ホミテ トホシ ツトル ホテウ

趫 今

越 王月反 コユ コハニ ヨシ オク ムカシニ コレミツイテ ムキカラ ホシツ

趉 クサル

亅弱 テコフ

趢 トナフ シハム

超 恥驕反 カロシ コユ スクノ ホタル トホシ ココロ

越䞤 二或

趚越 カホル

趠 スヽロク

趵 カロシ シリヘシサル

趙 除矯反 ヒサシ ホシル ヨロコハシム ハシル スコシ

亦遭字 カムタチ

趾 コユ

趣 除連 除善二反 移、 趨、

趲 直連 直輦二反 オモムク コユ ウツル

趡 正

䞶 ハシル

趧

䞩 ヨロコフ

趬 シリヘシサル

趮 アヽ

趩 上執 行、 スヽム

趕 或蹕字 止行、

趑 スヽホ

趂 日
フム ツツス ニノク スム
トク トム オフ ハシル
趫 其丰反 任走、
趚 緣反
赽 勅ヨ反 又陣 ト ム モトム

趍 正
趬 歷上 又盧各反 勤、
趣 僉上

趔 古到字
趚 七積反
趞 古
趯 趣 二古 歷上 丨趚行皃

趚 或
趍 古趍字
趦 胡客反
趮 所革反 僵臥

趞 古敕字 薄半反
趙 七削反 ユク
趲 正
趍 遲上 今七踰反 ホミル ミル カク

シモムク ウツル ウナカス スミヤカニ サイキル
ハセテ タカフ ヨリ シモフ 又作趨
趍 正
趨 今
趣 正 ユリ ホミル

趚 絃上 急走
趝 正
趄 嗺上 倉卒
趮 躑 二正 、飄 輕行

趣 丘列反 行、 勤上
趙 且仲反 行、
趯 上燭 小兒行
趂 上象走

趣 同烏古、走
趨 上辰
趍趋 烏古又 走輕
趵 丘字又 健
趯 上余 安行
趌 佶吉 二上 丨趨 奴走、丨趣 丙堅、ツマツク
趨 上 去謁又 又蔦
趱 上下

趲 上結 ハシル
趚 虚蹇又
趯趵 上劬 走 顴良
蹇 去言又 又 上斬 走
趕 上殄 留意
趀 若去字 ハシル
趩 上翼 超

趐 上歡
趲 上呂 五字 走意
趯 躍二正 勒的又 ソトル ニカリ
趌 正精 或 千才又 乾、
趮 躁二正 呼仲又 行
趿 蹶 居月又 倒、
趓 許乞又 趌趨
趹 跌二正 疾歩 ウルキ 上火

趢 上涉
趙 上文 走
趡趄 右
趟 上与 淺渡
趦 中金又 伍頭 疾行
趈 上謹 行難
趤 其乞又 直行
趈 上謹 行難

𧺠 丁計、窮

𧼮 蹊蹛三正 刀正 又趍踰

𧾍 巨元反 行遅

趉 巨月反 越—、

𧽤 上慳 蹇行

𧾕 或蹔之字

趱 則旱反 遍使 走 ハシル

趣 七句反 又七侯反 ウツル ココロ トシ シ 木主 シモフリ ム 禾ツカニ スミヤカニ ウナカス モヨホス トシ ヨシ 木ミル ムカフ

趆 若

𧺳 或

𧾍 正

趚 所六反

䟏 上權 —𧼮曲 眷行

趧 上提 —鞮四夷之舞

趲 正

𧾒 九出反 走意 又徇上

𧾉 上希 走

趜 渠竹反 趜伸 カムツチ

𧿒 正

𧻚 頣跬正 丘誄反 半歩

趒 上跳 又去雀行 カロシ 又跳越、

𧽈 千井反 —𧾷 騒歩 サヒラリ

𧾷 正

𧺺𧻠 上佛 又芾下 未反 走

趉 渠勿反 ハシル

𧻪 上勇 頓足之蹈 地

𧽎 上焉 東夷舞

赾 上虔 又渠月反 挙尾走

𧽯 正

䞱𧻓𧽋趉 四若

𧾒 上覃 タム
𧻓 上逝 喻、
𧾰 正蹳 上轂 跳、戒
䞟 戒促字 スミヤカ 廿山
𧻘 渠軌反
𧻒 刃白反 半歩
六
麦 上脉 木《ハツミヤツ》、 ムギ
卜𪋾 ソロムキ 一云 ムギノムギ三

𧾩 上遷 車行
𧽯 刃録反 小兒行 逯、
𨒉 上亶 車行
𧺫 上赴 フ 上ツ
𧽟 求黑反 作䞨 借 香耳 禾ウ井
趙 音稍 字欤
麥 麦 正
蕎｜ 上喬 一上 騎 ソハムキ

𧾤 上截 邪出前 ハシル
𧽯 上録
䞢 上黜 ハシル
𧾐 巨没反
趄 七徐反 ミサル 起
䞦 音焰 字欤 可見正太す
大｜ フトムキ 一云 カナカツ
穬｜ 上廣、 カフスムキ

𧾧 上渠 キヨ 上ツ
𧾔 上黄 武
𧽮 𧽮 虚恍反
𧾏 音書字 音嘻字欤
𧼡 上陌 賊越
小｜ コムキ 一云 ヲムキ
瞿｜ ナヒミヨ

𪎊 ヌ 歟ヘ
麧 未詳
䴵 䴷、
麪 上了

麩 麦皮 上敷 コムキノカス ムキノカス
䴸 或
麰 音通
麰麬麮麵

四音
麷 正 穬、或 古𪍑文 芒穀 上穬 大麦
麶 音
麯 稍 二令 古玄 文麦莖

麴 正
麪 餅字 索餅、
麹麨 昌サ反 糗、
炒米 上砂 肯屑粉

麮麰 二音
大豆麨 ニメツキ
麱 亦作
麩 祛待反 煮麦甘粥、

麲 力薫反 欺、
麵麵 二音 精字
麴 酒母、上菊 カムタチ
麬麭麵麴 (四字)

五音
麧 上翼 麦糠 皮
麰 音
麩 音 甜字

麯 古得反 又吉老反
麷 奥見反 カムタチ
䴸 或
麺 音 ムキコ カムタチ 禾メシ

麺麪 上俗 下正
麫字
餅、薄 后反
麹 蘋果反 小麦屑 覆、
麹 或
麪 正
麩 上未 麪 糗 或
麫 俗

麷 力卧反
麺 俗 麪字
麪 俗 未詳 内典
麩 上格 碎麦稍 ―麩
麹 俗
麷 革 二或
麺 上角 逼く 又被
麳 俗 海字

麶 蘋卧反
麵 俗 麪字
麸 俗 通 飥字 士斗反
麭 所昊反
麨 俗 劇字
麫 上 筰《サク》
麰 蘋 頬、
麯 上 澤 又 擲、 麦屑

麺麸麩麪 俗
麩 俗 通 餢字 上浮 餢飥
麵 俗
麴 蘋骨反 又先結反 為― 細屑
麲 上 芋
麱 俗 稀字
麩 巨浮反
麧 正 杭 或 胡骨 又麦糠中

不者、上訖キナコリ 支糠、
麧 正
𪍿 上滑 麹
𪎐 上浘 磨麦、

𪍑 正
𪎊 上哭 麹、穀餅 今
𪎌
𪎋 正

麸 上才 麹
䴵 上脾 麹
𪌼 杓作麦 梨上
麫 上毗 一 麹

䴭 胡昆又 金麦 麹
麭 正
𪍣 冢上 有衣 麹
𪎃 勤賢又

𪎀 力麦又 麹 一餅、
𪍰 正
𪍮 𪍲 正棘 或 上来 小麦
𪎎 𪍸 𪍙 𪎍 未詳

𪌻 亦作麪 所諫 又
𪍚 上乎
𪍝 苦秸字欲

七
一 上壹 ヒトツ ヒトリ モハラ トモニ トモ キム ナヒヽノニ ヒトツハ・オナシ 古弌 サウ
一箇 ヒトツ
一心 ココロヲモハラニス

不一 スヽニ　巻ノ第テ一ツ　一切 アマネシ　二 音異 フタツ フタリ フタヽヒ

一二 ツハヒラカニ　三 思甘反 又去 禾去 ミトコロ　五 上午 イツヽ トモ　一者 イツヽシハ

上 時讓反 上尚 又去声 カミ ウヘ アグ タテマツル スクル ハツラ イタヽク ウツクシフ

ニホル ツカマツル ノホル スヽム ノル サカユ ホトリ ミヘ タフトシ ツカシ

トホシ 君ヽ

好ヽ 禾シヤウ　以上 カムツカタ　已一　向一 ミハリアリ ミアクレハ

下 上夏 又去 シモ シタ イタルス オロス タニフ カタハラ ロートコス ソツカヘス ワコ

ノチ シモフト タル イヤシフ シタカフ ミシカシ ホル又 ノチニ フモト チト ツトスツ

ミカル 去ヽ 賤ヽ

賬ヽ 位ヽ　以下 シモツカタ　已一　而一 日

直一 トミオロセ　無下 ムキナリ　上下　亘面 今正古 鄧反 コソ

チカヒ 千公 ノソ 又平

又上 宣 禾コシ　亘 今 癘 サカヒ　正 上政 カミ ニオシ コサノヘシ

亟 上棘 趣乞乂 キツノヒラカナリ ミル 月ヽ ヒツフト ミツ ヒトミ 疾ヽ 敏ヽ 数ヽ 呉上 憖乂 ニツリ メツラミ

竝所 ソ セム ス(ナミ)　至 脂利乂 イタル ヨミ禾ミ　所 正所 オリ トコロ セラル

所以 上ヘ　ー由 上ヘ　ー国 日

天 他前乂 ミチ 色呂乂 ヒツミ キラル　ー平 賀 ヒラカ アニノ　而 ナムタチ ミカ

然ー ミカレトモ　ー已　再再 フタヽヒ フタリ

再再 通正 禾ニ　手 上議 ツクノ タカヒニ 禾コ　互 上吉下互欸　更手 ツカヒニ

老ー カタチカヒ　ー相 タカヒニ　ー析 ツヽラシリ　牙 キサス シヒテツリ

ワカラカナリ 在下 禾ニ キ　歹　工 上切 タクミ ワカサ　相工 上去声 相乂

塗｜ ヌヘ又ヌリ

舃

大｜ コレイ

旄丶 螮蝀丶

此 正

キク ヨミ 上ルス セム ヒサミ 木力

タヘタリ ヤム 所丶 上丶 オナヘリ 又ナヘリ ウム

韓 古

𧪐 ツホ ウツナ ミヽ ホホナナ

笛｜ フエフキ

舄

舄

丙 上炳 ウレフ ヒノエ 光明丶

奥丁 ホ子 イホノカミラノ

亞 カサヌ オトロク

壹 壺 日 惲 壺 壹

百 上伯 モヽ モヽチ ハチム ミヽ ホヒヤク

三｜ ミホ

舃 於延又 コレ コミ キム イツワソ ナク イヤムク

揭舃 イチミルミ

於｜ イツソニア

丁 當經又 ヒノト アツル 丨憂 サカリ 曹丶 ツトコ イホノカミラノホ子

丘 去牛又 ツカ ヨツ ツカク 古垂 ツホカリ 木グ 井ル

可 口我又 ヘミ ムヘナク アヘテ ハカル ハカリ ナラミ アニ ミカルシ ヨロコフ

可 正

壷 今正 上胡

壷 ツホ 古致

六｜ ムホ

八｜ ヤホ
今或正古彤頂〆 水豚、又經上
丣亙丘氏
鼇 或鼇 祖号〆 墜、 鼇 非、 アヘオ
丙丙 古正他念〆 古出良
丕普坦〆 多 シアイナリ
夕、 アツシ オホカリ
丞 佐、寧、

九｜ コノホ
不系 今正甫浮〆 又方久〆 弗、 古蚕 世允 イナ ナシ アラ 沐フ ヤ
古通今正 丁吴 下礼二〆 羌 ツカヌ
丙 古
不丁 通正
盡畫 通正 上 卦 上 己 アヤ 吴 化 會 又 郭 正 𤜶 點｜
銅 弩 牙 ツホ上 ミノハヌ

百百 今古 首頭 上 佰
丑 豆 丁 討 都 礼〆 天根 トリ
丏 或 匃 字 丆ヒテ
丙 正 弥〆
丕 守 戒〆 采 莱 似 非
狠｜ コミツナキ草
亞 亟 亞 亞
灰 古 了 字
イサ ヤカニ エラフ アヤカル アヤシル ツカヌ
爾 或 介 字 ナムチ チカシ
至 則天作人字
亘 亘 古正 丁コト
巠 亟 上 元 カミナリ ス カシ シムナカムキ
大｜ 月し

畫 上宙 ニウ 云儿 禾チウ

悪 呂

只且 カツハカリ

亙 古幻字

世 ヨ

巠 古歷字

㞢 今之上而文

丐子 カホハセ

𠂢而 天字

亘 呉上 者 今、 タヽス ヤスム ミヤ ミハラリ アタハカリ カツハ カリハカリ カツノヽ 七也ヌ ニタ ナムヽトス ニツ ミナ ミハヽ

丨手 ミヤ トチヽハカリナリ

且 呉上 但 カツヽ アミタ

死 カル ミヌ 禾ミ

㿝巨 今正渠 峯文

直 古直字

半面 ハタカクル

𠪚𡇒 初

𠪚𡇒 君

疋 古匹字欤 ソル カタフリ コホス

万 ヨロツ 人姓 アニタヽヒ 又上墨 ホツ 丨 俟 禾丁ム

哥 ウタフ 禾上 カ

巳 音 従及ち

㳅 ツカス

生 サヒ 鐵、

韭 上九 ノタリ 韮若

丂 上考 氣 欲欲出

生 ナル ウヽル オウ イク スヽテ

寄生 ホヤ

南生　日　西　ニヱ　丁寧　ヰムニロ　面　ムカフ　ソムク

不能　アタハス　丨克　日　丨尅　日

丰　二上　又ム丰丯　上下通　又上徹　丯　上觜　引、　丰　上棒　右戾、　古文練　結又

丗

八

丨　四退　二上　又ム丰丯　上下通　又徹　乚　上厥　鉤逆　赴者　亅　上綴　鉤識

中　上忠　ウチ　又去吉ノ　ナカ　アタル　ヤフル　ナカコ　ナカゴロ　アツ　アヒタ　ソコナフ

タカヒ　アフ　ナカハ　トホスル　ヘタツ　ヤフル　末ナルウ

弔　弓　串　中　四若　満中　ミテル　ナカニミテル　就中　ナカニツイテ　ナカムツソ

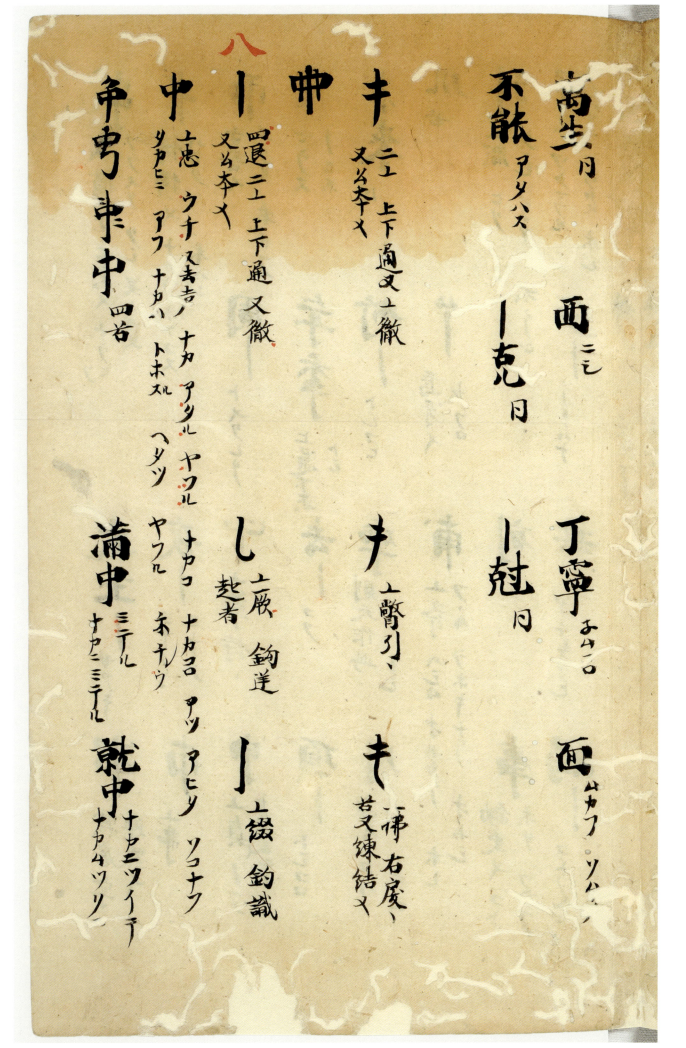

串 或慣字 エ患反 ナラヒフ ツラヌリ クシ 呉エ貫
半 博慢反 ナカハ ホトコス ハシタ 禾ハン
帀 子荅反 メクル 禾サフ サル マウス ノヒス
丨来 同
爪 若
引 上崩 タミ 弓ア ヒツ 禾イン
コトース ツカニツル、ミハサム アツカル 禾ミ

周丨 トメクレリ
年季 上遍下正 トシ
桁丨 トシコロ
丫 焉牙反 カフロ
多丨 イナハナ

太王丨 サカキ
夜丨 ヨナヽ ヨナカ
巾 上蕈 持、
去丨 コツ
乖 則天作毋 トシ
甫 上文?? ハシム オホカリ オホシ 禾し フム ヲホキナリ オホミ
剤
無丨 アチキナシ

㫃 或居字 遅點反
市 上串
申 上真 ノフ カサネテ
項丨 トシコロ
川 上穿 カハ 禾去
事 鋤吏反 コト 禾サ ツカフ
𦇧丨 コトヽヽ

兲｜シホヤケソコト　悪｜イカフ　現｜アラハトコト　顕｜アサラメコト

卯卯　曰之去ノ　オシテ　ミルミ　禾平　争　アラカウ　アラソフ　イカソ　ナシソ　ナホフ　イソク

爭　禾ア　帀　サハカミ　乎　ヤ　禾コ　乎

平　歩兵又　ヒトミ　メヒラカニナリ　乍　仕嫁又　ミハラフリ　アルイハ　ミル　在　ニタ　ナカラ　韦　上蕭《テウ》　捷巧　チ足

聿　餘律又　ツヒミ　ノフ　禾ニ　ミツカラ　又并ケ　聿　上津　飾　⺷　上荏　識

弟　上逆　フイ　中　万列又　為竹　禾松　草木　枌生丶　上下相通或　幸　夲　傘

通今正　上冑　盗正　華　般必　二工　箕　屬　除　歯之器　畢　畢　吉正　上文

与禾羊相似　孝因丶所以淹貧　ツキく　ツヒニ　シハミ　コトく

市　上澤　｜正　市　上沛　上銖　草木盛貝　卉　上跨　并　又告華又　歩

九

丯 ヰウス カサヌ
丩 上䜌 ソウ 尸
尸 或巳上節 瑒信
申申 今正 上息 ノフ ノヒス

卽 スナハチ
㔾个 正古 カサナル 古押又 ツメ
乖 ソカフ
弔 トフラフ

幸 カラニ
卒 コトノくソ

丿 上瞥 別、
乚 上梯 右戾、 音又𠃊結又

十 上什
八十 ヤワ
廾 上入 ニフ 木又ニミフ
廾七 ハタナ、

廿 先合又 ミソ ミナ、
屮 日
卅 心𦇲又 四十、
丗二人 ヒソフタリ

尌 上集 集 詞之一
𢼸 充十大 虫 戴一、
切 勒章 人、祭用戴之一
博 神各又 カフ ヒロニ

千 君先又 ナ、
丅 ヒトチ、
且一 トケ、ハカリナリ
卒卒卒 下正

溢没入 ミハカニ ツハル ツヒニ コトノヘツ ツクル ヤム ヒヌ
スヘニ ヒタカフ ウヘ イクサ トル ミハカニ 銘 ホツテ
列丨 ノカリコ
赤丨 アカエハハ
協 上 ツヒヤカス カナフ ヤハラク
卒 作 名 卆 上
叶 亦作
千 仐 仝正 上乾 ツカス モトム ユリ ツソム丨欣 ツハル丨欣
ホトリ ホス カハリ ミル ツネ アト ツツヲ サシ ホコ丨欣
若丨 ソコハク
于 二 宇倶又 於、 ユク ココニ ツク ホウ
ホキハサム
卉 隆 謂又 クサ ホツ井
卉 正
𢴨 古
率 正 所律又 オアム方 ヒタカフ
コトノヘクニ ツヒニ ミハカニ 又所類又
ソコナフ ミチヒク ヒク ヒキ井ル 術 日 モトホル 井ル イサナフ コワリテ
ヒカヒナカラ アラヒ アカス ヒツカナリ カツフ ホツテ ツフ
丨尒 ニハカニ ユクリナヒ
乎 戸柘又 カ カナ ヤ
於丨 ア
平 皮兵又 メヒラカニ タツラフ
ハカル ヒトヒウス
不丨 トナツテヒ千ナリ コトノヘヒ
乜 上涂 ナトコロ
午 ムテトキ
人上便

赤 昌石反 正䞓 アカシ
オモノ 禾者ソ

周章 アハツ

皐 サハ

卓 上啄高 スクル タチアチ 禾宅
立、タカシ サカシ

卒 子䘏反 姓
サイハヒ 禾カウ

幸 日サイハヒ
タカシ ノソム

去 今人合字 丘據反 又上 サル イヌル ニカル シサム ヤル ミタヒチ スツ ツカハス
オハシマス イニシヘ サケアク トラフ ウス ヒヌ ヒリソク アカス モテイテ 禾コ

去來 クサ
ユキ、ネ

單 上善 又毌

單 今

𡋨

芉 已余反

直 除力反 ナラヒ アタヒ スツム トノ井 タ、
タ、チニ アタル ミル タシ 禾地キ

存 祖孫反 アリ トフラフ イク ノコル
ニヒニス メクム ネンコロ

在 上載 又上声 アリ ニヒニス 谷ヘリ
ツハヒラカ 終、アキラカニナリ 見、

オキテノ

肖ー 禾カヽムニナリ

在ー トコロノ

平ー タヒラケク
アキラナラス

亢 作可反 ヒタリ
又云フ 使、 ホトリノ タスク 禾サ

左

右 ミキ トル タヒリ
スヽニ タスク

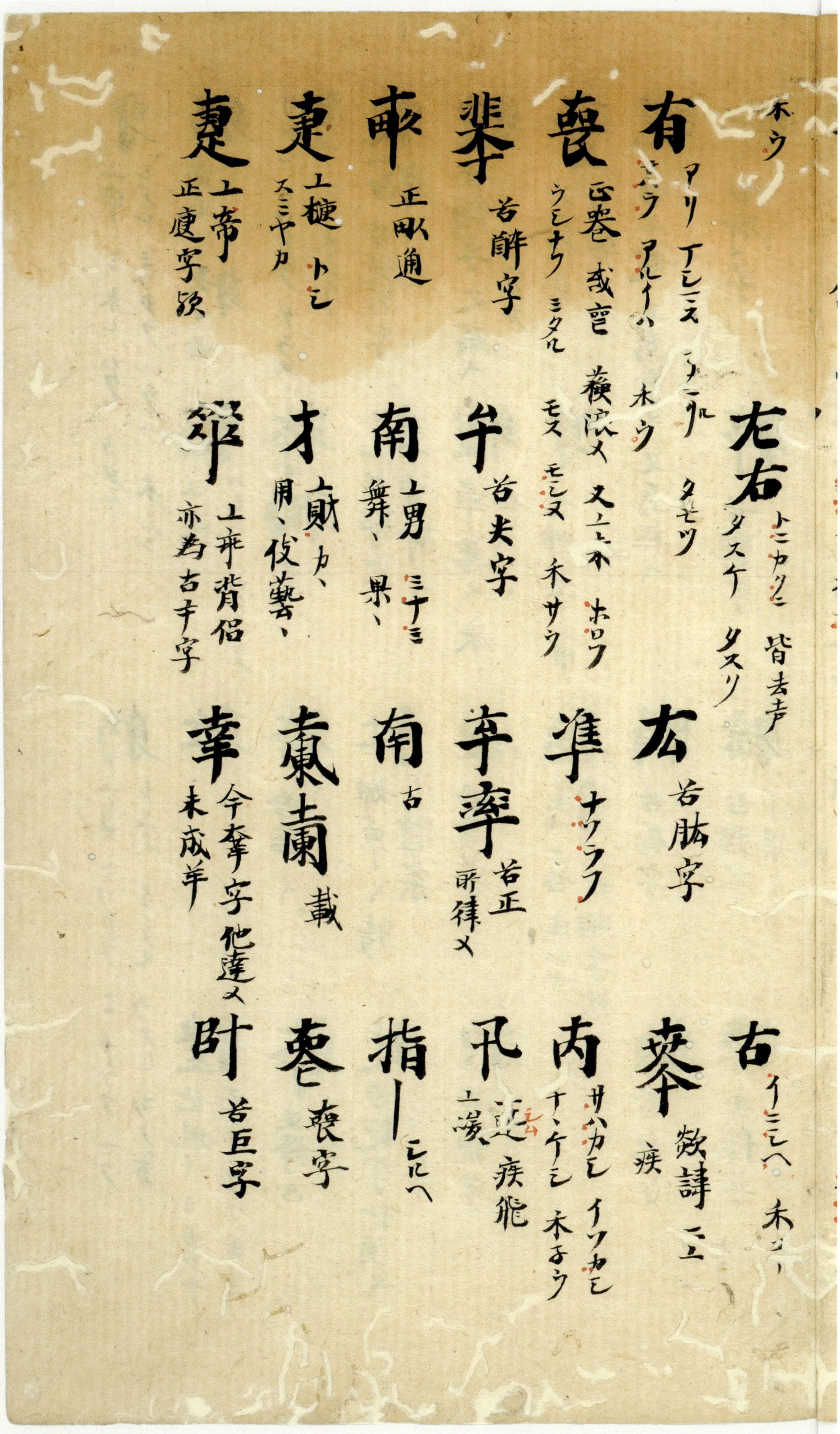

〔仏上85〕

十

身 上申 ミ ネシ ムクロ カタチ シタシ ミツカラ ハラム ネンコロ

躳 並正 躬 古

體正 ネタイ サトル ミツカラ アラス

⿰身從 ⿰身容 古從容字

⿰身顛 古顛字之扇反 ハツカ

⿰身戀 古戀字 古[illegible]

⿰身宛 古上婉 又烏卧反 又烏桓反

⿰身甹 古聘字

軀 上區 ミ ハミラ ウツツク

⿰身本 ⿰身面 二古

⿰身包 古郭字 古聘反

⿰身亶 章善反 床 無

⿰丬身 古呻字 申

⿰身亭 古亭字

⿰身弓 上弓 ミツカラ ミ ナラフ ニク カヽニル イタル シノヒ シノヒカ

⿰身丘

⿰身夸 古華反

⿰身比 婢卑反 ⿰身夸 丨體柔

⿰身亶 古澶字

⿰身圭 ⿰身隹 二古 䠁字 又古脡字欤

⿰身眉 古眉字

⿰身聴 古聴字 丁果反

體 他礼反 ミ カタチ スカタ カキフ キミ

⿰身夆 正⿰身夆

⿰身廷 古侹字 他頂反 直丶

⿰身皃 古貌字

⿰身自 古自字

⿰身婁 或僂字

［身蜀］ 俗正 徒木反

軆 上俗 ［身良］｜ 軆 長｜

［身賓］ 音嬪字

［身我］ 音俄字

［身毛］ 音毛字 都莘反

［身旋］ 音旋字 上全

［身函］ 音愞 便二正 人充反

オキニル シモチル メノミラ 木ヌ山。

［身堯］ 姝遥反

［身酋］ 音由字

［身母］ 音母字

［身矣］ 一佳反

［身兒］ 音脆字

［身足］ 音蹴字 七六反

［身刂］ 音刋字

［身几］ ［身冗］ 二音

［身良］ 上郎

［身冊］ ［身冊］ 音［身冊］字 士甘反

［身毳］ 音脆字

［身果］ 正 倮 或 上蓏 ハカタ

［身戩］ 戩上

［身永］ 音黴字

［身匽］ 上偃

［身冗］ 音欽

［身卿］ 音

［身巴］ 除畳反

［身色］ 音臆 或千茜反 又千劣反

［身責］ 音道 贖正 奧惟反

［身令］ 音聆字 上零

［身奇］ 休飢反

［身亢］ 今舫正 丁甘反 フクル タヒフ

［身支］ 肢二或肢正 上支 エタ

⿰身尓 ⿰身矦 ⿰身吴 三若 又食亦 禾ミヤ

⿰身廷 若艇字 在上ニトウ可見合

⿰身戠 上識 ツカサトル モト ツカサ

⿰身絲 ツラヌ

⿰身應 ヤカラ

⿰身阝 鈒買四敗、

射揹 弓カケ

⿰身毛 若毛字

⿰身甹 匹正メ トフ トフラフ ムカフ

⿰身乚 ユタカナリ

⿰身農 ハル

⿰身矢 古

⿰身曷 若移上又 騐謁又

⿰身帶 若躤《セウ》字 上萴《テウ》

⿰身甹 聘

⿰身少 ミ ソヒヤカニ 十ハヤカ

射 正上 麝 イル ハカル トホミ

⿰身殳 若般字

⿰身舌 若聒字

⿰身出

⿰身系 ミ

一校了

観智院

類聚名義抄佛中

耳 十一
女 十二
舌 十三
口 吅 品 器 十四
目 自 十五
鼻 十六
見 十七
日 曰 白 是 十八
田 十九
肉 月 廿

耳《ミ》 十一
女《ミヨ》 十二
舌《セチ》 十三
口《ク》 十四 吅 品 品 品

目《ニテク》 自 十五
鼻《ヒ》 四十六
見《ケム》 十七
日《ニチ》 十八 日 白 是

田《デム》 十九
肉 月 二十

類聚名義抄

耳部第十一

耳 如始反 ミヽ キク ハタ ミヽツカラ ナラクノミ ニクノミ 禾ニ

聰聡 二正 千公反 トヒ ミヽトヒ キク サトル サトヒ アキラカナリ 禾ソウ

耳搕 ミヽタヒ

聲 郤盈反 コヱ キク ナ うし イラフ アラハス オト ナラス ノヽシル 禾者ウ

乚華 ハナヤカニ

聾 古聞字 キク

耷 若

ミヽタリ ミヽクソ

ミヽノヤマヒ

若通聹今 ユ細

ムコ トツク シヒト

聒 古活反 カマヒスシ オトロフ コユ サハク ノヽシル

聭 或愧字 ハツ

耴 奥乙 カマヒスシ

屩耳 禾ラウツノチ

聰 若 聰 正

失— ヒコヱ

耵聹 上丁頂 下乃絵反

聟壻 二若 聟

耴 丁輒 耳垂

〔仏中1〕

耴　音輒字

聯　正　立　ツラヌ

餌　人志反　ヱ

聝　馘聝　三正　古麦反

恥　勅㠯反　ハチ　ハツ　タヽし

⿰耳容　音容字

⿰耳𡿺　音脳字

⿰耳關　五滑反　之甚　聾

取　七庾反　トル

聯聊聰　三　音

聏　尼洼反　ハツ

耽聸　二正　下丁藍反　丁甘反　大耳

恥　正

耻　音

聆　力丁反　キク　トミヽ　ミヽトし

⿱耳平　音平字

耹　貪《キム》鉺《ケム》　二上

丨次　ミタリカハし

毦　如志反　ケ　ミタル

⿰耳靟　音靟字　⿰月髦脃　二正　十芮反　芳非反　又脃二音

⿰耳勾⿰耳句　旋俱反

聑　都草反　又隙上　ミヽツカナリ

⿰耳里　丁乙反

⿰耳咅　丁果反

聯　ツラナル　ツラヌ　モトホし　上連　モトホル

鉺　音

⿰耳虫　奥訖反　無知

⿰耳従　音従字

⿰耳卷　上巻

⿱執耳⿱矣耳⿱𡉉耳

聟 四音

聽 正

〓 音腰字

聤 上亭 ミヽタリ ヤアヒ

鉺 音術 鬲字 人志反

タカシ タナヒク オトロク オツ オソル

アカル スヽム アフ ミノ サシ スヽム

イヤシ シハラク

耶正 禾ヤ 又シヤ

聃 音

聹 上寧 ミヽシヒ

聰聦聡 三 音

聣 ミル 奥支反

〓 冊寄反

茸 キヒシ シケシ ミタル タカフ

〓 音

〓 上濕 牛耳動

聴 他定反 ウケタマハル キク 又上丁 ユルス メハル 禾チヤウ

无聲 音〓字 慚念反

〓 上茲

聒 五黙反 瘝、

〓 諸書並無應 是聖字

〓 他才反

耿 古幸反 ヒノヒカリ イタムミ ミタル スコシ

〓 音防字

聊 都怡反

〓 ミヽ

聳 上棟《ソウ》反 ノヒク 山員反

耶 上斜 チヽ アヤシ 又以遮反

〓 戒

⿰耳農 女江反 中声 耳
⿰耳月 上月 又五滑反 随耳
聱 語交反 又 奥幽反
⿰耳桼 上勞 ナク ミヽナル
⿰耳曹 耳 ホメク
⿰耳彖 五界反 フ聽
⿰耳朱 上注 咮コヱ ナク
聙 上精 聰

聥 上矩 驚
⿰耳制⿰耳斤 上制 入意事
⿰耳申 餌上 聽ヽ
聄 正
⿰耳窒 上庭 耳
耾 上宏 声
⿰耳巢 側交反 耳 鳴声
⿰耳変 [illegible]麦反 牛名

聘 躬字 ウハナリ サテタノ キク
⿰耳祭 千計反 キヽ ヒソカコト
⿰耳眞 上眠 キク
⿰耳曹 上曹 聰ー 又才郎反
⿰耳兆 他聊反
耺 上云 耳中声
⿰耳秋 即由反 耳鳴
耷 上答 オホミヽ

聅 丑列反
⿰耳票 匹妙反 聽ヽ 行
⿰耳氏 上軫 告ヽ
ミヽナル
⿰耳比 正
⿰耳音 於禁反 声
⿰耳善 章
⿰耳彔 上禄 虫名 キク

弭 名耳反 ナヒク コヱ 禾ミミウ ミツカナリ 禾スル トゝノフ トム キク
聾 上籠 禾リヨウ ミゝシヒ リヨウ
聋 ヤハラカナリ
耽 タル
刵 ミゝキル 上而 五刑之一也
耶 タノシフ ヨシ ツラシ コフ
聧聵聅聬聋 未詳

聊 上斯 イサヽカニ ミゝハラク タノシ
聧 上奎 ソムク
聝 カキミル
聩 ミゝシヒ
聸 ミゝ
聻 ミゝシヒ

聍 ヤスシ ヨル タスク タヤスシ 禾カハクハ
聵 上憒 無識
聶 アフ マノキク
聩 同
聏 ミゝ
聚 アツテル
耽 若耽字歟 フケル 禾タム

聖 郚政反 ヒシリ
聑 ミゝクチ
耴 ツク
聊 タノム コフ
聎 オトロク
聨 カロくシ
聲 若聹字 ミゝシヒ

十二

女 挐擧反 ツムナ ムスメ ナムチ ツムナコ 又去 メアハス 禾ニヨ

潛ー カツキメ

醜ー シコメ コニメ

妙 妾照反 タヘナリ ホム ウルハシ ヒソカニ 禾メウ

タトヒ 禾レ ヒロシ シカモ ナシ イマミタリ

ミタリ シカルシ スケ 禾ニヨ

乭ー ハルツミ

如是 カクノコトク

郍 上郍

遊行ー兒 ウカレメ 一云 ヤホケ

織ー タナハタツメ

不ー シカアラス シカシ

娣 上弟 シト ヒメ ヨメ メヒ

孀 上霜 ヤモメ

少女 シトメ 一云 アノヒ

天探ー アマノサクメ 俗云 アマサ 久又

如 仁餘反 コトシ モシ カクノコトキ シタカフ ムカシ ナキ ユク ハカリ

久如 イクヒサヽ

奚 イカム

姒 上似 ヤツコ ヒメ ヨメ

娟 俗

女人 タシヤメ

歌女 ミハス

末ー イマタヽニ シカス

何ー 同

ー婦 シトヨメ

姺 上銑 姓

㛴 上惱 今作惱 恨疾、
嫋 正
嫐嬥嬤嫐 四俗 ウラム アフ トノフ 又去 禾サイ
媳 正偲 或側 文側住反

㚰 俗通
妻 上西又 ツマ メアハス
嫂 俗
嫂 俗
嫃 未詳

前妻 モトツメ コナミ
後― ウハナリ

𡝤 上摩
𡝤嬷 俗
嫗 依句反 オムナ シハヨメ
婓 芳非反 ミミクし

姆 俗母 正謀茂ホウ 二上 可在下
娒 或女師
傅姆 メノト
妯 上逐 勑流反 オコク イタム

―娌 アヒヨメ 下上里
妃 上非反 キサキ 禾ヒ
嫣 上阜 謹、 俗文上蜀亜

嬣 俗儜字 女耕反
媁婟 護上
嬣嫭嫥 三俗 ウルハし カホヨし

娣 タケし
娽 力足反 随従
娙娙 五―反 長好、 カホヨし 又形上 又亜萓反

拏 奴加反 可在千
嫡 正
婫𡤜婚 三音上字 上字ノ冬モノクヒ
娀 上嵩 國名 アコト オロカナリ
嫵 上武 コフ ウヤス
妥 湯泉 湯面二反 愚〻 スヱフチ ミタカフ コナミ
姡 音

姑 其一反 龍
𡝩 他朗反 又奴上
姣 上絞 不實〻 コフ ホミキナミミ
娬 音
婑 音綏字 上雅 安〻
姤 下故反 ミタム ウハナリ オミタミ ソチム アラソフ ウラヤム
婚 上活 小兒多詐 又上滑 上蠱

嫡 丁歷反 長子 トツク
妣 俾以反 母 死日ー ハヽ
嫛 上閉 アハレ ウツクシフ アイ介
嫣 古 コフ
娬媚 ナツカシ
𡠄 音佞字

嫡 音 人ノ又 モトノツ又 ムカヒ又
媲 匹詣反 配 又匹義反
媢姤 二音縮字
婷 ウルハシ
嫄 上原 女名
妾 上接 シムナ又 ト九 タカヒ
妒 正 ウラヤム ホタム
活 今

娍 是是二上 又時 紙反 美女
姼 正
妊 上古蠱 又竹亞反 ヨキシムナ ホコル ネカラ
姹 若通
㚪𣯧 二若 棘字 ホコル
𡡉 若澍字 上薮 ウルハシ
妵 他厚反
婕 上接 一妤 婦官
⿰女速 若欲
婦 正偩或 上餘 婕一 ウルハシ
⿰女產 若産字
⿰女贊 才旦反 ニカタチ
⿰女罩 上禅 ヨシ タツヤカナル
嫺 千間反 ウルハシ ミツカナリ ミヤヒカナリ
⿰女変 上早
嫂嫂 若通 ヨメ
⿰女竝 若竝字 アヒムコ
娿 古何反 阿 上数
姚 上遙 ナヤナス
姚 正
⿰女竊⿰女竊 二若竊字 上杳 エウ
⿰女寵 若寵字
姸 上研 ヨシ ヤスシ ウルハシ
妍 正 ヤスシ ウルハシ カホヨシ
姸⿰女便 ウルハシ
奸晏 上千菅 ヨコサマ ウルハシ カホヨシ シカス コナミ
奸 上干 女名 ウルホシ 干欤
姦 正 カシカマシ ヨコサマ アサテク カナヒスシ イツハル ニタリカハシ サマ アハス サヽヤク サハカシ カタマシ ヌスム ヒスカシ

姸𡡾姦 若
姸 シカス ヒスカワサ カタアムシ
姆 上久 女字
嫐嫛嫢嫢 若廉字
モタ タラ
娦嫹 上遷 ムスホル ミヒト トツキ カサヌ チトツヘス
娦 正
嫚 正
嫮嫮 若
婾 媮 二或
婾 上 偷悅
婾 他侯反 タノシ ウスシ モタ ヨロコフ
コヽロヨシ アナル カサル
嫇 莫 㝠反
ユルナリ ナイカシロ オソシ オクレヌ
嫫 莫胡反
姘 令
媍 若 争字
ウルハシ
腕而易破 禾カシ
姅 又風反 好
嬾 若嬾同
ホウシ 牛クサシ
嬾 懶二正
牛ウシ 力但反 牛クサシ
嫩 嫩 始生 二若
妧 媎 都南反
嗜 フケル
𡜝 若
妌 妟 女逐反 閑
ウタフ アソフ
姘 上靜 又靚上
女貞靜シ 又ナリ
シコタル アナツル
𡜲 正
𡡆 若淼字
嬈 嬈 二若嬈字
奴鈍反
オコタル オロカナリ
娍 イトフ 禾ラシ
𡜕 若欲
フケル 子タム オホヽル

嬂 上掽 音僬字 嬂 音

嫘 上瓌《ケイ》 單獨 又平洛反 又上全 ウルハシ コノム

娪 音浩 皓二正 嫿 女カ反

娀 上鍾 兄娀 コシウト

孋 於羅反 嫣、 作姿 孋 音 孋 欲

姝 或採字 丁果反 量 娑 嫖 上舞反 右又提

妓 音欲 ウルハシ ナマメイタリ カホヨシ ヤサシ タフロカス アシロク タシヤカニ カミナキ

孃 女良反 シウナメ ハヽ シナミ 如章 如羊 二又 ハヽ ウミナ

嫩 乃串反 弱好貌 又審上 嬋 正

嫪 或 嫘 音 孎 孌 力春反 ウルハシ

嫷 嬞 二音 嬇 奴罪反 好

女ー コシウトメ 媛 嬳 於縛反

媟 先列反 ナレタリ タル ー嬇 媟 アナツル

妖 於憍反 巧、 カワヨシ 妖 正 嫑 音

ヨキシウムナ 禾サハヒ ウツ タヘ 妓 上掖 魃字女 妓鬼、 婦、

娘 今 ムスメ ヨキシウナ 婜 舄莖反 新婦

嬰 於盈反 カヽル 上櫻 メクラス 禾ヤウ ヲウ タハフル タハル
嬰 孆二若 又若纓字欤
嬉 上熙 タノム ヒヒ ヨロコフ アソフ

禾キ
妓 渠綺 又奇上 禾キ
妓 カホヨキ女 ミモト人
嫣 居焉反 水名 若愧 上非

媿 或愧字 ハチ ヒタカフ スツ ハチヒム ミニクヒ
蛸 烏玄反 嬋ー
嬋ー 上禪 指ヨヒ タシヤカナリ ソヒヤカナリ

嫂ー ウルハシ
嬋嫒 タツヤカナリ ウルハシ ニホフ オソヨカニ
嬌 上橋 オコル コヒ コフル

娠 身振二反 ハラム フルフ 娠 娠二若 娠 オコク
⿱阿女 上阿 婀阿 烏我反
婀 烏可反 タツヤカナリ

娜 乃可反 イヽハ ヨキカホ ナヨメク タツヤカナリ 婀ー
⿰女褱 古 懐字 嬓 若
娉 匹正反 ヨハフヒ トツク ムカフ

モトム トフ アヽス ヤトフ
ウハナリ ナカタチ ミナハカリス メニク
娉 正
嫌 正慊 或胡兼反 ソネム ニクム 恨 キラフ ウタカフ イタス ウルハシ 禾ケム

姪 徒結反 メヒ シヒ カホヨヒ
ー男 シヒ
ー女 メヒ
⿰女疊 古

姫 上基 ヒメ
ウラム ウラヤム ソしル
又謑㥄 又上リ
妖 上遥姓 フケル
禾タム 嫇ー フケル
嬪 荷隣反 ヨメツカヘ
ナイし
妾 上忌 イツハル ミタリカハし アトウ
カタアし しヘタノ ミタリ
嫪 力高 力報二反
コノム アイス シしム
努 ユヌく
孅 先廉反 婦人手ー細云 纎同
或𡢖字 禾廿ム

姫 若
姪 上淫 タハし ヨし
タハル タハフル
ウラヤム タハし
フケル
𡠿 火含反 貪
愛
嫪 正
娶 トリコ

䙡嫤 若䙡衣字 相列反
嫉 上疾 ソネム ネタム ニクム
媱 上遥 タハル アソフ フケル タハし
ウカレヌ タハフル ヨし ヨロコフ 若為媱字
[illegible] 苦力反 生
[illegible] 正
[illegible] 山甲反 毛長
姮 莫耕反 若
冥上
姐 媦 若
姊 奴解反 乳母又上祢 チオモ ヌノコト
嬭 或
奴 上駑 ツフ介 ヤツコ ヤツカリ
ツカヒト サネ 極 禾ヌ
婢 便俾反 ヤツコ 禾ヒ
腐ー 花 アツキノ
孅 今 孅 若
嬿 烏見 烏弥二反 女字

丨婉　タヲヤカナリ　下於遠反　ウコカス　カサル
ウルハシ　ヤハラカナリ　ヒタカフ　ウツクシフ　メクル　ニケチ
好　呼到反　ヨシ　コトムナシ　カホヨシ　ヨミス
ハタハタ　シウナ　ウルハシ　コノム　禾平
ヨミアシ
ヨミス　ニクミス
姫　或
婐　烏果反　好
娋　音短字
姐　千余　七余二反
媽　姓
㐫

妸妸　二合
嫺婟　二合　謟字
嬇
嫖嫖　二合　僄字　鳥了反
妲　都達反　丨己
媑　音相字　先羊反

妝　古
婼　丑略反
媌　苗　苐　卯　三上　好
姘　或怦字　忠直
姣　上　詨　歟、　十經日丨　禾我亻
婤　明秘反　シヤス　トラシ　コヒフ　ウツクシヒフ　ウス　アサムク　コフル　ハク　抏

丨孅　タツヤカナリ
丨悪　上ミ　下入　上下　俱去
婝　奴果反　栗眉　ミヤヒカニ
媛　上　恭
媔　音面字
姐　上咀　又子耶反　又子也反　丨　嬇
姥　莫補反　老母　オハ　ハハ　オウナ　オハハ

一三一

孋 麗上
モテアソフ 又上佚楽
若 禾ダレゴ 二音
又姊未、
𡝩 𡢃 二㕣 輭孚
媒 上枚 ナカダチ
シトリ
姻 因上 トツギ
ミウトメ コヒト
嫨 多矣上 官甥
娥 上俄 彝妻、
ヨミ ウルハシ セハシ

姁 胡圭反
姑 叱詐又
又齒古又
女輕薄善走
阿姑 シハ
姑 躭二正上云
タハフル イタミ
姻 コノム
妐 上弋 婦官
婀 阿何二上好

媄 上儀
ウハナリ コノム タハフル
祖 オハツハ
嫐 年見又 又上
然女恣
㛰 婚 上昏
クナク トツギ
ミウト ツルフ
コヒト メニク
媢 冒上 禾タム
嬬 箭貫二上又
煎上太白星
媖 上子 女字

娛 上虞
ホコル タノシフ
ヨロコフ
姑 上弧 シハ
ミフトメ ミハラク
ニタ
外 ミウトメ
媆 欺上姓 醜貝
媦 謂上 妹
嫣 古蛙反
嫑 上零 女字

嫽 僚嫽二上 好、 アキタル 觸、 コノム 弄、 モテアソフ ナヤニス

嫨嬨 二合 美字

嬞 正

小ー オトイモウト

嬹 上興 又虚應《ヨウ》言反 善説

嫣 許延反 又焉上 長

嫈 下医反 又羽沱反

姶 烏合反 婀ー

嬫 藥鑠二上 ウルハシ

姝 上輸 ヨシ ウルハシ カホヨシ アケ

ー妭 イモセ

嬧 平自反 ミヤヒソカニ 好

嫋 他鳥反 又溺上 ミメヤカナリ

姈 平兼反 婆ー

嬚 正

㛅 如之反 女号 オウナ

嬉 休六反

姣 或

嬛 烏玄反 又於權反 容

婠 烏官反 又烏活反 體得好皃

タツヤカナリ タハム ウコカス

嬴 上矯 又嫐反 踈身

娴 上周 又抽上 女字 タヒム

㚢 上紀 女字

婧 菌蚩二上 美

妹 上昧 イモフト コヒフトメ イロト

娧 上悦 他外反 好云

婤 同 上動 又他動反 須貞 タホヤクノ

姂 匹乏《ハフ》反 婦人行 コノム

嫙 ー嫙好 コノム

媞 提豸《テ》二上 妍黠、

婉 於元反 好

嫥 或 或叀字

嬐 纖儼 二上 敏疾

嬗 嬗 他亶《タン》反 又他彖《エン》反 又禅上 ウルハシ ヨシ ヌクル ニツカナリ モヌク《ケ》 カサル キニクルフ

娟 二反偶

妝 上条 三女

娖 楚角反 ーー 廉謹

婧 静浄 二上

媕 上掩 婦人貞

嫧 策上 鮮好

𡣞 至執 二上 イタル

姰 旬均 二上 男 女併

㚳 或

嬥 條擢翟《ジウ テキ》 三上 又寵上 直好 ナカフ コノム フケル

婺 上務 婦人 貞

嫥 上専 嬗

娕 楚角反 謹 婡 或

婚 他合反 安

㛂 上皿 婦人貞

㜸 丁刮反 短面

㜴 上熈 悦

嫥 正

娕 ツヽム ヨシ

妟 上燕 安

媻 上槃 婦人 容貞

㛂 正

嫛 上契 又口賣反 意難

〓 正
〓 七慮反 慉
妗 上宮 禾タム
㚲 正

〓 若
〓 上户貪反
〓 烏角反
婞 胡項《カウ》反 佷 タカフ

〓 或
〓 正
姱 上夸 ク禾 ヨシ
姱 カホヨシ 木シル ウルハシ

〓〓 イサミホコル アコエタリ
娋 上稍《セウ》 ハラク
〓 上精 孟 姉
〓 普結反 偏結反 怒

嫸 章善反 性、新、
嫸 或
娺 上綴 疾悍 又竹刮反
〓 五感反 烏𡠹二反 含怒 又奄《エフ》上

娃娃 烏佳反 好、美、帝女、 ウツクシ ケツケル女 ヨラミキ女
娃〓 ヌチタシ
〓 一芳反 媚

〓 一携反 又許季反 愚戇、夕態、
〓 上惠 不悅
〓 上越 怒

〓 上莎 疾、又 …和反
〓 正
嫖 匹妙反 又漂上 輕
嫖 今

嫂 正
𡤜 正
婄 上部 婦人貞 又剖《ホウ》
嫯 許列又 𡟐 又馨細又
嫕 上軟 好
㛐 不𡚶又 嫯
嫘 力隹《スイ》又ー祖 黄帝妻
嫆 臾偃又 又
嫭 根庠二上 鮮好

婎 韋偉二上 ウルハシ
媥 上篇 軽〻
嬯 上臺 戽 𨱍 オソシ
妷 去刧又 得志 又若叶
嫖 トヽヽ
娩 免万二上 コフ 免字
孃 正
嫫 上ー 妹嬉桀妻

婎 許維 許季二又 醜〻 恣〻
嫼 上墨 怒
㛓 七合又ー婪
娭 正
㜳 嬸 上濫 去
媀 遇上 妬嫉
孃 タシヤカナリ
嫨 正

嫳 上依 婦人 守志
媱 楚甲又 疾言 失次第又 𨚍涉又
婪 上嵐 ムサホル ホタク
嫛 上毀 忠
嫯 敖《カウ》儆二上 侮慢
嬉 上志
姤 上厚 愚〻 皇后 アフ 若欲
婢 上少ー 毋

㛖 ウルハし
嫣 千羊又 婦 官
嬦 キハラフ
嫻 ウルハし
アメフ タハフル フケル タハし
婍 上倚好
現女 上峴 細覔
𡛷 缶不二上 好

媓 上皇 女
嬌 正
嬥 上擢好
嫌 廉 女字
娵 祖侯又 帝結 次妃
娶 戌嵩字 毛元之又
妠 奴納又 取
婬 竹恚又 餓 ヨし

嬼 柳留二上 姣
嬌 今
婘 今
奸 上質 姢 無知
娶 上趣 ヨメトリ トル ミク
契 上結清
妠 トル
媱 正

嬼 正
嫭 上辱 嬾 懈
孏 戒
婸 戒惕正上 蕩放逸 トツキク カナフ
メトル
媮 許及又 カサル
嫒 上貫好
婟 上鄙 古姓

妧 玩三正 翫 俉通 正 突 又
娍 正晠 日成 二成 上 盛
婆 上 迷 磨 人之母
婥 諱《キヤク》 綽 二上 女病 ウルハシ ミヤヒカミ
要 正
毒 在雜部
祖ー オハ
外ーヽ 母方ノヲハ

姮 丁 傒 又 竪
娓 上尾《アウ》 神女名
姅 上判 傷胎
娗 上挺 又 弥亭 三上 惕
要妻 二音
毒 戸圭 又 娃
高祖ー トホツオハ
伯ー ムハ 又ヽ 姉

孁 上 列 美
婣 或 婚 正 女 邸 又 婠ー 小肥
妢 上汾《フン》 ー 胡名
婁 力 珠 又 空ヽ 愚ヽ 又上 樓 星名
嫂 下女也 上 樓 婦人 ナモル
母 上無 ナし ツクス
曽ーヽ オホオハ
姝 同 又ヽ 妹

孁 正
娷 上 騂 宮
妗 今
又上 趍
毒 正俗 鳥 亥 又 無 行
毋 莫后 又 イロハ 若言 ハヽ ミチ 禾モ
從ーー オハツハ
氷ー クラケ

從｜ 母方ノシハ
雲｜ キラヽ
妊 上任 ハラム 禾ニム
孕 ハラメ
似｜ 同
巧｜ タクミトリ ツク 鳥麦
姨 上夷 イモヒ ヒウトメ シハ ヨメ ハヽカタノシハ コヽフトメ
タムム シコカス

継｜ ミヽハヽ
姓 上任
姙 ハラム 上字欤
｜人 タヲヤメ
嫂｜ ヨメ 兄妻ヽ
婦弟 コヽウト
｜娜 タハム

乳｜ メノト
嫁 姑娵メ ヨハフ トツキ
姙
産｜ ウフメ
婦翁 シヒト
｜母 シウトメ
始 舒以メ セム ハヽメ ミチ 禾シ
｜ヽ タハヽ

知｜ ヤミシ シウト アハス
婦 上負 ヨメ メ シタクフ 禾フ
娣 上弟 オトヨメ
｜兄 コシウト
姉 上止 アネ コノカミ
嫋 奴鳥メ 奴的メ タシヤカナリ
嬈 上嫋 又上擾 ナヤマス ナフル

禾ツラハフ　フケル

委曲　コケヒク　禾ホフ

姿　上咨　スカタ　カタチ　カホミナ　サマ　フルマヒ

美貞

嫺　ミヤヒカナリ

婾　上鑰

嬰　於笑又　ハク杳

要　モトム　一形　欲

媟　苦棐字欲

委　紆詭又　ユタカナリ　ナカス　クヘシ　スツ　タミナハル　ウルハシ　ツアヒラカニ　禾井　ナヘハル　オツ　ツモル

娑　桑多又　舞客　禾ミヤ

孌　正　欲

嫺　上間　ミヤヒラカリ

媚

趹　カナラス　ハシル　退　ツオフ　蹤　ミタル　子カフ　ヨヌ

嫚　タスク

オヒタリ　チキル　ニハカニ

メス　トシ　サハラ　ヒハラ　ミクミ

婆　上皤　一娑舞　ハ　禾バ

妨　上方　訪　サマタク　禾ツラヒ　ヤフル

嬻　徒穀又　アナツル　狎

媟　上細　ムコ　サフト　耳ア

嫡

嬁　ヨキツムナ

婆娑　ミフ

嬖　上嬖　又去　戀慕子也

媘　所景又　ハフク

婥　苦僤字女耕又　アナツル

毦　上悚未詳

嫐　奴甲又　禾エフ　ナヤム　子タム　ウハナリ

又七列又 又上妭
嬑 コノム
毎 シハ〳〵 ツネニ ツノハク ムサホル コトニ
䔲嬉媳嫮嫤
姰 ミヤヒカニ
嫐 アニハ、

十三
舌 食折又 ミタ 禾ロチ
䑛 五舌

娚 ヲコ
嫐 ウルハシ
娓 チヒサヒト
未詳
媸 ウム
舌 正
舐 神尓又 尓フル

媃 ハヤス
姰 正ヨシ
貫 ツラヌク ヌク ウカツ ナラフ 禾クワン
嬰 上妭 未詳
媑 ホシキ ナニ コノム アイタル ヨロコフ 禾サ フケル
嬬 天之切 嬬也
吉舌 ヒナサ一
䑜䑜 正

嫮 アハス ヤサシ ナナメイタリ
媣 ウルハシ
嫥 ツク
媽 在寶、龠並 聖靈集
括䑛䑛䑛
䑜 禾フル

䑛 去例反 イコフ ヤスム イキツク
舌今 巨禁反 ヘツ クラフロス ヤム
ムアフし
上恬 アチニム
土合反 又他類反
大食
䑜 上田 又上灘 ミタツキ
一鋋 ミタツキ
舌善 他念反 禾フル
舌殳 音唆 正 上按 ミタル ヲサム アミフ
乱 ミタリカハし トヽノフ

舌舌 栝 抒齡 三或
胎 或 胡 舐 舐 舐
刮 今剣正 古滑反 ケツル ムこル 禾フル
舌辵 今 舌辵 若
舌缶 今磨正 古類反

䑛 正
舌 砕二音
舌延 上天 ミタツキ コソク
舌咸 上致
舌冊 舌炎 野毯二二 ミタヽル
辞 亦舜 辞 辭 イナフ トヽム

舌怠 若
舌甘 舌昏 三正 アマし
舌栗 栝 舌番 三 正
舌彖 呼慣反
舌冊 舌冊 舌冊 他紺反
舌攴 音昏 古 戸刮反 若昏 正 舌今
ミタサこツ イタス
似茲反 アトハ
サル 禾カル ニカリ

ミウス ケカス
舌
口 苦厚反 クチ 禾ク
埴口 チウツホ トモカラ タミカ ヒトヒ
禾ホム
唧 子栗反 〻〻鼠声、与タ声一 又上即 ヨク
唱 今昂字
嗡 二若 衜字
哈 欽二正平合、 暇〻

舐 石舐字 ヤスシ 上若 クラシロス
凵
呂 上船 タヒ ツキ タクヒ セナカノホ禾 サト
三品 ミツノミナ
唧 ナケク ナク
嗰 苦譁字 庚更反
嗽 奐禁反
嚨 若嵌字 口咸反

咶 スク 禾フル
唇口 クチニヽク トモカラ
嵒 側立反 衆 口、
呼唄 若
鄭 若郎音字
吟 若今字
嚨 上籠 ノムト

䑛 禾フル
口子 クチハセ
品 ミナ タクヒ ミナ〻ミス モロ〻
㗊 若
喞 魯當反
喰 上高
唫 若企字
嚨 ソ七地

㖀 莫江反 ミタル アサチラフ カミヒスシ シノフ
吟 若齡字胡介 ナケク
吟 正詅齡二或冥今反 ナケク カナシフ シナケル ニヨフ サニヨフ

唋 余途二反
嗱 二若
嗡 平及反呼 フゝム スフ ノム セゝカム

喩 踰句反 タトヒフ コシラフ イコフ サトルス シシフ シカモ トフラフ
啥 戸䁆反 クラフ
哈喉 巨粉反

カロ反 シヌス ｜諭 上通下正 禾上
唫 詰倪反

嘍 正
嚶 良主力隻二反 ｜嚶鳥声ゝ

嘍嘍嚂 若 所旬反
嘍 若痛字欤
嚶囉 サクゝシ ソサシ スカナシ オロカナシ
喂 同上
嚶 藕斗反 スフ アチハフ

所留反 又業 嶲 禾ユシ スフ ノム シハフキ彡
喉 力結力計二反 ナク
咧 若文若列字 力折反
㗱嗽 二正 上䶨 所下又藕豆反

クチスゝク 下又作欶瀨此同ゝ ウカヒス
嗽獲 トハオトシチ
味嘍唰嚶 若

㖿 正

噉 音致字又音緻字直致反

苦 空戸反 クルヽフ

嗬噆 音

悟、ムセフ 又憂上

嚛 上老 嘷一 無人

嗜 上嗜

嘵 丘高反一喉 虎帝二反 正

㖦 音又諫字

𠹕 音到字

喆 音

嚵唶 音鏁字 嚙齧 卓反

嚎 音蒙字

咾 音 ソムク

嗟 作何反 ホヽア、 アヤヽ 又子邪反 ナケク エラフ ア

啳 音

囑嚬 郎大反 クチスヽク ウカヒス 又音頻字欤

嚂嚂 上監反 力含反 貪

噴 敷上谷下忘 普悶反 潠 ハク フヽク フキノタス フヽク

嚘 一儉反 嘆声、

嗟 音惶字 又ヽ莫乗反

嘈 上草

嗜 上視 タヽフ タシナム クヽム フヽム アチハフ フケル ムサホル コノム ミナフ オモネル 禾志

嚮平 ア

嚇 上赫 呼駕反 カヽナク ナク サヘツル イサフ ヒラク イカル ヒアン ミツカナリ

禾ラフ

嘆 上歎 ナケク ワム 古歎

噎 上宴 ムセフ 又煙 烏号又

咽 音通

喕 音面字 ハカリキヤ 禾ツカミ

嘔 上亞

𡇼 音 サイナム

咮 音

𠹭 ナケク

咽 正ノムト サクリ 又上咽 ムス

哽 ムス

嚶 上要 ナク アサワラフ アサケル 虫声

𡀔 上桑 ヤム イコフ 禾ラフ

叶 古協字 ウナフ ヤハラク

𡁹 上釋 又哥各又

嗏 二音 又茶字 宅加又 ムセフム

嚠 古宴上

嚚 音謳字 他舟又

嚲 嚲 三正 常利又

𡂨 上六

哇 烏佳又 ウタフ

啷 嗷 音

𡄷 ムス

噎 ノム 音

哂 式忍又 アサケル 禾ラフ アサ禾ラフ

𡃱 音甄字 欽

咽 去 求隕又 欲哂

吪 上七 ウヒ ハケム イサムフ サケフ

𠿕 𠿕 二音

嚓　切上　嚓　倉二反　察　上　嗼　音寞字　莫上　又陌上　嗃　音驚字

咰咔知　クチサキラ　或本三八已上五字カナツマケタリ　乳呫　五反　呼厚又　イヒキ　ヨハフ　ホユ　ナク　禾ク　嗃　音　呦　音

吽　未詳　ヨフ　㖸　告韻又吐　喢　上章　ム　喣　虚句又　文詡上吹

イキツク　アツミ　哥　通計反　呼何又　イサフ　アヤテル　サイナム　イカル

アキトフ　クチノサキラ　フク　アヤカル　ムサアル　今無此字

哢　音　崎古　哄　呼工又　又胡貢又　嗏吖　音　喧嘩　下譁　二反

呼凡又　カアヒスミ　啼唬　ナク　サケフ　ホユ　⿰口茅　音

上在下ミ　カミヒスミ　上踊　ナル　禾タイ

喋　直甲又　喋嗏　或　嚛　口号又　口衷又　文云　⿰口龠⿰口龠　音龠字　藥上

囒　上蘭　言語　不可作　⿰口闇　音闇字　閘　呼加　呼賈　文　禾ラフ　⿰口閘　アサツル

嚪 公答反 又音調字 帀合反 又上諂
啗 音諂字
嚪嚪哎 丁候反 多言
嘂 正根字上銀反 真艱反
㕦 空屋反 ナク 禾コク
吷 音
呋 詇二今 上頬、 妄言、 多言、
唊 正 嗟 音
嚛 音爽字 ココタヽ
咲 笑上通下正 忠妙反 ヱム ヱ ヱ禾ラフ 禾ラフ
嗘叨嗳嗳 四音
禾ラウ ヱム
微咲 ホヽヱム
䶵笑 同 禾セフ
可咲 シカし アナシカル
呋 上頬《アフ》
吱 星上雄正 千弓反
呋 音夫字甫夫反 又扶上
呋呋 二音趺字
吠 文廢反 小上 ナク 禾ヘイ見
唵 烏敢反 アニチヽ フサク
唅 音許太年 二正 音凡反
㕹 備上
吱 音岐字
吻 正又音刎字歟 クチサキラ クチワキ
吹呡 二音 巨粉反 サキラ ツイハム クチハシ クチヒル カクル
㗶 音忽字 ウレウ
吱咀 上府撫二上 下側呂反ーー 以牛指砕、
吱 吉斯反

呻 上申吟 イヒス アクフ ヤミイタム ヨフ ニナケニ ケ… サマヨフ 或伸

叺 音

叺 未詳

嗉 今

嗉 上撲 ツミル 小食 ツミム ヨフ

咀 丁達反

咀 慈呂

咀 或

咀嚾 カミ公

咺 況遠反 不止 児泣

哩

哩 音 ヒツカミ

嚠 上留 又音瘤字歟 又音救反

留 上流 トヽム ウカフ

唉㖫 二音

單 今單字 上善 又丹 ヒトヘナリ ヒトヘ ウスシ ヒトヘニ コトヽク フルフ ヒトリ スルツミ

呷 呼狎反 ノム ノミ 公

呅 音以字

㖿 音何字

咀 上 謂子与反 クラフ クフ カム ナム

𡁈 古恒反 クラフ 吹一

咽 音細字

留 音

嗒 音

嚎 大尸反 唉、

嗚 音烏字

咺咺 二音 莞字

畐 音畐字 福上

嚁 他冊反 ムテイナヽク ヨロコフ

ヒトヘナリ　ヒトヘ　ウスシ　コトヽク

丨巳 スルツミ　ナケク　ホム　ノヒユ

丨𡗑 オモホテル

嗯 上里 又思コフ 又今 嚚山立又

哶 音界字

噴 或歎息声 丘貴 若懷 二又

〓 音口佐口愧二又 敂字 オヒユ

噌 カテヒスシ

嘈 上曹 嘈同 カテヒスシ 喧声丨丶 クチハシ ムカフ アフク オホカカリ モロヽヽ スフ 公

嘖 上責 下せム カサヽキナク アヤナル サキナム

嗎 顒上 クチサヽシ ツドフ シヰヨフ

啃 ヤハラカ

喈 上皆 又音 喊字歟 ナルナク

吡 ナク

呲呰呰 三音 上紫 キラフ 又訾 アサケル 訾言 欵同 ノヽル

呰呰 同

呰 呰 或

喍 音此 歯字 柴上

呲 音欲

禾サイ 唯門 即里又

嚍 又徐兖又 クチハシ ツイ公

噿嗺嚍喃唷 音此束 觜 匹

嗺 ナク

𡅏喍 音鼠柴 字歟

喟 相揖又 又習上

嘐嘐 イツハル アサムク

唬嗃 呼交又 丂乚 下一又 哥名又

嗷哮 二正 タケル サケフ ホユ 下又上孝 又鳥教六

𠲜 若絰字

咊 休二若 術字 ムサホル クチヒル クチサキラ

又很、又米上

イナヤ フサク ニクム アニ トツ ナク

スミレ イナ 又吹呼、吹氣声、

否 㖼又不 缶ニミ イナカ フサクヤ

嗆 若愴字

嗔 若直字

𠯑 胡刮又 塞口

啉 力南又 諠

大一 オホイナラスヤ ミカラスヤ

唸 欱二正 呻吟 下覡又 下念又

呋 若交上 クフ クラフ サヘツル カム ナク鳥 五巧又

嗔 徒賢又 瞋上 ナク イカル 又

味 若

五一 サネカツラ

杏 アフ

吥 若

咼濟咼一 イツレシカ アラヒ イツレシカアラハサラム

嗟 若恙字

味 上未 アチハヒ

咮𠯗 二又 流智陟涵

否㖃嗹 上孚 アラス

吥 若不字

喰 若飡字 孫上 クラフ 公

餮 音䬤 飻字 ユヲ丿 吩 俗上 噤唫 巨飲反 巨蔭反 噤ロ、フ、ム トツ ツキ反
喑 上諳 又於禁反 ナク サケフ 又或瘖字 嗿噡 二音 噞 牛倹反 一喁 ハケし 奥口
出水 クチサし ツトフ イツクし 噲 上快咽 又烏括反 亦快字 ユヲ丿 ヨし ココロヨし タクミし オヒユ 嗿 他貪反 衆、
嚁 音曜字 呱 上孤 小兒啼声 ナク 哌 音 嗺 上雍 鳥音 嚾 正
嚾 音ナク鳥 啡 歩乃反 唾声、 カスハキ 又音俳字歟 㗑 音悲字
咷 大刀反 サケフ ナケク ナク 呲 或 イトム 咷 音 唄 上敗 吟佛徳声、 梵音声 禾バイ
噿噭 二音 哂 莫幸反 嗜 上市 又才感反 嗜 正
嗒 音 嘖 ト、ロク サハク 仕革反 嘖し 声又在旦反 囋 正 唵 上庵 ホユ ノム カ、ナク タケし

咜休 コネナミ
㗂 トク
囇 音麗字
啐 音
⿰口仵 音仵字
⿰口想 音
⿰口憲 或
⿰口難 音難字

咜勃 コハナミ ヨハフ キカゝ
吔 ヌカヘ 字ハ ユカム クチユカム
嚹嚹 聱 三音 辯字
嘔 上謳 又烏口反 チハク タノミフ ツク ハク 歐音 タアヒ ウラム 禾ウ オウ
⿰口学 音孛字
啼 達奚反 呼ゝ
⿰口尉⿰口尉 二音 漂字
⿰口亏 正訶 或一弟反 サケフ

唵 音
吧 在下 或訛字 カミコアル
⿰口脘 音脘字
啻 上翅 適多ゝ 不一 二夕 タヘ オホカリ
⿰口渠嗏 二音 渠字
⿰口結 音結字
⿰口方 音訪字

吔 誕上 又音陀字欤
⿰口鹿 稼上 音 鹿字
嚌 慈計反 カム ダフ ナム
⿰口弥 音祢字 又云音㝹字
嘻 火恵反 ケサヤカナリ
哪 上那 又以左反
咢 上愕 謳諤 オトロク ウタフ

ナク 𠷎 正 咢 呉 咢 フキ 号 胡告反 ナク 和し 和カウ 咢 呉

㘇 呉望字 嗖 呉捜字 咈 上拂 ミタル モトレリ 咈 呉

嘀 呉隨字 虚規反 嚈 呉堕字 嚱 呉隨字 喊 呼減反 怒声

〔口奇〕 呉綺字 咪 上米 ミチリ 〔口梵〕 呦 呉幼字

𠰔 呉角字 餘瀧反 㖡 相承古字反 喤 〔口泰〕 呉泰字 上 犬、

〔口象〕 呉象字 上 像 吕 今高字 古馬反 另 呉 叨 上諂 七カ反 ムサホル クラフ

ミタリカハし 吗 呉認字 上 ヲ 叻 カタシケナし 嚬 上頃

嚤 呉摩字 𠹭 呉脩字 遊 呉遊字 唁 上彦 トフラフ トフ タトフヒ

下ノ ムカフ 遝 湯香歠、 造 音 嗃 上カミチ ユカム 禾クロ 遹 音与鳥円 迦 音迦字

上ムム 下ハナヒル 上クラフ 上スフ 下ム 下スヒル 下フクム 喋 他币反 歠、 導 上道 イフ ミウス 唼 啑 上甲反 鳥食

速 音欱 禾セフ 嚏 上帝 ハナヒル 遭 嚏 今 遵 嗹 嚏 遷 五音 嘖 遽 ハナヒル

嗛 嗇 顀 三 音 嚏 音建字 又音 獺字 逛 音延字 ヨタリ アハ 造 素豆反 又先臥反 俠犬声

嗾 正 嗖 音 嗾 在上 嗇 嚛 上槃 啗 音夜字

嘞 音勒字 嗜 音署字 啪 音尚字 啐 上牢

嚴 牛欲反 叩 巖 語驗反 ケム ウヤアウ カサル ヨソフ イツクシ ハケシ トヽノフ キヒシ タトシ スミヤカナリ 禾吾ム

嘉 虚已反 キシ ヨロコヒ ヨロコフ 去声 好、憙 正 禾キ

啒 屈忽二反 亦骨反 憂皃 カヽナル ニヤアウ

遟 俗遅字

囄 俗離字

呾 丁旱反 城名

呥叵 俗

嘖 上紙

吒 陟加反 ツ 又去声 ニタウチ 俗欲 又上 磔 タク 禾タ

噼 俗譬言字

嘹 遼上 鳥鳴

啦 俗柾字欤

咥唙 二俗 底字

吧 或訛字 カユコアル

嘉 俗

嘻 火義反 卒 喜、欣基反 一ヽ 和楽声

咖 上伽 又倶 俄反

𠿚 俗鉢字

嘹 俗

呧 正

𠴕 俗祇字 巨脂反

吒 杜敦反 一ヽ フノ

吒 正吒 一怒、 イカル ナケク ツ ニタウチ タヽ

呸 俗挃字

鶻 俗鶻字

㖔 俗祇字 ネフル

吗 俗通

又云俗肢字 施豉反

吒 呼角反 恚吒 イサム ナケク

唆 俗

哋 俗地字

呞 上侍

喏 俗路字

嚗 俗𩍐

咔 俗

啓 今康礼反 ヒサヽツク アウス ヒラク カムカフ ネケイ

啓启 二正

咜 古

𠰰 俗㐌字

諕 全無此字

嗲 俗季字

喴 俗㖕字

咭 俗詎字 上巨

咨 二俗

咤 陟嫁反 ミタウチ ツ ツイハム

哋 俗虵字

嚩 上焚

嚜 措舍反

哢 上弄 アサケル ツミナフ サヘツル

呼 上悖 鶏鳴

啓啓 下俗

嘷 虵敦反 口氣、 上純 ー、 少智之人

嚙咤 サヽクム

哵嘩呪 上居

聽 俗聽字

啘 俗完字

𠴲 七傾反

啓 或

吋 音酎字

吭 胡朗反 又平 ノムト 身龍 ノムトフエ

吮 長林反

吭 食亮反 上尹 スフ ウルフ ノムト ノムトフエ

吮 音 スフ

哘 技叢反

㖔 音免字

吞吮 求上 出氣 詞 下又 音仉字歟

叽 音

吃 上訖 コトヽモリ アヽナキ

吃 今 コトヽモリ

嚏吃 コトヽモリ

嚥嚥 二音

嚵 上譏 小擧、

嚵 音通

嚵 正

嚵 正

嚵嚵嚵 三音

吮吞 於求反 小声

兄 アミ エタ コノカミ ヒケヒ

呪 之授反 ウタフ 又税 詛 ノロフ 禾ヒフ

啞 ヒ白反 オフヒ 美声 ツイフ 又烏雅反 コトヽモリ 失声 禾ア

嘔 音一

噁 音惡字

咮 喙歟 クフ ハム スフ

喙 許穢反 クルヒフ クチハシ 上穢 クチサキラ

啄 丁角反 ツイクフ ツイハム 禾託

喙 呇 唰 呇 喙 チヽツキ 鳥食 唰 補盲反 呇剔字 嗌 工益 ノム ムス

嗒 呇 諧字 他合反 又呇喍字欤 喃 牛隕反 大口 嗺 同 吲 古宴反 ヨハフ ナク 遠声 サケフ

禾ケフ 嗷 囂 二正 サケフ ナク 訓 二或 嗸 吗 咔 二呇 叩 工ロ オコス ウツ ミタヽし タヽク 禾ワク

叩 禾工 倭 卟 イタヽし ウタヘ 哆 陟加反 脣下 張口 オホクチ 又多ユ 禾タヽし 又呂者反 又處床帝反

啾 即由反 ナク虫 ナケク カミヒスヒ 啾ヽ 禾ラハノナクコヱナリ シツフク 喈 呇 喤 工横 ヤム 小児啼声 カム

喤 呷 ノヽシル 嘤 工嗳 有識ヽ カタヽし 小児早有知ヽ 嗛 戸占反 ホヽ 猿蔵食處 ツヽシル サルホヽ アキタル

猿 嗛 サルホヽ 咬 工孩 小児笑 ミハフキ アキトフ 噂 語 譐 二正 傳或咨搢反 咏聚

喈 徒合反 蹲 喈 ミリスタヽキ ミリウキタナヽし 嘬 楚快反 窗 嗥盡 クヒツクス 𠮟 或

啜 上綴 又樹雪反 スヽル スフ ナム ナヽミル ハカリコト ホム 或歠

嚼 ノム スヽル

噂 上傳 集、 カアヒスヽし 小飲

噍 子入反 スフ

雋 ウル

雋 アキナフ

嘷 山労反 小飲

啐 七歳反 スフ

噪 大澡反 スヽル 食辛

䜺 行滑反 口 満食

咄 詘 二正 才 正反 多言

嗅 上呵 又臭上

唉 烏來反 又惠巳 又慢譽 ナケク

呷 上緝 和、

呷 タチノサキラ タチハヽ サキラ クフ クチハキ

囁 之渉反 多言 又而渉反 口不住、

嘰 タトヒ

嘿 世蘭反 語声

嘌 匹遥反 疾

唪 蒲孔反 大声 又奉上 口高 コヱ オホイナリ

嗐 イナヤ

嘷 諱 二正 大 故反 大声

啼 ホル

嘔 上豈声、 又烏玄反

噧 上壽 誰 書古

嗢 烏滑反 又烏骨反 咽 イカル 禾ウ 之 越上

嗌 二正

嗌 嗑 二呂

噬 嗑 イヒアフ

嗢 嗌 二正 しヽ 于介反

嗌 正 イサナフ カハル

嗌噱 タケヱ

唱 齒譲反 トナフ ウタフ ヨハフ コヽラフ ウナカス イツ ムカフ ウタ

引唱 イサナフ 禾者ウ

啅 臭謌相哥

嗑 上去 䶝齒 公カム カム カミヽラフ

喝嗌 二正 上イハユ イナヽク オヒユ上 又上曷 呼ヽ文若 ヽ脊反 歌字 文上氷ミウフ サヘツリトナフ オヒユ

叱 若

恐喝 カヽコアル

歌 火曷反 䫌耳

嗙 普巨反 喻

嗃 篤箋反 アヤフヽ

嘮 刀交反 喧

啐 七寂反 嘗ヽ 驚

哏 上震 驚ヽ 動ヽ

嗸 上敖《カウ》 衆口

嗷 上敖 俄ヽ サハク トロク

叩 許利反 欲ー唸 呻吟 又去 又上庄 ツハヽル クチノナヽ

㖒 他丹反 語ヽ莫 又似延切 アサムク ウルフ 又徒千反 ヨタリ 語不利

ツハキ

嘅 慷二正 苦代反 嘆息

哨 上宵 ユカム ミカケ ミカム

咻 或孫字 ミツカラ

嗽 ホ上

咎 若咎字

嚜 度罡反

㖃 若徼字

唦 音沙字　吵 上淼 雉鳴、音 又沙上　⿰口黔 音黔字　嘵 音驍字
啫 音者字　⿰口破 音破字　⿰口履 音履字　⿰口義 音義字
⿰口羲 音羲字　唭 上欺 一吳 無聞見 又丘 又丘史反　⿰口立 音泣字
⿰口叉 已披反　⿱𥫗口 音昔字　⿰口侖 音裏字　⿱咎口 音怪字
嚶 烏耕反 多鳥鳴、ヤハラキナク ヤハラカナリ キホフ ナク　⿰口巿 上巿 或作唼 スフ　⿰口巿 音
⿰口制 音掣字　嘍 音摟字　嚯 音護字 ホメク サメク　⿰口卧 烏外反
⿱口系 喺 嗘 喺 四音系字　响 音向字　噭 音敫字
⿸广⿱⿰口隹心 音譍　⿰口㐬 音留字　器 羌寄反 ツキ ウツハ牛 アヤシフ 禾キ

噐 今 嚻 俗 巖噐 アラノミハノ 囂 呼乱反 貫 ヨハフ 嘆 今サケフ メス ヨハフ 禾火ミ

喚 今 ヨハフ 嚶 俗 囂 俗 嚾 或 嚾 俗観字

嚾 正文 ヨフ 嘆字 曰 嚄 胡麦反 吐 喉 嚱 ネスナ〻 嚱 円 覽 ヨハフ

㗊 今命字 嚚 語巾反 通一 カマヒスシ ヒスカシ 嘵 カタクナシ カマヒスシ 罡 古

噐噐嚻嚻 齦 俗齦字 嚶嚾 禾ギン 嚻嚻 正 嚱 子廉反 公ミ 又祖焔反 嚱 俗

嚚 或許憍反 カマヒスシ アミハル サハク コマタカシ 禾ツラハシ ヒスカシ 嚻 許朝 五高 二反 カマヒスシ 咒 罘 女流反

喧 今諠 正 許元反 カマヒスシ ヨハフ 叩 古 カマヒスシ ヨハフ 雖 俗屢字

メ、 况遠反 上瘖 化シ 毀 上僻 㮕、 器 食類反 未訓 内典

噪嚛嚛嚛嚛 俗策字

嵒 上耶 ハツフ ノタク カト オト コホタカ
喦 コヱタカし オホキニヨフ
嵓 若 カヤ イキ ノナクメ
喿 或桑字
噩 オドロク 禾し アサケル ヤフル
呃 若匠字
嚚 ホロフ
ー臺 クヽトイ 禾タリ
ヤしナフ ア
呿 欬二正 上去 アクヒ キカム
御呿 二若上 又却上
吉
喆 知列反 サトル アキラカナリ しル サカし しム
嚉 僖正 上樹立
呭 斯列反 又曳

噪 先到反 鳴々 サハカし 鳥群
嗦 若 又云 素感反 サハカし ホエ
嘔 若謳字
嘂 上朱 又用祝 ニエ ツヽナキ
喦 上攝 カしカテし
[illegible] 薄教反 掘地々
噩 ミテリ
咍 呼来反 アサ禾ラフ
台 上聲 しタカフ 禾し トし 又上胎 ヤしナフ
咭
吉 居賓反 ツイタチ ヨし 朔日ー 禾キチ
嚞 古 サトル アキラカナリ
嚉 若對字
[illegible] 若栽字
[illegible] 若戴字

囓嚙 クラカム ハム クヒヽハル カミナラフ ツラナル
㖔 齒涉 山涉二反 スヽル フヽム
咥 叱涉反 丨謂 多言ヽ 又山涉反
嚗 音㬥字 步穀反
嚑 音忚字 莫郎反 又䒚𠘧反
嗵 音膧字 ツヽム ツヽムロ
噇 宅江赤勇二反 又童上
イタム ナケク タツヌ カナシム
アヘフ アツ 又上憶 ア
於禁反 又於錦反
嚁 音瞿字
カタラフ アハフク キシノ イサフ
禾ダチ 禾䑈
嘣㖯 二正
㘈㘈咽 音
嚉 音

𡀔嚙 四音 𪘏字
嚙 クフ ヽクラフ
咥 正
嘌 䑛上
嚾 呼晃反 又慌ヽ 忽寞漠無形
嚍 音遵字 相菜多達反
噾 音字
噫 二上 正譩 又乚戒反 或依意
嗦 音撐字 丑更反
歡嚐 二音 歠字
呟 音衒字
咄 都骨反 又都活反 ヤア ツタナシ
嚅 音壷字 上胡
㖮 上薩 盤音 變
唽 而占反 多言
呍 正
咞 音

唦 音歩字

叮 音丁字 鬥上 トモ コトニ

嗃 戸高反

咘 音布字

嗕 音漏字 アナフ アヘキ カタル ネヤス ニコし ヤハミ又

吤 上戒

嚽 音睿字 以芮反

噀 音選字

啌 啌 二正 口江反 瘷ヤ

號 號 二正

啼 嗁 二音啼字 ナク イタム オホケナシ アハレフ

早 上知 又年

呆 啝 咊 上二音 下古 和正 クチサキラ

吹 上裏 カセ カミク フク アフク フエ 又去 サムシ ネスイ

咏 或詠字 ウタフ

𡂝 音復字

𡀟 音課字

咘 音

嘷 音阜字

呎 音跂字 齒足

㘋 音

噔 音燈字

噻 音塞字

唪 符封反 ホウ

嘌 カキ又

和 上禾 胡卧反 相譍 ヤハラク

知 上知

可吹 シカし

只 ミハラク タヽ

只且 カクハカリ
吕 直吹反 ヨフ 又禾反 ヨハン 一禾ク
台召 正
㕣 上亮 山间陥 泥也、

嗳 鳥皆反 サクサム
嗳 上愛口 食
喜 若超字 土豆反
韶 若劭字

吙 若代字
哲 若哲字
听 牛謹反 又之若反 又臾読反 ヨロコフ 禾ラフ

喒 ヤカム
嘶 竹轄反 一鳥声 嘲
㖡 若 サヘツル
嘲哳 二正 竹交反 アサケル

タハフル トゝノフ サヘツル
啁 上調 竹交反 又直留反 アサケル
又朱育反 モチアフ
哲 知列反 サカシ カシコシ サトル

アキラカナリ モノカタリ
哃 ソラコト
嘖 上賃 野人言
嘶 上次

或詰字
嗝 上麿 又㕟若 イカル ハゝカル クチヒソム
又大蛙反 上カム 又為彼反
嗚 若
嗎 若罵字

喇 二若 制字
喵 牛交反
咤 若詫字
噤 奇飲反 トツク ツクム ハゝフ 凡ム

噭嗽 二合
噉 欿又陷
呃 上厄 スフフク ミハフキ ナク アハレ 丨責丶
吮

哇 上圭 呼鷄
丨〻啞 勑栗又 又許記都結二又 多姪上 禾ラフ 又上至 又之日又 許戸 刃二又
咲 若

啞〻然 トシカし ヒソカコト コトヽモリ
嗔 丁結又 乃結又
嗔嗔 二合 下又乃結又 怒〻 アヤヤク
吶 奴刮又 又諾骨又

咩咲 上迷又罵羊 鳴〻 又弥尒又
咪 若
嚽 正

哽噎 綆挭二上上 下又一上 ムスフムス ムセフ セム 禾キナフ サクル
嘶噎 コロヽク
嚬 上頻 ノチヒソム ミナカミスハル ヒソム

嚬呻 ノヒ コロノヒ ヱナキ
罡 鳥合又 ウレフ
喏 奴咤又 又弓戸又
哪 奴賀又

嘍嘍 二合 婆字
嗜 若耆字
囀 上傳 サヘツル 疾 カナヒスし ヒヽラク
喧 古還又和

咻 休訶二上 喫丨 オコトヽク シケし
噍 若
嚵 若雌字
嘶 斯西二上 イハユ 若〻

イナヽク 馬イナヽク ヒヽラク コロヽム
悲声ノ 文断言 サヘツル カヒノ音也

鄂 居祁反
喈 音劇字
呬嗙呺嘷 ニケカム サケフ
啗 司咲 公 クラフ クヽム フヽム
嘮 或作嗍
啞嗌 二音

吲嗍哂 三商 忍反 下文呼兮反
嗤 上蚩 昌之反 タハフル キラフ アサケル アサムク 禾ラフ 禾ヒ ヌヒル
四音
咲嗷《ガウ》 大敢反 公 イフ 上文淡上 スフ フヽム クラフヽ 禾大ム
啗 音號食字
䖁 五何反 ナケク 文我上 ツクス
嘘

｜咽 コロヽク
嘷 上円上 ナク ホ上 ヨハフ
咱 クラフ ヒヽラク
噬 上逝 イフ 公ム フヽム ウラナフ クラフ カム サヽクフ
呦 上幽 鹿鳴 ナク

｜嗚 禾上 西愛 イ上
咋 上責 大声ヽ 咲｜多声 イフ
嗥 胡刀反 ホ上 イカム 禾カフ
哃 音齒字 上詩又刃之反
啗 敢合二上食 フクム
喃 讝二反 女咸反 牛語 ヒスル 音ヽ
噴 烏訓反 文 士背反

囂 若通竅字 兪世反 ネコト
噱 臄或渠虐反 其理 禾ラフ
嗄 香延反 喜
嗚呼 ア 下胡 メス ア 禾コ ヲコ ヨハフ
吁吁嘽嗥 四若齗字 下文音利反
哰嚽啐 三祖蔦反 皷声亦蒸子上
嗺嗺 上崔 イカム カアフ 禾我イ
嘔 今區字

嚏 口上阿家 アヘク
嘑 上座 スフ ハク ウソフク イキミカク イキス アヘク フク ミハフキ
嗚 正 アム
吁 ヲク 鳥、
嘽 上汘聽声
嘈 嘈丨声 又五刮反 又五達反
哇 鳥佳反 ウタフ
嘁 哦 嘅 嗽 五若鼢字 下亦鳴、

合 正 合 合 去
嗚 上鳥ウ サケフ スフ クチスフ アクフ
吁 許倶 タノシフ シオ ウレハミキ 荅詞 オフ オトロク ナケク アヒカタラフ
嘽 披娟反 ヨナキ 喘息声 東人云 ハク ウタナケキ 上鼻咲、徃於反
長吁 ナケク
呀 正
咧嘩 二若
嘯 上市 鳥、 嘯 正

號 正 歔 スフ
劇 アエク 禾ラフ 禾フル ムセフ

㗭 イキツク
喊喊 二音 謑之 瞋大声
喊喊 呼監 呼戒反 戒声、 喊阿、 謂恚怒声、 上イカル イサフ

哦 音 字 又文具反 ウソム ウソフク
嚈 上感
嚁嚁 音彊字 巨両反
嘯嘯 穫ホ反

唆 奥達反 コトハル サヘツル 上文岸 コトホサ
喹 音 詹古
嚫 上観施、

哯 呀 上見 チクラフ ツタミ
昬 トフ
哯吐 ツタミ
呴 呼公反

啨 音請字 サイナム イサフ カク 許救反
嗬 音崎字 奥綺反
喞 音却字 司夜反 鴻
嗅嗅 音 齅字

嘿 音黙字 金無此字
嘪 興心 阿明反
哫 音足字

喫 口撃反 クラフ 公 クフ
嚳嚳嚳譽 四音
嘚 音持字 即活反

㖫 上労 同上 歟
呼 匹尤反
哯 鳥佳反 嘔、 又見
哯 音

嘇 若寐字　歔 上欷 又嘀　啚 若富字　嘯 若蹜字 縮字欤 又吾

唀 若誘字　唶 諎 二正 上𠴨 又昨 又子夜反 ナケク　嚳 若瞖字 上古

嘫 若蹨字　嚼 噍 二今 在爵反 ヒタウチス ムス カム クフ クラフ 未者ク　嚑 正

嚼 若 通 嚼 若　嗶 上嗶　啐 若仍字　吸 許及反 スフ ナク ヒフ クチスフ

イル イキ ヒク ウコク　台 ウラナフ ウラ ヒム　呫 上怗 當、昌葉 メ ソラコト　咶 火夫反 又下刮反 塞口、息、

ツクス 義及反　吸嚱 ホヌク ナル トロク　吸 スウ　𠿬 若醫字

牛ノイキ 牛ノイ―　呷咿 上伊 ナケク　𠯗 上泛　嘵 憢正 虚遥反 アヤフム

ナルスソ　嘟嘩 二若 偉字　咳 上核　咹嘁 二若 悪字 女竹反 螫　㖯 若課 倮 躶 三正 上岁

咹 烏葛反 遏

嗉 上素 牛八三
㖮 音延字 音今正
喝喝 二音謁字
丨哉 ヨイカナ ヨカラムヤ
呀 呼加反 アサ禾ラフ クチアク 上平
唰 一所滑反 ツクロフ
嚀 音寧字 女耕反

囇 音躧字右衛反 又巨月反
噣 上圖 竹救反 ケカス アチハフ
喘 正 アヘク イキツク ミハイキス イキツキ
嘐 魯登反
嚗
[口+罰] 京剎反
ホカラカニ イフカシ
噢 於六反 オミテツ丨
噭 音敫字

噘 アヘク
[口+輪] 音輪字 アク
ナヤム
[口+善] 音善字
[口+刂]丨 音黙字 呼得字 又欸
呀呷 ノミハク
丨咻 オコトゝク
[口+棗] 都皆反 獄名

嗨 呼在反
嚅喘嗃 上并 メゝヤク
喘息 アヘキ
善 是闡反 ヨミスホム ヨミ 禾呉三
[口+亭] 音停字
[口+聚] 将須反
[口+戌] 音戌字
嗺 音摧字 祖回反

𠱞　若𥇀字欤
𠱞　丁離反
喃　剎塞反
𠵾　力袁反　若梨字

唎　今利字　メス　ココ　スヱ
囃　若雞字
𠺕　居嚴反　又僉上
𠻜　避夜反

喉張　二若　若張字欤
下　ツチミ
咩　上牢
喊　又郁上　或　二正　呼麦反

啊　烏哥反　又烏可反
哺　上布　又薄布反　フフム　クヽム　クララ　フヽム
旨　節郎反　不知

吕　正
嗳
嚕　若檸字
嗃　丘逕反　タカし

𠼣　正
哌　丁菌反　｜叟又好語
吼　正
嚌　蕿合反　ミミクし

嚑喧　二正一獲　喧嘖　叫呼
噫　上待｜噫　噫譆
噫　上息

嚳　烏角反　誇
嘯　火擴反　｜嘖　声
嘿　五沓反　｜｜　衆声
㘓　胡貢反　火声

㕦 上於 大笑 吙 正
各 上洛 ツクス オノ〳〵
咯 上格
啇 禹六反
吵 喞 ホソコヱ ミハフキ
嘌 嘌 若
囔 人羊反

名 弭名反 フム ナツク ナサし 所 ルナイハ カナハラ
各― ツノ〳〵
咯 トカ
喍 戎肉 正 獸食 拃豚反
㖃 上㾊 嗛
呃 若眠字 又上戹 呃― 言訥
喝 若居字
囊 若嚢字

咎 上舅 悪、 トカ 遇病、 文、 禾サハヒ アヤマチ トカム 又上高 禾ノ ツクノフ 禾ミヤウ
喀 上客 ―、 死、
吵 飫歊 三正 苂或 香、 又眇少反
㖧 上辱 羌 別種
嘌 迟遥反 フケル アチハフ ヨし ムサホル
味 若迷字
嘌 若驃字

哚 今名字
吞 上天 又他浪反 ノム 禾敦
蒳結反
㘇 㘇 二若 謦欬字
嘌 正
嘟 若都字
唫 語倪反

嚓 音察字

[口夌] 音陵字

嚝 音廣

呟 上縣

㗂 音省字

噍 徐笑反 咀、 嚼、 ツヽシル

咨 上資 ナケク ホム ハカリコト ホヽイヽ ヨハフ トフラフ

喙 上遂 嘖、 音漢字

嗄嗄

咀 音祖字

哏 上銀 争訟

[口朋] 音朋字

喉 上侯 ノムト

[口禮]

噀 孫頓反 漢石 フク

[口豈][口豈] 都内反

[口諂] 音諂字 丑冉反

吞 渠玉反

唯 上惟 夕、 ヒトリ タカシ 又以水反 一 然之辭

啅 上卓 家、 衆声 衆貝 又仕角反 禾ラフ

吐 上土 ハク ツタミ ハス スツ イタム

丨納 ノタマヒモウス

噦 於越反 噎、 氣悟 又乙劣反 サクリ イナトム

嘝 音斛字

[口殳] 音没字

[口立] 音泣字

喂 音畏字

｜噎 サクリ
上𠹭、 叒、
嘻 サクミし シサナし スカナミ シミウ イタル サトル タヒラカニ トク ミム
噣 上燭 付ーミ
啹 許倨反
嗔 若頻字
囇 犁帝反

啚 上圖 下正 ハカリコト ハカル ｜啚 上呂
𠰻 カタキ
嗀 タヽフ アツフ ナラフ アキラカニ
囑 若ツク アツク サヘツル アツラフ ユツル 禾メク
嗒 勅轄反 齧字欤
𡅿 兵媚反 クツハミ クツハ クツハツラ 禾ヒ
吾 上呉 禾日 禾し 又上平 キミ オノし

喀
嗯 アヘキ
嗺 トノフ イサナフ トナム
嚧 上盧 借上萃倶反 呼猪声

啚啚啚 今通 正鄙
囉 上羅 嘍ー 又呼猪声 タヽク
呈 上程 ミメス アラハス ノフ
𡁿 上来 又去 又作𡁿
君 上軍 キミ タフトし
｜呼
哄 胡貢反
噭 上饒 サケフ

唾 吐卧反 禾タ ツハキ スヽル ツハキ ハタ

丨血 チハク

吣 七鴆反 タミ イヌノツ

嘿

鳴 上明 ナル ナク イナヽク ホユ イカソ ナラス イ尘

喺 ヨタリ

嘿 モタ 禾モク

嚜 正

嚽 カタし

哇 ミサし

邑 トク ノタモフ シモフ ウソ ヤスム イトフ 禾我ウ

哳 サソフ

唰 ケツル

告 ツク ツタフ カタラフ ミウス

吉 ムス

喏 タフトし

唧 アし イヤし ミツ ハフク

嘩 カしカマし

喔 ナケク

嚕 シロカナリ イカソ オワツカナし クチシソし スカナし ミチ ミラし ミしフ フヽし

嘊 アサケル

嗖 嚉 哩 嗞 嚬 嚀 嚂 喋 嚓 喤 吐 喂

嚽 嚐 嚹 㗕 呐 未詳

嘌 眡庚反 眞言

嚌 呲也
嗁 丁叹
唱 伱入
嚏 他叹 已上

𧮫 タクアシ
咆 サケフ
吼 ホエ 禾ク
咽 今胡戸吴乂

𠷎 若高字 上羔
或今正許又乂
產
斝 若斝 上賈 王嚼
𠕋 古龠字
罵 𠷈 𠷈

嘝 呼禪乂 大声
五天傳梵音
出内典
喻 サトル

吴 カアヒスシ
𡂅 ・ナフ
嘶 鳥牛ハム
嗅 ハナクラヘ

嘘 サヘツル ナク
吹 呿 アケヒ
嚯 ホメク サメク
嘈 𪢕 サハク トヽロク

𡅅 シハフキ
咄 アヤニク ヤ
嗂 サヘツル タノシ
サハク
オモシロシ

啋 ナケク サアヨフ ヨナク
嗌 ムス
𠹭 牛ノニケカム
喑 オフシ

嚊 カク カム
唰
噣 ツイハム
𠷎呼 ア 平欤

嗚乎 同
呱 在守護𡓳 第九巻瓠字欤
唎 ハヌー 首

古 イニシヘ ムカシ
遜 アラフミ
谷 キハム ヤシナフ
嚳 クラフ

号 ナケク
𠲞 ヒルフ
哱 ナク
唍 クチスフ

嗚鳥 ナク
邑 語成ヌ 信

十五

目 上 牧 モク ヌ ニナコ ミル ナツク
ミルス メツカラ モチ アキラカ
四 或
咠 若

近目 チカヌ
北 ノタシ
隅ー トニスム ムツ
眼 五簡ヌ ニナコ 禾ケム

ー皮 マナコヰ マヒキ
ー尾 マナシリ
夜ー ヨヌ
盍貝ー アカラヌ

俞丨 スカハ ヰヲフリ 禾スイ

睚 若睚字

瞟瞐蒼 七 若

眵 比支ヌ メクソ メクル タヽレヌ 上支

睻 円

瞰 ヲ列ヌ スカヌ ニラム ミラミル ヨコヌ

丨眰 アツホ

眠 莫賢、 クラミ イヌ ネフル 禾メシ

眡 上視 眥若 又匙視

瞐 莫報ヌ 伍目 視、

睦眣 若

睗 戒 ヒヒタリ

眙 式焔ヌ 又ヲ焔ヌ 視 ヨクミル ナホク

眡 正

白丨 ソメニミル

眠目 若

瞢 莫崩ヌ 又上 夢瞢 正

瞼 上撿 ニナコ ニナフタ 又亘儉ヌ

瞎 呼鎋ヌ ヒヒタリ カタメヒヒ カタメヒヒタリ

睆 胡投ヌ 目出 良

眝 ミル

流眄 ナカシヌ

瞟 上砕 ミル 禾フル カスカニ

睜 上浄

瞜蔄瞢瞺

瞞 莫安ヌ 羽名、 目病、 平視、 メカケ ヒヒレヌ

昊上活

睍 旧废、 白睛丨

眄 莫見ヌ ミル ニナコ カヘリミル ニハル

眄 若 眄 若欲

眐 上征 獨行

𥈾 上古 ユタカナリ ミル ノホル（モ） 又去 ニハル 禾平

アミロク メヽシ 又作眴 禾順

眴旬 胥絹反 カヽヤク アミロク メヽシ メクハス 胡遍反 又同瞬

眗 上倶 目邪 奭 正 奭 今

眔 或

䁒 或頁古 昌文反

瞋 付

晉 ミル

瞤 如春反 古作旬 メヽクル アミロク

瞁 若況役反 驚視ヽ

瞐 呼怯反 ヨキ反

瞋 正

睽 若圭反 コトニ 禾ヽ ソムク

眒 式刃反 疾

瞻 正瞻 若 メアミロク

睪 烏半反 腕字

県 平媚

県 上梟 倒懸首ヽ 断首懸於竿頭ヽ

瞑瞑 上冥 ヒミク 禾フル フサカル ヨル ホノカ メヒミク ヒソカニ 又上眠

眹 —

睨 五計反 又五啓反 ニラム ミル メミヒ

瞬瞚 上舜 マタヽク

睗 若 ミミロク

䀠 上倶目耶ヽ

罬 正

眩 上懸 メヽクル メクル カヽヤク

クルヘク アトフ シクラシ 多ル カヘル ヒラヲフ メクルヘクヤアヒ ミクレ 禾泰　蛍｜ アサムキ カ ヤカス　｜轉 トメクル

眍 ミル 若眍字笇文　眂 ミル　瞖 上瞖与翳通用 若｜ ヒメクラシ 又上瑛

瞦 上同 呉天 上翳 メシヒタリ　昺 若晒字 上丙　⿰目孝 呼絞反　睽 失弁反 ミル カヘリミル ミラム

⿰目戠 一所戠反　盱 系詣二上 ミル　盼 普莧反 美目、 目黒 白分、 ミル アタヽク　盼 冂

⿰目及 巨斳匠諫音 扱三反 目多白、　眮 上動瞋目顧視　眲 ミル　瞳 上同 ミナコ アナフタ

⿰目殸 上古 メシヒタリ メシヒ 禾鼓　⿰目殸⿰目殸 若　睠 火卷反 ミル　⿰目夅 若聲慿字 ア絳反

瞲瞲瞲 上三若 下正 羊灼反　睢 許規反 又雑上 張目呵呼　作目大視、

｜盰 メミハル ミハル　⿰目枼 呼協反 大渉反 同一目 瞼、　⿰目聶　⿱取目 上耳｜瞼 有餘視

𥇣 ミル ハカル ニラム

睿 羊稅反 フカシ

眥 目此 在計反 又自上 ミナシリ ニラム アナサキ

睩䁕 上正 下若 カ木反 ミル 善、謹、

䁾 莫結反 メタヽル タヽシ反

瞥 怖蔑反 ヒトメ カヽル ミル

䀡 ヤヽ晧反 直視 又蹄上 遥視 アカラメ

眆 古倣反 方同反

瞪 大登反 又大證反 コトナリ ミル

睿 籀

叡 正

叡𥈠 直耕 若

䁾 若

瞥瞥 若

𧪚 若譻字

膝 側詵反

嬰 カヽル カク ナク 禾ツラフ メクル アク ミトハル ヤトル

睺 力結反

瞺 若丙字

眍 古 睇 在下

覞 若了字

狊 古覓反 目病、

瞹 上愛 又烏罪反

䁊矚 主蜀反 ミル

睹 正覩字 當古反 ミル

睥 普計反 邪視

睞眺 アヽウラ

睍 上峴 日出、 好、

䁈睍 若睍字 呼覓反

瞗 若鷃字

ツヽシム ツヽラヌ 禾ノ

矅 メヽクル ミル オトロク 視邊白ハ

矘 若矘字 上農

睶睶 カ代反 又 良蕚反

眭 若

瞡 古迴反

眲 若呀字

矆然 トツヽラヌ ニロ

矎 アカラヌ

睽 アラハス

瞙 上莫 ミツテ アケ メノヒケ

矇 若豪字

眳 大甸反 ミル カミヒスし

瞈 若雰字

睉 若瞪字

矔 ミル

䁥 コハし キラフ キホフ タカし

矙 上門ー結地名 ヒヽツミ 禾キシ

瞞䁂 上䁂若 ⿰字欤

眭 張踽反

䀺䀻 上若中今 下正 上ヒ ニラ メヽしし

瞾睍 ニ若 睍睍 ニ正 一耕反

矐 上劬 又去 オツ ミル

䂂 ミル

䁋 蕎ニ正 矩篋反

矉 クチヒソム

䀹眡䀹 上梵

眡 上底 眡若 眡去丟切 ミナカフラ 眼眡

眧 巳井反
次今 下正 莫郎反上
荒 目不明
瞚 殊滑反 息
又先本反
睫睫 上接 ニナフタ ツツケ 禾攝
眣 烏郎反
瞵 カ珎反 視不了 ミル イカル
眪 上丙 又古彷字
ミタカフ カムム アフル
又穆 禾木

睛 上浄 ヒトミ 不悦視 ニナコ 禾生
瞘 眖 𥈿 三苦 眲眡 二正 チカシ ツツ ムツフル セシ反 ミタシ ウス
䀹 苦詭字
睉 苦通
睞 ミル
睵 苦甲反 目陌 陌
眱 ミル
睚 上崖 ニラム
睖 苦

瞐 瞢 眈 眈 上二 苦
眏 ヌム 上接 又側甲反 又苦眨字次
瞕 瞳 苦
瞢 上榮 或
眗 苦
眭 上稚 ニラム
睚 眦 ニラム メクハス

𥇒 同
眏 正
睫 内攝二上
眗 古玄反 又許玄反
瞃 アテフ反
睦 上目 ムツフ ムツフル ミル ヤハラク
丨 瞀 同

矆 上霍 瞭 七歷反 ハカル 三ル 〓 音壓字 将六反 矖 麗 二正 上蔡 又梨 三ル

矆 上濩 〓 巨伊反 辛 オキナ 眉 音 〓 音疇字

瞘 音軀字 又音傴 〓 音脰字 上豆 ツカル イタル オイタル人 〓 布未反 䁆 上奄

〓 上萬 目病 瞀 正 瞀 音 晧 胥高 二音 晧字 上晧 〓 音馳字 与氏反 イス カサヌ

〓 三ル 〓 上遺反 又逾 季反 〓 音擢字 居篗反 眝 上佇 旅目 〓 音

〓 上淳 瞶 上貴 目疾音 メホロし メしヒ 呼愷反 眛 上来 斡入目

〓 擲系反 〓 余万反 又上延 三ル 更視、 メしヒ 〓 疾涉反 〓 所留反 又塞 食反

〓 音 瞍 メクラ メしヒ 〓 蘕支反 無眸子 〓 失遠反 綫上 大目皆

䀹 上岐
眨 阻挟反 アミキス 目開閉
眨 若
䁋 同 在上

䁆 初甲反 又上 チラス ハカル シナカタメ 禾メウ 龜兆屬
䀎 若
曦 若曦字 上義 同
眇 上抄（ヘウ） ハルカナリ スカメ イヤシ

䀴 ハフノ
瞞 眇 ナカム
眸 上牟 ヒトミ ニナコ マナコリ

瞀 在細反 又圻上 澤眼、
䁕 若
睮 上余 又直
䀙 丁敢反 又丁含反

眈 フカし
䀿 三ル タカフ
旻 武巾反 和、視、
敃 正

瞚 上臾 馬兩目白
䁚 昌者反
睔 呼幹反 又香 涉反 一目
䁴 上斬

盯 瞠 丑更反 下又 湯上 三ル
矘 上儻 直視反 無光、
瞸 三ル
䁢 若

䀻 字
䀰 若杜字 上杜 目塞
䀸 上知
瞜 都路反

香 音香字

睛 ヤスシ 丁し

眚 所幸ヾ アヤマツ 所景ヾ アヤナツ

瞗 音鴉字

眺 音陁上 或龜上 未詳

眥 音峻字

流 ナカシヾ

睿 ミカヾ

瞮 音紐ヾ ノソム ミラム ミル

睹 ヤスシ コエ アキミヒ

盲 音牧字 無粉ヾ

䁦 音癰字

暈 几王ヾ

睇 湯愁ヾ

睴 胡本 公困二ヾ 大目出 ミル ツヤ、カニミナ

瞭 他穿ヾ 失意視、 二上 脩見不正 霄抽

瞨 上撥

睗 上羊 ミル

眣 徒結ヾ 目出

眼 力向ヾ 目病

睅 音般字

窅 上杳 文物 深、

睼 他見ヾ アハツ 又上 帝 ミル

睺 音

睗 上適 ミル

眰 音

䀏 音靦字

睇 又睒上 茅邪視 ミル シカス ナカシヾ

瞪 瞱 一決ヾ 目深

眭 上塗 小目、 視、

睩 胡慣又
矙 上眠盧 瞳子 又胡犬又
矊 上綿 クロナコ
瞦 大之又 目精
〓 草投又 ミル
眺 他弔又 ミル ヤム カヘリミル ヨコメ ミラム アキラカニ ヒカヽ又 スカヽ又
眦 今
〓 斌斐又 二上 大目
〓 ミル ヤム
睢盰 メミハル 上在 上下 休倶又
盰衡 下ユアケ 推同
睅 上限 大目
盰 上幹 目多白ヽ 張目ヽ メツラカニス ナカヽ又
盰晳 上擢閣 敵人視
〓 ミル ヨクミル ナホクミル
〓 公困又 大目 又工患又
〓 上釋 視
矔 上貫 瞋目 ノソム
〓 火活又 高視
〓 ミル
〓 上瓊 驚視
辨 普校 普患二又 小兒白眼 ミル
〓 章善又 視
〓 上脈 姦人視 ミル
〓 之閏又 鈍目
矉 上嬪 帳張目
〓 胡佳又 小視
〓 古咸又 ミル
〓 上奥 省視

睍 上蠒 䁔視 ツ ミイミル　瞖 女剖 胡剖二反 短涂目　瞜 烏見反 烏玠反 目相戯反 メカリウツ　瞫 失荏反 下視

瞢 眵 並未反 目不明　眛 上妹 クラシ　眯 ミル カヘリミル スカメ カタハラミル 禾ライ　睞

眄 睐 メカリウツ　瞸 スカメ カタハラメ　眷 上巻 コヒシ カヘリミル 乙タシ 禾化ン　睠 カヘリミル

睶 カヘリミル　眽 上振 眩蒲心 ホトリ　瞀 上婺視　瞍 上候 又度半 旨 ミル 禾コウ

睩 上蒙 不明、 有眸 無見　䀖 今　矇 上蒙 有眸 子而無見　取 烏官反 目疾 又苑上

瞭 上寮 目明 ヌタシ メカリ　睻 上亮 目疾　瞺 烏外反 眉目間　昭 士敵反 一睛 不恔

眹 莊負反 目眇 視 アニロウ　瞯 上爵 目冥　矚 呼出反 驚視、　昃 眛 二或

職 瞮 截 千歩反　覵 已志反 ミル　䀿 大刮反 カテヒスシ ミル　晻 上荊 視　䁌 今

脹 丄帳 失志
睚睚 五状反 項反 又五
眻 羊様二上 美目
瞮 剡立反 目出 汁
曉 若交反 塗目 ネフル
又若隻焉鈎二反
睦 火主反 痩眄
睞 蘆葛反 目不正
䁉 丄蔑 汀面
瞍 丄平 同上
矐 胡頁反 又呼都 明、 胡穀二反
眴 丄絃 日大白色
瞜 丄樓 三ル
瞟 若交反 宵一面不年 ホ反 クラ反
瞜 正
睖 莫朗反 目睛
䀹 丄搕
睆 烏活反 小嫉媚
曠 丄纊 元目ミルカミ
睅 勅領反 三ル
睛 蒲蓋反 不明
眊 丄邈 又丄邈 ミノフ コノム
眹 アケ 失稔反 瞋 メラ
瞰 瞰二正 悲反 伺視
䁜 丄啼 視識
瞖 丄窨 測
聴 丄戚一黯 欲卧
晢 䀏反
晰 アキラカナリ
昕 若昕字 丄欣 日明 ミルヨシ
眍 丄血 末詳 若恤字歟

䁥 丁従反
瞜 鳥見反 メカリウツ
𥃩 上鴇 目重ー

相 先高反 タスク ミル ツチミロ コモヽ ミチヒク アフ タカヒミ
アサリカホ アコト キク 音サウ サウ カタチ 又平 禾サウ
ミタラカナリ ウルハシ ミキラカナリ ミル
眙 勑吏反 佳、此、 治縢 謄反 以 直視
眯 末詳 應作莱
瞟 匹妙反 目病

瞑 楚耕反 妄 審、
睌 莫限反 視
䀸 上秘 恨、 悪視、 直視、 ミル
眏 右穴反 暝見
睋 五何反 ミル
且 子餘反 禾上書 カクハカリ 此、明、幾、詞、

𥇍 上杳 出静
睎 上希 フカシ カハク ミル
瞋 昌真反 ハラタツ イカル イカリ 禾ミム
瞯 胡間反 目白皃、 目病、 馬ー眼白
昭 照在上
省 思井反 ハクム カヘリミル ミヨ タスク ハフク ヨクス オホユ 禾カミ

𥈎 上暦 反ミミル
𥄒 ネフル
睄 公縣反 ミル
睟 上邃 スイ ー然 潤澤皃
瞄 赤之反 目汁凝
睮 書无此字 應作俞
眉 上亡悲ミ 丁上

一 カタアユ
看 看 上若下正 若寒反 ミル カヘリミル アツカル 看 同 看 正 籀或

眼 イトニ イトニアク ヨロコフ 禾カ ケ ミツカナリ ヤスシ
舊 トリヤ
瞿 ミル

睩 ミル
盻 ミラム
瞗 ヒソカ
眎 ミル クチヒヒ ミツカニ

瞱 アヒロク ミホフ テル
眊 同
眆 ミル ヒサシ トホクミル
眳 アキラカナリ

明 ミル ミチリ アキラカナリ
瞻 オトロク
眘 カヘリミル ツツシム
䁥 井

瞎 ミル
眇 フカシ
瞯 ミラム
瞷 ミル

略 ミル
睆 ミル
瞌 カフル ヤハラク
矐 ウカヽウ

晤 ヽカフ
䀹 ネフル イヌ
瞭 ミル
瞑 睃 ミル

瞟 三ル
瞜 同
盱 同
瞞 同
取 同

睥 同
瞙眙 ミトロメカス
睆 ネフル
暗 ムカフ クラシ

瞰 カハヘ
瞶 アカフ
瞯 トラフ
𥄎 ツナクル 禾ノ

眫 上祚 祭餘肉
百旨 今正 上手 亦人育
瞶眑瞋自聽瞏眍矉瞶

瞖睹賭瞼睫瞖瞸 未詳
瞿 今瞿字 古廻又 好又

孔類又
曼 上申刋
瞎瞎 藏念又疾尖 又同目思之
脊 三ル 乱、 巳角又 巳富又

目不明 巳搆又
鼎 上頂正 斷字
アミカナヘ
盻 クタル

睬 三ル
瞍 カシメ 白 瞀目、
眲 上因
自 上字 ミツカラ ヨリ モチ ツノツカラ

臭 上三音 下正 昌究反 ヨル ヒタカフ モチヰル 禾シ ヒ イ カタチ ヰル カクノ ホシイマヽ クサシ イタル

皐 ツタ 名 カク ト井ル

皐 上高 地名 禾ヒフ

舩艊 二音

餢 上直

鼻

皐 頻寐反 ハナ ハヒ反 ツラヌク 禾ヒ

ウセル ハナヒセ

鼣 匹計反

劓劓 魚既反 ハナサク ハナキル キル ハナカケタ

齆 ハナサカル ハナフサカル

齈 匹倫反 水声 備 又普貶反 ホトリ

鼻弓 上綿 不見ヽ

皐 上罪

暗 音怪字

艇舵 上梵

鼻 音

鼢 於貢反 ハナヒセシ

鼽

臭 自蘭 臭

皐 カクス

舶 正船字

臬 イル 射ヽ

鼽 呼雷反 香風反 文

鼿鼿 音鼾字 ハナヒヒ

鼽 上求 ハナフサカル 鼻井不利

ハナヒセタリ

嚊 吁呷 三苔

齰 子心反 鼻高

齁 呼侯反

齅 齅 嗅 嗅

鼻 或嚔字 丁計反

鼻 カク

又鼻 蛾一名ヽ 或呼虵 為ヽ ヘンヒ

鼻 或　鼻 苔　鼾 上輪 ハナカケ イヒキ キル ムチ

鼻 火懐反 又哥介反　鼽 丘苔反 鼻病

鼻 臥息声 イコフ

鼻 正　鼻 鼻 居起反　鼻 鼻 呼押反 ー齁息

鼻 鼻 鼻 上苔中苔通下正 阻咸反 高鼻　鼻 火決反 喘息

鼻 上四苔 下正 カク 牛カク 香救反　鼻 烏雅反

鼻 ハナクキ　鼻 ヒラム　鼻 クサル

鼻 ハナクチタリ　鼻 ハナケ　鼻 未詳

鼻 鼻ヽ 禾タリ 鼻ヽ 禾キ

十七

見　居薦反　ミル　ミユ　アミユ　シメス　イニ　ヱラム　禾ヒ　イチシルシ　セラル　アラハス　サトル　戸練反　アラハル　禾ケム　オホキナリ　オホイ　オモフ　タカシ　アコト　クラシ　ムカロ　又上数サム　ウツヽ　又吴上校ミル

覞　ナラヒミル

觀　上官　ミル　ノソム　サトル　オヨフ　ヨソフ　アフク　禾タル　オホカヒ　ウカフ　オホウス　又上貫　シメス　ミモノ

觀　樓ー　カタチ　ツチクリス　禾クヰン　禾ミン

ノソム　ナソラフ

覿　ミル　上状　シツカニ　ツテヒラカ　イハシ

覔

親　若

相視　ミアハセナ

硯　ミル　モトム　ムカフ

覵　今

覶　若

親　七鄰反　シタシ　ムツマシ　アノアタリ　チカシ　ムカフハハ　オヤ　ミツカラ　ウツクシフ

親

覲　上侫　ミル　アミユ　禾後シ

覼　刃藍反　刃石反　弐艦反　ウカヽフ

ー縷　ツテヒラケシ

覽　上俺　サトル　アラハル　タシ

覻　ミル

覵　上正　下若

視　ミル　ミユ　シメス　シム

覩　都扈　ミル　イキシヒ　禾平

覶　カ戈反　上乱　ー縷　禾曲

靚　上浄反　オソル　ヨソノホル

カナル ミル 古奉、
ミツナナリ コソナヒ オモフ
覬 上寄、 禾カフ 禾龜異 ノソム
トホル ミル ウカヽフ
覰 七盧反
覡 胡激反 カムナキ
硯 若迴字 胡見反
覨 力代反 視
覝 呼杏反

覯 或同字
規 吉隹反 ノリ ハカル ハカリコト
ネカフ 負、 タヽシ ノトル 禾キ
覡 正 巫覡 男曰巫 女曰覡 胡狄切
硯 ミル ウカヽフ
親 今
覓 覛 莫歴反 モトム ミル 禾ミヤク
哯 上哯吐 チハク 東人云 タコリス

覯 公候反 アフ ナル ミル
覬 正
覲 若
硯 上 紹見、
覺 若 ウク
覗 若

親 或
覦 以朱反 覬一 希望、 禾カフ
規 若 規 日
䚀 字 猗騎反 又今俺 於劒反
覞 正
觀 若 憎字上 曽 又見上 未詳
覔 若 オトロク
覾 覾 傍来反 未詳

𧢛 丁絳反 直視
𧡮𧡮 上下若 利谿二上 求視 又離上
𧡍 禄録二上 眽曲
䙷 上得取
覭 若ミル
𧢄 職二正上眉 仍視
䙼 正
𧡡 探上称須反 秘出頭視

覩 若
𧡥 喧九二上 大視 ミル
䚐 上次 盗視
題見 上提 又徒罪反 視 ミル サトル ツアヒラカニ アラハス
微見 上尾 身随
樊見 上劉 賔 觀ー
冒見 蒙目二上 安前

婁見 上委 一ギ反 好視
甚見 覃躭二上 内視、又方針反 亦徒感反
規規 上庫 察視
𧢑 匹眇反
䙷 又眹 失冉反 暫見、
𧠧 迷民二上 病 人視
龠見 上曜視

𧢈 䀿二正上諂 ミル 傍視
貞見 上運 又五困反 視
䙷 正
髻見 巨追反 又麏 愧二上 遥視
賓見 上頻 又匹人反 ミル
圖見 上攸 下視深
智見 逖㣈二上 赤目 ミル

覞 他弔反 窱視 ミル ノソム
覤 式支反 又池上
䙿 上奥視
覷覰 五介反 又五解反 竊見
覾 上審 涂視
覛 上卮 ミル
ウツクシフ イチヒルシ
覽 ナヒカス

覞 今
覘 正
覮 瞥 普始反 ミル
覵 上间視
覼 上㥅 人名 有咸 ーヽ
覾 ウカヽフ
覥 ハツカシ オモエハヽシ オモテホテル

覞 上苗撰、 又忙角反
覭 上底 視ー 面薬 不作
又蔑結反 暫見
覩 上時者上 ミル
覶 古玄反 遠視
覷 正䚁咸 許罖反 欲睛、
覽 呂敢反 ミル クロシ 交 禾平
覼 オモネル

覕 忙結反 下相見
覭 咸眠字 下俊反
覱 迴陌反ー 儆高良八
覮 眷 二正上 營咸
覲 上高見
現 アラハスル ウツヽナリ ミル
覽 上苔通下正
覞 アク

覸 ハナル　俔 ウカヽフ　睍 ヒカル　覭 ミル

覰 ミル　覞 ミル　覼 イタハル　鋧 ニル

覲 月　䚁 有 未訓 内典ハ　規 ⊥廉 廉字 ミル　觀 ウカヽフ ミル

覩 若緘字　覽 若鑒字　覧 未詳　䙾 ⊥覓 耶視

覤 ⊥覓　覔尓 ニコヽケ　覼縷 ツイテヒラカニ 与上可沙汰

十八

日 人一又 上 ヒル ヒキミ 古而職上 ヤスミ 一歟 禾ミチ　二日 フツカ　今日 イナ ケフ

昔日 ケフ　明一 アス　明朝後一 アサテ　晝一 ヒメモスニ

終一 日 ヒネムスミ　日者 ヒコロ コノコロ　一來 ヒコロ　連一

日没 イリアヒ
ミウス コミ コタフ
イフミク 禾云 ロチ
トカ 禾タル オホフ
曓 正 㚘今
奔ー 日
ナフルコト トモ ツクス
アキラカナリ ケサ トヽ
カケ 禾タル
ウフ アヽラカ タスク
モトヽイ カサヌ

ー施 ヒクタチ
昌 上倡 サカリナリ
アタル カタミケナミ
晶 上精 アラハス
ヒカル アキラカ ヒル
昍 若
歳星 アカホシ
淺ー アサアラケ
春 齒均又 ハル
ミハラク タチ二十二
禾ミイ

ー斜 ヒクタチ
サカユ ヨミ ヒサシ
アキラカナリ アサミ シサム
昍
明星 アカホシ
彗ー ハヽキホシ
晨明 アリアケ
時 是蕃又 トキ
コミ トヽナフ
旹 古 旹 古

日 上越 イフ
イハク トク
巨鞔又 シカス
冐 カフル カハク
星 桑經又 ホシ
ハル 禾者ウ
流ー ヨハヒホシ
晨 上辰 アシタ
アケヌ トヽ
音 コヱ
オトツル
トキヽ コル ヨリヽ
イミ ミル ツフサミ
助时旹 若

幾時 イクハク
若時 カクノコトク
今ー ケフアス
⿰日隨 俗髄字
昭 上招 テラス テル 章部反 アキラカナリ 照今 炤或 ヒカリ ミル
晟 平 瘦字 曜、 色救反 アキラム
昝 子感反 姓
督 俗⿱赤目 俗

非時 カサヌ
明 可在月 アキラカナリ アカス アラハス アス アク ヒカル ミル ミツ ナル タスク アケヌ
旺 俗通柱字 智主反 又往字 禾ミヤフ
⿰日肎 俗肎字
⿱日介 女諫反 アカシ アツシ 温溼
⿰日赤 故上 又赤上
的 或的字

斤ー ハラク
當時 ソノカミ
晡 俗瞞字 莫安反 洲名 無目、
⿰日少 俗眇字 ホノカ
⿰日坴 俗陸字
晚 俗
愕眙 カクイト オトロイチ
督督 古揩字
暴 女箇反 赤貝
督督 正今 上驀 タヽス ヒタカフ ヒサシ ツハヒラカナリ カミ
晃 胡廣反 ヒカル テル ホカラカナリ 上正下通 禾光

晄 正 晃 古 晛 若 曠 若浪反 ヒロシ ハルカ ヒカリ ムナシ オロソカナリ ヒサシ クラシ トホシ 禾火ウ

曠 正 アキラカナリ 旭 許玉反 ノホル アシタ アサヒ 昇 式羕反 ノホル スヽム カツ タスク スヽム 禾所ウ

昚 若 昪 徂 ノフ 昂 五對反 アカル ノツム サカユ アツノ

偈 若 伍昂 タリアカル 昴 上卯 アキラカ スハル 昬 正

昪星 昵 儔主反 若乳字 晦 若郎字 昧 若昧字

𦥆昒 上勿 早明 昒 上忽 日越反 出氣声 暕 上簡 明又簡上 春 今譬字 上既 背ー

谷 若 曙 上署 アサホラケ アカツキ ヒル アキラカ アケヌ 曙曙 若 正 四翻

暑 書呂反 アタヽカ アツシ 禾ショ 睹 上覩 アキラカナリ アカツキ 井 量 力向反 ハカラフ ハルカ タカシ タナコヽロ サタム カス 又平 カソフ 禾リヤウ タケシ

曈 正　曈 音同 又他董反 アケホノ カヽヤク　曈 クレヌ ノフヘ　曨 音籠 カヽヤク 又上 アケホノ

曨 正 曨 或　⿰日夆 音峯　普 音浦 クモル アマネシ ミナ ナホヘナリ

暜 正　昔 音　昔 音惜 始 ムカシ イニシヘ ヨル サカル

𣊟 音　在昔 ムカシ　一在 同　一時 同

一者 同　憶一 ソノカミ　暗 ホル キタフ　晉 音進 スヽム ウヽフ オサフ

𣊟 正　晉 音　晋 音欣　晊 音質 アヽラカナリ

晲 五兮反 クロノモ　昵 或　晲 音　曇 徒甘反 クモル クロキ牙

禾五ム　昷 音　昷 カタフク　暻 音膠字

眴 上零
睠 晧 若皓字
曋 上蒲
暢 上悵

昱 上育 明日、 ヒカル 或蝕又 禾立 チル アヘラカニ アリ 北方星名
豈 若炬 上巨
䳑 上塊

睞 巨恭又
曷 若基字
昡 上去 ヒラク
啓 若見又 又啓 上畐 而畫 凶

督 今
睩 若燥字
暘 上羊 アヘラカナリ ヒカル カヽヤク 日出皃 アクケ又

易 古飛、 トフ
易 上亦 カフ カハル ソムク 又以豉又 アヽナフ カハルヽ ソムク カロヽシ タヤスシ アナツル ヤスシ 禾ヌイ

夾ー アヽナヒ
歴ー ナニツハタ
客ー タヤスク
易 若助字

暘 上亦 霞雲 暫見
暍
昫 香句 香倶 沈羽 三又 アタヽカ

昝 若跡字
瞀 一見又 日出皃 クモル
曈 若曈字
曑 上䓃 姓

㬋 㦉二正 乃管反 アタヽカナリ 又上暄
暄 上萱暖 同 アタヽカケし
晅 ノツム

暘暘 若燭若 煥又 月ーカケヌ 可尋
暵 若 禾ナム
晙 上俊 早ヽ 月ーカケヌ 可尋
曖 上愛 クラし ツノカナリ クモル

暇 下嫁反 イ上二 安ヽ 同し アク
曤 呼郭反 コテカし アキラカナリ アツし
曫 上蠻 日昏時

昵 尼栗反 カクス ミタし クラし チカツク ムツマし
暱 正 カクスル クモカクス
𣋉 若 オメし

暯 上漠 サラス カヽヤク
映映 於敬反 カクル ヒカリ ヒル チルラス カヽヤク ヒラメク
暯 上莫 日暗 禾エイ アフ

昳暎 若
正暎 ヒル
晡 正餔 或傅胡反 申時

ユフヘ クル ヒメヤク 上通
ー時 サルノトキ
旰 上幹 又干 晏 クル ユフヘ アカツー ヒタク ヤム ヒククル

旱 何幹反
旱 胡誕反 ヒチツル ヒチリ
暀 干況反 光ヽ ヨし
曜 正

旺 或
晻 上移 日行一
晷 上軌 ヒカケ カケ アヘラカナリ
晷 正一

昃 上若次ニ古下ニ或上
側 カケタリ カタフク
皆 乃代又 日无光 俟一
皆 正

昕 アヘラカナリ
晑 正嚮字 上向 ツク
ムナシ ムカシ
曏 若嚮字 又若 曏字欤

暠 胡老又 不明
文白、明、昕、
曏 正
杲 又作
暸 アヘラカニ
晻 正暗或 烏敢又 クラシ

暗 上闇 クラシ ヤミ ソラ ムナシ
晦 上悔 クラシ クラテス カクス ル

ホノカナリ 又闇 ヨル
ヒハラク ツゴモリ 苎佩又

晦 暗 クラク、ラシ
曩 奴黨又 ムカシ ヒサシ サヘ 一セ
一者 サキ ムカシ

曩 正
曩 クラシ
昪 上弁書樂
昄 普満又 又辨板 二上大 ヨル ヨシ

暫 正暫之今蹔 或
カリソメ アカラサマ
藏濫又 ヒハラク ネ坐ム
晥 上荒 不明、 旱熱、
晥 正

暉 正翬輝二或 テル ヒカル カヤク 上揮 　暉 若 　暈 上運 日月ノカサ ニホフ テルヒカリ 　暒晴 上情 ハレタリ 八乚

晴 或 　旰 或乞字 氣乞三 与人 　㬎 呼典ヘ又 微眇 　㬎 今

曝 秩及ヘ又 欲乾 　昄 又 　曑 正参字 　暟 胡朗字

曬 正𣈏 カハク タナヒク 或生寄又 又生畧又 又刃離又 サラス 禾洒 ホス 　曬睲暥 若 　昆 今罤弟 或 山崑 コノカミ

ナラヒニ コトヽヽク オナシ トシ ホノカニ 　晜 又作 オトヽ 　晫 僔二正 上卓 アキラカナリ

ナツシ タフトシ ノチ ハウ シメシ

勖 許玉又 スヽム ハケアス コハシ 　勗 若 　㬈 若温字 　暟 上凱 明

𣉻 正 　昈 上戸 フカシ アタラナリ 　曒 上皎 明 　暞 或

曞 上纖 特、 黄昏 　曭 他朗又 一㬥 日不明 タル ユフヘ 　曭 若 　暯 莫朗又 クモル カクス クラシ

類聚名義抄 観智院本　仏中（48オ）　18日 日白是

⿰日奉 音 ヒカル カナノ テル 禾告
暲 上章 平明
⿰日票 ⿰日嬰 匹妙反 日乾
曄 曅 千立反 テル ウルハシ 又筠輙反 ヒカル
曅〻 トテル
暴 カハク ニハカ アラハス 外典ハ用白上 呉北反 報 又皮報反 又ホウ
暴 四音

昞 兵永反 アキラカナリ 又炳 ヒカル
暤
暲 音
⿰日票 音通 ホノカ サラス ホス
〻涼 サカス
㬥 歩木反 サラス 又薄報反

昺 或 禾丙平
暤
昲 芳未反 乾也 光〻 又拂上
暐 于鬼 光〻 テル 〻暐 トテムリ
⿱日咢 ⿰日咢 正
昉 方雨反 明
㬥 ⿱日㬥 正

晧 上浩 アキラカナリ ヒノイツル ヒロシ
曎 暤 暤 音
暀 音早字
曅 音
曝 曝 上僕 サラス ホス
曝 ⿱日㬥 ⿸麻日 俗
⿸麻日 ⿸麻日 右

㬥 歩報反 㬥 正 㬥 俗通 アラシ ニハカニ サラス ノイフス タチマチ ホシイママ ハシ トシ タケシ
シカス アラハス ツヒニ ソノ ハラサラス 㬥 タノシ 㬥 クタク ヤフル モロシ ホロフ
㬥俗 已上十四同字 禾ホオ
㬥 ホウ ホク アラシ 曝 サラス 㬥 ニハカ 鮑別 是 上氏 已 コヽニ カルコト ヨシ
コトハル スナハチ ナホシ カクノコトク タツ 是眂 俗 𥇒 俗眼字 上體 未詳 上瑱 迷視、 俗他弟反 内典
盻 古權反 俗攫字 曜 羊照反 テラス ノホル 耀燿 二或 ヒカル カヽヤク 矔 俗䜴字
瞔 俗策字 昝 徒含反 語文ー、アフ カサヌ シム クラシ 晟 古 禾生 オホシ ナカ カヽヤク
睭 俗隅字 䁐 城二俗盛字 曨 矔 俗歡字
曚 上蒙 クラシ 㬍 俗 曠 俗慣字 曀 懐二 クラシ クモル ホノカナリ 上翳 又し利反 禾去

⿱日乚 音鼎字 上頂
昳 徒結反 申時 クル 日加
昊 音
⿰日蕎 ⿰日喬 与灼反

⿰日后 上乳 人名
昕 欣 且、明、 禾斤
⿱折日 折制二反 光 サトル テラス アキラカナリ ミラくし

晣 正 アキラカナリ
⿱日折 音
暏 音貪字
⿰日开 音秖字

⿰日聚 子聚 又子須反
曬 緒錄反
晼 於遠反 クラシ
⿱夗日 タヽフ ソフ

晥 戸板反 明星
⿱日兄 カタフク
曭 音瞠字 又唐上 直唐反
晛 乃見反 ヒカル 日光

⿰日然 或
⿰日獻 音巘字 五葛反
𣅝 昰 二音 底字 星名
⿰日枼 上渫

暹 上繊 ノホル ススム
暹 メクル
⿰日妾 倿 二音 佞字
⿰日孚 音孚字 上律

⿱日匕 直遙反 又 姓 晁 正
⿰日眞 音遍 眞字 ユフヘ クラシ ヨル 莫経反
⿰日眞 皃 二音

普 莫崩反 冈
曽 若
昊香 古恵反 姓又 古頂反 ヒカリ

昊暌 若 ムムノ
昳 朱亦反 光
昊 ヒタカシ
晳 未詳

疊 上疊 疊
疉 正
疊 ヒナ
畾嘂 上若下正 上配明、

又其口屁反 作欲
映曒 若皎曒正 サヤカナリ テル アキラカナリ カヽヤク ヒカリ 月ノヒカリ ヤハラノ
只且 カノハカリ キヨシ 公鳥反 禾ケフ
且 若蛆字

且 上俎 アシタ アヘラカナリ アケヌ ウルハシ ツトメテ

曷 上蝎 イツクソ イツシ イトコア ナムソ イトニ トム イカムソ シフ イカニ
曷 正
暍 正暍熖二或 烏代又於歇反

アタヽカ アツシ
曬曩 女曩反
暍 暍 暖状
曬 若曬字

曜 月コモリノ カクス テラス
曞 月コモリ
晞 正烯或 上希 アイヒル テル アヘラカナリ サラス カハク ノソム

カレノリ 禾コフ モル
ホス アケヌ
瞰 音瞰字 若結反 ノタム
晳 今
スツ トニテル 大ル ナノ タカフ スクル
ヤム シヒフ ホム キヨ 己
朁 祖敢反 ムカシ
睥 音睥字
ユルス スツ シヒム 禾チ
旨 上指 又術迷反 ムマシ サス 旨古 ヨシ ムネ アマシ

睇 音
昔 音昔字
晳 音
眊 竹卍反 吒音
曉 音競字 上矜
曙 上衣 又鋸

瞥 音同字
勖勗 音勸字
瞰 上緻
晉 正
旺 コノム
㬥㬥 音㬥字
昰 一子反
㫖旨 通

矚 上聶 上矮 温
㬈 上慇 強 或敏字
替 上涕 カフ スタル カハル
㬲㬲㬲 古
晨 祖 サレヌ 貴人之報
量量 音置字 オク イタス
旨 ヨシ ココロ ココロサシ
脂 古脂字 アフラ

旻 上珉 ヒロシ ハルカ シホム カナシフ

杳 忙ㇾ又 ハルカ クラシ クロシ フカシ ヒロシ トホシ

暬 私列又 押習

𣊬 正

晗 晗 影舎四 古韓字 鳥活又

晅 況遠又 又上 亘欲燥

耶 耶

暈 古鼻字 鼻

曜 七罪又

曺 上槽 ムラ ツカサ トモカラ カフル チカツク ナムチ ムラカル

曹 除救又 カフト 禾チウ

書 ノフ 傷魚又 カク シルス フミ 禾シヨ

旻旻 古

𣆶杳 古

晶

嘻 又喜感ー サヤカニアリ

晌 晼 曠 上禄

𣊬 寧泥二上 告

𣊬 正

曹 同

昊 上浩 オホイナリ ヒロシ ハルカナリ 仏上

杲 アキラカ タカシ シロシ

暈 上騰 又外

暶 上旋 好

䁯 鳥孔又 不明 天氣

暬 正

曹 同 正

暳 ヒナル

晤 魚故又 明 ホカラカ サトル 禾ゴ

景景 上通下正 居影反 オホヽナリ カケ ヒカリ ヒノエ
チラス ネカフ ウツス オモハカルリ

晳 居奚反 トヽアル イタル カス
カムカフ ハルカニ カタフク イタヽク

曁 カ古反 ミフレ ノフ ツヽシム カフル
オヽカナリ オコル ミチ

ハアニ 者正

攞者 カリヒト

旉 上方 禾ム ノリ ノトル ナカレ
フ ノホル ナヒ

晃 上宛 之欲反 明く

矚 ミル

髦見反 ハルカナリ ヤハラカナリ タケ反 ウレヘ
モノカフリ

クラし ミツカ ヤスラカ ヨロコフ

鮮晁ヽ

睬 ヒル

景行 コヽロハセ

皆 柯諧反 ミナ アマネシ ヒトシ
ヨし 皆正 禾カイ

曅 正

者 諸野反 モノ
ヒト ミヽ

曽 昨稜反 ムカシ カツテ スナハチ

敢ー タウサー
カサヌ

曈 許軍反
ヒクレ

曥 カ奥切

曅 於諫反 オソし
クル 屐

文作宴 ヒタク

晏 烏鴈反
安ヽ 天清ヽ

早晩 上上濼 ハヤク ツトニ スミヤカナリ
トし ミハカ アシタ ツトメテ シサナし

ヤハラカニ ヲツ 下元遠又 オソし クレヌ クし ヨフヘ ユフクレ ノチ ヒソカ

昏 ウしロ ーー イツカ ヒクレヌ クル 禾兜 ユフヘ クラし ヒクル コヘし ツトム ウツ 上惛 ヤミ クル
旮
乗昏 ヒクラし

婚 トツー 女ア
曦 上羲 日光、ヒ ヒカル カヽヤク
曉 呼鳥又 アカツー サトル スル アケヌ

アミタ トキ アキラカニ ナリ タトヒ
昧 上妹 アイ クラし クラフ シカス アキラケし ムサロル ヨロし 禾又平
アラハル 禾平 又去

暮 上慕 ユフヘ ヨフヘ オソクス クレヌ
疇 上儔 ツク ムカし
最 モトム ツトム 禾サイ

眩 カヽヤク ヒクし ミクし
睒 チラス カヽヤク
晍 ヒタカし
䜹 ノソク

昨 上鑿 キノフ ムカし ムクユ サー ヒホロー
憶
昨 ムカし
瞴 サカリ

晾 カク
昷 ミロし
睦 ムツク チカし ヤハラカミ クル
智 サトし サトル サカし トし

トモ 𣈆正 智或 𥏾俗
𥎿𥫗古 禾チイ
カヘル タヽス ヒロシ ミチノリ イタル
シツカナリ シノヽク イム イモヒ カサル ナリ

㝵 サル トル トコホル カヘル

禾ケ工

𣉻 否 齊字欤 ヒトシ トヽフ

曷 カトフ カクフ トシノスフ

者 在草反

旽 コノム

瞲 ハシ ハル

曒 イタラナリ

𣊷 カヽヤク

𣅸 クラシ

㬧 チル

曒 サラス

碁 メクル

昱 ソナヒク

暖 アラハス

昮 千葉反 水流

𣇃 上徒 テル

曒 勅昆反 アタヽカニ サカナリ

愕眙 目欺 チトオトロイチ

晉 ヒトシ

𣇳 サル

昕 クタル

曹 或冊字 上棄

皐 上後厚

𣉘 或纏 丘負反 憒

暋 或敏字

昦 上瑜

𣈶 上移 日俞ー 面衣

肙 音猒字
曐 上忽 豕属
𣈏 許干反 音呼 殿冠

𣊫 許玉反 ハケム スヽム ツヽシム ツトム コハシ
旧 ホル
否香 音正上 密不見

皆 音貫字
鼎 上頂 正鼎 アヽカナヘ
暥 カル
習 ナラフ

畳 オク

白 上帛 シロシ キヨシ アウス スサマシ サカツキ スナホニ イチシロシ カタチ カタラフ オカタリ トヽノフ カナフ
白皙 シラヽカナリ

皀地 アカラサマ イチシルシ
皕 上映 白ヽ アタル
皛 胡了反 アキラカナリ アラハス 禾皃 ウツ イチシロシ

的 正旳 成都歴反 アキラカナリ タヽカニ アト アタル ミル トホシ ニタノ ニサシ
皅 怖巴反 シロシ

皓 胡老反 シロシ アキラカ カヤク
皇 莫角反 又香泉反 ミル サタム ハタヽカナリ
皫皫皫 平遍反 又普夜反

皂 上造 クロシ
皁 正 クロシ ムラフネ
皃 通 貌正 萛貌又 カタチ カホ
貌 カタチ

皀皀 狼根五若
皃 カタチ 容儀也
皃
臬 若臬字 倪列又 危、

臬 フミ フミ|
皤 類 或 婆波二上 白首 イサム
|、 ミラケタリ

皦 正皦 或古了又 ミロシ
皪 正皪 或郎的又 珠也
皎 上古 迫、 又近白又 近、
皈 正

皅 若
皠 皠洛二上 隺白也、
皚 五哀又 又莫嬖又 ミロシ
皭 正

皭 上爵 静、 ミロシ アミハス
皫 正
皔 上汗 白、
皏 蒲幸又 薄也

皏 正
皛 許葛又 浅色
皛 正
皠 千罪又 高岌白 ミロシ

皉 上此 鮮白
皉 正
皪 上禄 白|獸名
皋 上洛

皃 丁侯反 鍪ヽ 又斗上
アキラカナリ 昊暁
皐 ツミ
魄 タマシヒ キハマル アヒタ
毀 ホカラカナリ
皦 ケヽヤク
皣皪 今云上 曄 同 根 日 華 白 八
若皣 伺視

昊 若
皈 ヨル カヘル
皞 ヒソカニ ヒロシ
皛 ソヽノ
泉 上全 イツ 禾せム
皀 ハラ

皃皃 若
皏 若老毛字
勋 ツトム
纍 シハリ
皇 タヽス
泉 正
皨 若魋字

皎 或皎正 古了反 光ヽ
皀 若臭正 古迴反 光ヽ
皢 心ヨシ スノ ミル
皋 同
皚 ミサンナリ
黄ヽ ヨモツクニ
皐皐 上亦 通正

是 コレ　昰 俗書　於是 ココニ　趣 音取字
韙 于鬼反 禾廿 是　韙 音　尟 正尠 或 鮮今 仙善反 少
𨁥 音歸字　題 題 音紙字　踶 之一反　匙 市脂反 カヒ
尟 或　𨂂 提 或　鶗 徒兮反 鳥　䳇 音
鞮 上 低ー 韈 四 或 之樂　韙 音　䟡 音侍字　題 上 提 署
題 或　䟡 音 辟之字
十九
田 上 填 和名 夕 カリ 禾テム トコロ ミツ ノ　水ー コナタ　白ー ハタケ
陸ー 同　栗ー アハタ　豆ー ニメフ　損ー ソコナハレルタ

丨舎 ヰナカ
由 上猷 ヨル ヨし モチヰル ナホし コトク ユク ミタカフ ミチ ヰル ホしイマヽ ヨロし 上ク 禾去

町丨 上ヘ カサナル 禾カフ
丨来 モトイ
甲 古押ヽ 和名 コフ キノエ スクしタリ ナヘリ ナしタリ ヨロヒ ツヽ イサル

某丨 ソしカし
畏 若畏字
眇 上抄

暵 上漢 耕麦地、
𥈿 奴鳥ヽ 若奴感ヽ 誤料、
畢 若單字
𤰶 若男字

䀹盼 若攫字 居縛ヽ
界 上介 サカヒフ 禾カイ
畍 正
盼 若

曼 上後 古文
晙 正
睃 若
睠 若巻字

曈 燑三正 他短ヽ 跡慶、 圢疃庶跥
畛畛 上軫 ミチサカヒ
畦 胡圭ヽ 菜 ウネ 名

略 呂灼ヽ ホヽ アラく エラフ ハカリコト ハフク モトム サカヒ オロカニ カナラス ホトコス ミチヒク トル ハカル トム オホムネ 禾リヤク

畧 若

惣ー スヘハフク

畧 若遍 畧字

𭅆ー スコしハカリ

疇 上儔 ウネ ムカし ヒトし ムクユ ナラフ タクラフ タクヒ クラフ トモカラ トフラフ タし

疇 疇 上若 遍下若

町 他頂反 和名 マチ 上鼎 ナハテ ナハ ミナハ

盱 若

畎 若爭字 力拙反

畔 畔 上律

畦 上韭

畾 上雷 勉 又對反

畾 畾 二夂 雲雷 タノアヒタ

壘 三勒 回反 酒器 サカツーモタヒ

畾 篇

壘 古文

畾 若磊字

暘 上暢 不生

畷 上綴 昌雪反 ナハテ ホカ

畭 他典反 衆

畩 若

畯 食陵反 畦埒、

畻 戒 騰正

畏 上礼 若豊字

畟 今稷字 上即

畑 尙

畘 若納字

畄 アゼラハリ

畄 上細 アラタ アラタハル ウネ 田一歳
畎 篆ヘ 正 上犬 タミソ　甽 或
畍 古　畟 上柔 畱
疁 正　畳 於制反
畧 上𤯝 残 藏田　疊 正
畋 上田 カル　畋 正
畂 上對 田長、 又工朗反　既 或
疄 カ人反　疄 正

蕾 蕃 緇三 或　畄 正 或 古
畭 上余 田二歳　畬 正 コナタツクリ
畯 如専反 又而絹反 城下田 又奴過反
畱 上流 ヤーハタ ハタ　畱 正
畹 於遠反 田卅畝　畱 或
畛 若　畮 正畝 若通字
畂 正　奋 田畾 田畾 若
畈 上彼 タスハス 小高　畇 上菊 非畦

睞 上来田

睩 七緑反 十𪈊 モトオル

眦 上豈 甲氏 カリ 又莫鄧反

眴 詢旬二正 田 ハリ ヒラク

𥈠 正

衡里 ホノクラシ ミカス アサシ ソコ去声 ムカフ アツ カナフ ナホシ 八多 ソムク 白和ノ 一云 アセ カタハニ

睞 正

瞜 正

眭 眰 若

䁥 古

畚 若 畚正 上本ホ 筐 イレミ

野 ノ ノラ イヤシ アラハ

畤 ネタウ トウク

畬 古

畸 居奇反 不偶 キコリノタ アラタ

毗 正 比 眇 瞟 中 ミナ

累 力住 力季二反 ワサハヒ ツム モル ホソシ カサヌ ミキリ ツナ ロウラフ

畲 古 畬 古

當 多郎反 ツカサトル ツネ ニサミ ミスヘシ 一ホル アタル

旬 イヒアハス

畔 ソムク

睞 上泰晦

時 上正 周色

眺 正

里 上理 サト ヲリ 井ル コトハル イヤシ

畔 上半 ナハテ ホトリ ムヘ ムヘナリ カヘル

毗 禄時反 アツシ タスク スケ

ネカフ タノミ ヤハラカナリ ナラフ
モチ ミツ トモ ヒロフ 訓之 禾ヒイ

畱 タカシ

畀 正又必二又上尃畀 下ー与 アタフ
ツクス ツーヌ
ツフサミ

疊 俗 カサナル ツモル

疊 ツミ

𨇦 揔 藏 二上 古器

𧕬 擂

畁 補古又 イヤシ ミミカシ ツタナシ
アタフ スヘテ タヘフ アタマ

畏 上尉 カシコマル ツツシム オソル
ハラ 弓ヽ オツ

𤰞 見日ア

疊 上牒 タタミ タタム カサヌ
ツラヌ フルフ

留 留 上流 リウ トトム 元 ヒサシ ウカフ
ヤム 上通 下正 又去

䤋 䤋 上瓶竹 器

䟽 上扶 小畚

畐 ナヘトルタ

異 コトニナリ アヤシム タスク
ウヤマフ ナル ホシミ

䤋 上䎆 盛木 器

𧕬 之庶又 畚ヽ

𤱉 タカシ ヤハラカニ クタル 禾平

畢 上必 ツヒニ コトコトクニス シハル

𤱶 サタヽミ 若ミ コトナル 是ヘ

盧 上盧 瓦器

冐 見月ア

男 上南 シノコヽシ シノコ

畜 上畜 一上救 又許六又 ヤシナフ 又丑六又 タクハフ 呉上竹 又菊 又禾 チウク イル ヘ、

少男 シトコ

𤲶 若變字

卑 或曽字

禺 上愚 懸 番、

晧 サカヒ

肉 如祝又 乙、 ハタカ 禾ニク

豢 鐙 アフミスリ

畬番 上翻 ミケ

𤳳 カ廷 又カ偃反

粤 或俜 普丁又 ｜夆 掣曳

暯 穫字

畽 カノアト

肉 正

｜剆 ノイスミ

番 若今正

曽 若曽字

畗粤甹 若二古由字

甹粤 或畄字

畐 カヘル

月 今省完若

豚 若豕字 或是又

曛 或畠字

胄 或畢文ヌヌ

𤳉 之庶又 番、 今𤳉

𤳎 カヘル

排鞍 ｜｜ クラオヘトコロ

在下 豚膓 若秀字

膹 莫明反　膠 音　膾 勅離反 黐正　肪冊 上冊 アフラ 禾刪

腓 正 禾方サン　冊冊 膱 音　膚 方千反 ハ久ヘ カハヘ 禾エフ

肤 或　肤 徒結反　朕 直忍反 禾乙 又除任反 禾沉　朕 正　朕 正

䐡臃　䏺䏺 普江反　胖 上判 牲半體　胖 正

脛 呉上經 正脛 ヒサ ハキ ハキ アシ　胵 音通 ヨホロ　脛 昌脂反 トリノ禾タ

太 膂 大肉丶　脆胵 禾タ 鳥ー　肋 上勒 ソヽし カタハラホ子 タスケノホ子 チキホ子

腳 音　膊 視兗反 ヒサカハラ コムラ 上専　膊 鳥田 呉賤 禾キ ハキ　膊膓 正踹 或䠉字 腓丶 ハキ

コムラ　膊 上博 カイカ子 カタ ハキ　膊 膊 二正　胉 或

二三一

髆膊 博粕二工

䏶 歩米ㄨ 亦髀骿 正可作䠋
禾ヽ 髀カタ モヽ ヒサ 背下

腕 捥若ミ ウテ タフサ
タヽムキ ネヌシ 禾ニ

膝 若 ナヽクサシ ツノサシ
アサル 禾遺

ニヽラカナリ コエタリ ナタラカナリ
キタナシ 禾ニ

胹 正洏 耎䐑三
或人脂ㄨ 就

臑 竪豆ㄨ 又人干 奴倒二ㄨ コムラ 八キ
上儒 ヒヽク ニル ニルフ

ヒヽ ユチヒヽ
イリヒヽ

腫 章奥ㄨ 大膺

腴 上泥又人号ㄨ 有骨醢 又乃困ㄨ一
柔脆又ミ 奴導ㄨ 髀節骨

膜 一莫 タナヒヽ 又莫胡ㄨ 上摸
カヽコナル 丁ケ

膈 偪ヽ二正 ヨ凶ㄨ ニリヽカナリ
芺徹 又平 ナタラカニ メヒヤカニ

脘 上管 星名 又桓上 又烏段ㄨ
田月 脯

膘 先刀ㄨ ナヽクサシ アサシ アフラクサシ

膢 羊脂ㄨ 瘡瘢
メヽ

肥 若

腩 上雨

膩 女利ㄨ アフラコシ
ナメル

腽 若服字

臡 正如例ㄨ

腩 奴感ㄨ 臞ヽ
腩 或ニ

胝 丁私ㄨ
スクム

肊 竹尸 脚 胵 若

臗 髖 若官又 又若昆又、ミリクチネ ミリケタ

二夕 上袴

アタヽカ 胷ヽ 伏ヽ

フクロ

膗 若

臆 正 癮字

腍 如甚又 オモフ

皽 朊 君五 二上 ヒヽ アカヽリ ミタフラ

胯 若

腈 諸 餶 嗜字 三戒 常利又

胞

膾 上檜 ユ ナニス

膟 上律

腭 若 齶字 アー 又 咢 上萼

胝 夾丈又

臗 髋 若

胯 若欲

肥 上泡 胎衣、ハラ ハラノミ、ハラム キル ツマタツ ヨス ノソフクク六 尿フクロ

褢 ヱナ

臠 力兗又 ミムラ 力官又 ミナニス 瘠、

腧 輸注又 五藏ー

膂 上呂 セナカノホ子

肛 丁礼又

臗 胯 髁 上袴 モヽ

膺 臁 上應 ムク アタル ムチ

臛 臛 呼各又

腧 尸朱又 又矢注又

䐈 内 膂 日

胋 若油字

膌瘠 在昔反 瘠今 瘦、 薄、

膂膂 正

膻 或袒字 ツクサミ ツカル

肺 市 芳吠反 フクフシ キモ 上廢

脯 上甫 ホシトリ ホシ、 ホシヽヽ ソシ、

腧 上俞

膱 若

胂 東

脊 山ノミ子

胆 若

胇 或

膜 或饌字

削踞 上肓 アミヘル キル タツ

腴 曰臾 ツチスリ カハチ アフラ ホヘチ コエタリ ナム

脋 若

膂 セナカ

肒 疣羽求反 コスヘ ミヽノミヽリ

肺 若

鹿ー ホシ、

膱 七廣反

脊 上跡 脊 二今 セナカ

胆 上亶 反去 ハヘラ 禾諸

ー目 イヒホ

肺 市 莊几反 ヌイホ反

膞 上薄

膱 正

刖 正

脉 古来反 ツミトムラ 之大指 ツフ 骸字 上改 ホヽ
膀 上傍 カタハラ 禾キ 上ハリフクロ
膓 正
胱 上光 尿フクロ 膀ー脅月 上ハリツホ
膀胱 旁光二正 上ハリフクロ
肖 倉経反 アヤニチッ 又索杏反 イタム 禾サハヒ カナヒ アヤニク 又瘠 所景反 痩ヽ
䑕 二若 生冊正
胜
腥 上星 イヌノアフラ 鯹 或 クサヽ ツクサヽ ナニクサヽ
胜 上挂
胜 千果反 義取ー
肚 竹桂反
脡 上侹 モヽノハカミ
朏 下骨反 又下滑反 肤出
冑 上宙 カフト 夕子 禾チウ
胃 上謂 クソフクロ 牛ハミ 呉為又井
腐 正
胷 若 膌 若
膶 若通 クソフクロ
膕 莫崩反
膃 烏滑反 又烏骨反 ー肭肥
腮 都罪反
脂 呼罪反 ー腮大腫
腿 若 未詳 モヽ
腿 上退 ウチアハセ ウツモヽ モヽ ツフヽ
股 上古 モヽ ウチモヽ

サチアハセ 㲉 或 臕 上泣徴乾 䏑 又 月闇 焆 上焔

膙 居雨又 薊、 月嬰 若嬰字 肕 若刃字 肦 方忿又 又布同又

腍 臄 若瘧字 芖禁又 フクル 膞 芳味又 又匹利又 脹 上帳 又瘬 ハラフクル

フクレタリ 脹 若 脹 肛 フクロ ハラワタコハル 腏 上輟 肉殘

腹 方目又 弗鞠又 后、 修、 屬、 生、 ハラ ムカフ アツし 禾フク 腹 上複 フトコロニス ムカフ ハラ アツクス

腹 正 ー行 行 ハラ 水ー コノカミ 小ー 同

皷ー ハラツヽミウツ 腹赤 ハラカ 奥麦 腸 上長 ハラ ハラ禾タ オモフヒ コヽロ クソフクロ

腸 上通 下正 背ー ミナ禾タ 大ー ハラ禾タ オホ禾タ 小ー ホソ禾タ

胷 虚劫反 オヒヤカス カタハラホネ 禾ー スヘチ ノヘチ
脇 脅 ナワー 二俗
胷 正

肛 呼江反 胮ー 脹ゝ 上エコウ
肚 上杜 ハラ ヒハラ 大胃 クソフクロ
看 又明刀反 サカナ

上交 クタ牛 一云 フクヒ牛
肴 サカナ
婿肢 三俗 肴字
胹 大忍反

𦢊 若爛字
膿 奴久反 ウム スゝハナ九 膿 正 又ウミヒル 上農
膿膿膿 膿 四俗

臆 上憶 ヨク ムネ
肌 朧 二正
膠膠 上交 カフ オナヒ ネヤカル ニカハ ミヒハル メクル カタヒ ツクス

ノクヤニ
鹿ー カノツノ、ニカハ
肻 禾エイ
肯 若等反 アヘテ アフ

ウケカヘ ムヘナフ タヘナリ キノ
カヌ 禾ゴフ
冐 正
肎肻 俗 ヘシ

不肯 カヘス イナフ ウケカヘニセス
非ー 受ヽ ウケカヘス
莫ー カヘス

胐 䟽諌反 胃 思与反 クヒホネ 息奥反 ソムク アフ ヒヒシホ フツ ホロフ ミスミナ 音通 シサ ミウク

胥 或正 三ツ 脅 正 里丨 サトノシサ 膏 フク カサヌ

肓 上荒 亭下 正上 脂 正 腎 クラシ 䐈 上蔵 肥出

膝 音条字 クハ井 脾 上陴 呉 髀 モヽ ヨコシ 又畀 カイカ子 或作陛 肱 或 禾キ

臚 上閭 ホヨム 皮、陳、 行、 腹前、 盛、敘、傳、 臚 正 胴 上洞 腸〻

䐙 都壇反 丨胡 大腹 臘 臈 勒盍反 接、洽、 [illegible] 音 [illegible] 臈 音 胋 上古

胠 上去 ヒラク 又奥上 䏿 上結 䐇 音晧字 胡老反 胎 或餠字 コエタリ

腒 渠居反 キタヒホ 雋腊 䐹 音 胂 人刃反 呑肉 當 胛 上鴨 カタ カイカ子 セナカ

朕 戒 メハクツ
腂 上果 モモ
腂膘 音裸字 郎果又
膘 其略又

腊 音遁猪字 クツホタ ハラホタ
腋 音亦字之夜又 又之尖又
脷 音乳字
朧 音聾字

肬 莫孔又 茂 盛
朦 正 クラテス
胳 音額字五 格又 カタ ノヒホネ ヒタカフ

胳 勒各又 又音上腋 公諾又 禾各
脞 上坐 音坐字欤
膹 蕷卧又 高胄
肹 上國

膏 上高 アフラ ウルフ ホス アフラツク コエタリ 又上告
膈 音
涓膏 サカアフラ

膏味 アフラ イヒ
膏 音臑字 上蕭
朏胡 孚尾又 又普浪又
膟 音膟字 奴頂又 ミミクソ

可ノイ耳 呉寧
膶 胡間又 馬一目白 膶正 オヒカヒ
胚胻 音胻字 明
腸 七在高胄 下

膕 上䐐 臆中脂
膢 力主又 又婁上 ヰツル 又音僂字欤
肵 丁文又 野食 又音丁字欤 ヨホロ

膎 上奚 フクシ ホシヽ
腲 上猥 腇肥ヽ コユ
肐䐖 上毷 サイ 呉上逝
脺 莫イ又
膐 七公又
之石又
䳄 上歡古歡字
肝 上干 カム キモ

脂 戸鑒又 肉ヽ
腇 奴罪又 又或餧字 於為又 臭ヽ オクル
又是イ ユスク
腦 奴老又 ナツキ 𡿺正 上惱
腦 宋書
臒 烏郭又 又紆鑊又 善肉
臃 若
伏龍ヽ カニツケ

臗 苦官寛字 士衛
胞脃 若 モロシ ヤハラカナリ ウヒロ
胸䐉䐉䐉胸膐胸 𡿺八字
腮 ツラ アキト
胑肢 翅支 ミコケ エタ
肷 今肷字同 䵷二上 アカシ ミリ

脽 上誰生處
腕 巳叚又 澤ヽ 肥高骨ヽ又上晥
脘 若欸
腹 若喰字 上復 又若復字
臒 イロトル

腯 徒没又 肥ゝ
膝 上恚 ヒサ トモカラ 郗正
胅膝 六石
ウハツミ カラク ツゝム
行膝 ムカハキ
䠒 上膝 ツゝム オヒフクロ 又劉上
𦡐 食證又 𦡐正 オクル
賸 アマリサヘ ユタカナリ ニス オホし

腯䐁 石
膝䏰 ヒサカハラ
膝 石
膝 ウミ タナし
䐌 眉カキ
膝
滕 上藤 人姓国名 今䑞字 ツゝフ

膌 若脩
牛ー 井ノクチ ツナキクサ
䐢 禾ー
膝膝膝膝 六石
膝 奴達又 捺正 ソハタツ ソこル
騰 上騰 オトロク アカル ノホル ハス アク
䑞 上騰 チーリ
䐆 書證又 カツ アサル スクル タフ アク アケチ フナミ コハし モタク

脨 呂青ゝ字 勘代ゝ
膝膝膝膝
䑞 上騰 正䑞 余准之
䐁 巴上ー 蛇食 禾虫
䐢 上縄 名

カメリミル 又上上平 䐡正
膳 カナフ
腈 昌君反 肥 ヨミ
䏬 ウルハミ 至 アカル
腠 上漂
傴ー クヽセ シル アツル
腓腸 ヨホロ

膓 去
膝 肎 移書ー
脊 上料 腸胃間脉 膂肎 アフラ
胃 去 肬
脂 古鞋反 又搘上
ー子 カラヽ反
腓 上肥 サル 病、 コムラ 變、 痱字
背 上雌 人子膓 又清上 ミムラ

臗 ツミヽ
腠 上奏 膚裏 ミヽ 采ー
燎 或
肬 上𠂤 イヌノミヽ
背 上輩 ウシロ ヤフル サル セナカ セ ソムク ソク ミリヘ
膧 去
膏 去
皆 正 紫 正 コラミ ヤム

膾 上藤ー 肴、 ー奥 シコミ
ー理 ミヽ 采ー
腆 他典反 カサヌ 上九 アツミ オモミ
膝 ー、 大監、 餅
朓朓 他弔反 コフラ ハキ
臃腫 肌 去
朏 アナミ ヘリ

膢膢 直輒反 薄切肉

䑀 若辟字

臂 上秘 タヽムキ ヒヂ

米一 ハシヒ

膒 烏侯反 久脂又若 漚字欤

䐍 上奇 肉ヽ

胚 普才反 ハラム ツハリ

脜 ス

腧 呼合反

肣 上含 肥牛脯

舍月 上貪ヽ 古ヽ

肍 上求 千肉 瘠

肌 上飢 ハタヘ カハヘ ニヘ モヽ

肒 上丸

𦛨𦛨 若疏字

胘 若肱字

脙胳 休求二反 瘦ヽ

膱 除致反 又知上

𦞣𦞣 若觜字

脉 若脉字 式涙反

肩 上堅 カタ

肩 正

腎 若

膹 下弥反 肥

膴 武夫反 又呼上 無骨腊

腎 上慎 ムラト 呉信

腈膌胆 若

脤 振二正 時忍反 徂賓

脣 上純 クチヒル

脣 古

𦟌 上タカナリ 呉ヽ 湛正 𦝠イ キニ

膳 正 膳
肑 丁狄反 腹下肉
胕 祁六反
胷 今匈 正 上凶 禾クムウ ム子
當― 同
肭 女骨反 又女滑反
膱 諸力反
膤 俗雪月字

膳 俗
朐 上劬 脯 フミくし キタヒ牛
胸 俗
胸 胷 俗 ム子 三ヘ
現― 同
朋 𣪠二正 上刃切 戟肉 豎、 漆、
膊 テヒキル
𦢊 俗閉字

龍膳 ニヤミツサ 一云 ニカナ
𦛨 正 歆字
胸 俗 通眗字 アタヽ
胷 俗欱 ム子 三ヘ ココロ
肭 女竹反
䏺 ハケム
膞 上卑 膞通用
膝 俗桼字

地― ニハツヽ 虫麦
胸 俗
䐗 但元反
半胸 ムナカキ
朋 肭 俗 ヒナ
肕 カウル
腗 俗
育 余六反 禾上 イク

ヤミナフ　チカミし　カクスル　ツクム　イトヽケミし

未ホ　オホツ　ムコリ　𦡶　同　ヒトヽナル　禾イク

脘　上官

膃　音令反

膛　上堂

膵　徒各反

𦡲　音索字

𦢊　音邊字

𦚞　音

膧　音弗字

臆　上榼　又呼改反

膸　丸由反

臈　正

膆　上素　牛八三

腣　上帝　一腓胅　腹　禾キ

肘　上初　ヒチ　カヒナ　タフサ　ヒチノフシ　艮　又ナ

胡　音

臚　音艫字　クラフス

膃　上盎　脛肉

膰　上煩　祭肉　キモ

膞　專　二正　火消反

豚　音𧰼字　上𧰼

肵　祁　意　心音　菹

腔　正䠹　音通　口江反

臌　上鼓

胳　音搭字

翻　音翻字

腋　一腫欲潰

䐹　音延字

脢　上救　サナカ　ノムトメミ

朋　同

曲肘 クハエヒ 牛馬幹 ノムト 呉上縁

腚 上駈 又座

⿰月疾 音疾字

腰 音擩字 女住反

肫 贅 米反 肥 上春 モヽキ モムー 化ノモムー

豚 上乇 井ノコ 又作牝

江ー 井ノコ イルカ

胗 陟加反 カサハタ 胷丶 胗音

⿰月樂 舒灼反 力酌反 略治、 旋取、

⿰月叉 上叉 カテチ

⿰月蚤 上早

⿰月咸 音腻字 音甲反

肶 音上丘

⿰月夅 上遠 ソムク タカフ

脝 許利 臆ー 脹

⿰月貟 先本反 肺臟

⿰月庭 呉上 之ヌノアカ ヌノ可 イ目

肬 下故反 ー肌 大腫

豚 下木反 又卓下上不完數上通下丘 井ノコノ禾夕

ー胛 井ノフクリ

膴 音蘇字 ツナツリ

胭 一見反 咽二丘 烏前反

臊 音操字

⿰月斿 遊上

胍 古胡反 又故上

ー顛 円

臍 上斉 ホソ ヘソ

膌 俗

膍脛 呉崖 二上 和名 禾ー アツし

臍 トリノ禾タ

[illegible]臍 敷卑ヽヽ 廾二上 ホソ 俗ミ ヘソ

ホソ

[illegible] カタハラ

脥 上 今 春 側肉

肥通用 己ノフエ 旁肮ヽ

上ハリフノ六

肰 或肉字 コエタリ 又血孔ヽ 上決

胻 户郎ヽ アし 又下更ヽ ハキ 禾上行

脝 庀 イシノフエ タフ名 フエ

脰 上豆 ウナし

[illegible] 上坡 肥

[illegible] 蒋 賀肉 又竇上

肐 上迄 振ー、 正 𦟐 音布

肸 正 肹 今

[illegible] 上壊 肥

臞 ヤセタリ 具俱ヽ 洿ヽ 尚ヽ

胗 上 若 通下 正 上軫 又上 緊 クチヒル

禾しム

[illegible] クチヒル 可見王ヽ

[illegible] チヽホム

ヒラム

[illegible] 上蒸 瘢

肌 胡嘆ヽ 小瘡 己ムラ

[illegible] 上裹 又士号ヽ カナしヒ アハレフ

ヒラム 禾タイー

[illegible] 上柔 肥

脛 上茎 胆 賓

[illegible] 符ハヽ 合草肉 又遥上 又余ヶヽ

臂 上類祭
膌 莆妹反 豕肉
脚 上香 牛羹 ウミノアツモノ
膧 徒公反 肉起 脹病 ム子
膶 上若肉表草 裏
膉 子
脏 苦
腡 苦蛙反 ミノアカ

臂 正
膹 防吻反
臐 許云反 臛
膜 上瞋 肉脹起
胴 上餌 筋腱
脣 启契 二上 腓腸
腋 上亦 夜上 禾キ 又之石反

膎 失然反 嗇 替
膮 火尭反 豕肉臛 ヰノミノアツモノ
腫 上種 ミエウ 又癰 癱 ハレ 瘡 禾カサ
臐 正
肮 腦 肉汁 䐉 三正 陽盛反
腮 正 瘜 或上息 一肉
脅 或
膂 上膂 一䐍 晦

脠 他項反 脯中
臐 ミコヤシ
肚 上怡 豬一
䐈 上職 十宵敗
腿 丁号反

髀 上卑 尾肉
臀 上屋 膏
胈 上遁 敗
𦢆 感
膪 竹尗反 腏肉
𦙶 上舌
𦝫 心ミラフ
胶 上交 瞉

腢 円ヒタヒ アフラミリ
𦟀 上姑 脯
䐲 持軻反 燴 ツク 又直立反 アサヒタリ
𦞣 正
腏 下劣反
胼 上瓶 又駢 アカヽリ
胈 上跋 胫無毛
𦢊 下結反 膜

臉 上斂 懸 䪜 カホヽ ツラ
䘏 上肩 臆 亡脜
𦠆 正
腳 上郎 一 臧 高月 澤
䔖 正 菱 或 上催 赤子陰 ミラオユ ミテル日 又 皴 疲 ヒ非
膃 上盈 人名
膕 古麦反 ヨホロ
胓 上平 一 脚 牛羊 脂
脖 上勃 胅 齊
臀 許應反 腫病
𦣞 上衛 㦖 肉
膝 正 𩍐 或 剥 雹 ニエ 皮 散 走 ア二八ル カシコシ

䐶 疵加反 又ミ 𦚾、上兵

臠 正 脏 若

脗 正 吻今 巨粉反

䏶 若齶字歟

䐶 若𩢋字 即寝反

䐗 正

丨娐 アツ丨ノハナ

䐜 若趣字

膥 正

䏰 土半 半 體

䐉 或

䐝 土損切 契 肉 更煑之

膭 正

胕 土附 腹心

腥 乚角反 厚脂

脚 若略反 アし メスク モト フモト カチ 禾カク 或キヤク

䐿 息ム反 進

䐙 大䳇反 鶩視

䐯 巳善反 巨言反 筋頭

臚 或䫻字 疵加反 㲉阜

腨 或䏋字 上 紂少 腹痛

腑 上府 若賀

腂 アし トナ ヒム

䐪 竹㑪反 癥

䐭 上尋 姓

䐤 筋 二正

䐝 許梨反 呻也 唸丨呻吟

脣 上壁 要 胥 病

腐 上文 乡 禾フ

臛

脚 正
─病 円又午ア ナキ 牛馬病
䏶 音韋字
朡 上代
用、 ナツク
ト、ノフ 夕
ヘラコモリ ヤヽナフ
カタヒ 禾タイ
松─ アツヤニ
䐦膧 文非又 鼉上上又音 蛇之欤

脚脊膂脚 四音
─下 フモト
膮 音暁字
脤 今服 正 上伏 ヨソオヒ コロモ ヌヘ ミホカラ ナラフ カヘル ミタカフ ソカフ ハトリ
キ牛 キヌ キル フカシ カラム ツク サトル
御─ ミソ
腍 音息字
脂綿 アフラ 禾タ

脚氣 マヽクケ
胫 音徒字
胫 ミヽカシ
膸 息累又 ナツー ホネノナカ
髄髓 音
麁妙─ アラタヘ
胎 上台 フトコロ ハヽヽム ハラム
脂 台夷又 アフラサス アフラ アツヤニ
雲脂 カヽラノアカ 一云 イロコ
膿 人手又
腦 音盟字
𦠺 上観 又丁戸又

腇 烏對反 又烏罪反

靦 俗䏓字 五米反 又呼見反

䐑 俗徵字

膞 上轉

⿰月覃 徒埜反

⿰月尋 俗

⿰月荅 都敢反 ミタル

脈 上麦 チノミチ スチ サヤ

脉 今䘑今

脈 衇 二或 䘑 俗 チノミチ

⿰月毛 脈 オホキタ

⿰月采 上深 人名 ヤナヒ

⿰月華 俗⿰目華字 ウルハシ

肟 俗⿰目丂字

⿰月晶 俗晶字 上精 ヒル モチツヽ サヤケシ

⿰月可 俗⿰角可字

⿰月養 俗養字

⿰月夋 俗浚字

⿰月悤 俗聡字

膳 上繕 ミヽ ソナフ メナヘ牛 カシハテ イヒ牛

朋 トモ ムラカル トモカラ チハフ カタチハフ

朊 上奈 ニヌヌ ム? ハナル

膝 ミル ニル

臏 上牝 亦髕 アハタコ ヒサノアヒタ

ナルス ハク オフ ヌク アヤミ モル ツル カヘル卯 タク トホル

ハナツ モミ 拗、誤、オ・ス モ・ トク

⿱妥朊 上 カヒナノ

肱 古於反 カヒナ ヒチ モ、 禾洪
三一 ミノホタ
腰 於霄反 コシ 禾エウ
腴 於陸反 於報反
鹿臑 アヘツクリ
失、久、禾ノ 禾一キタヒ 上
胣 正
脝 タクラフ イル

胻 上房 一上 方亢
䐗 上雖 一上浅
臂 或
腕脛 カスモミ
腊 キタヒフ 久、 キタヒモフ 昔 小牛 全 テ、
臙 上噎 オトミハリ オトミ
股 ホソ
脺 オホカリ

一冊 アフニ
䐗 膗、
一支 コミハセ
膞 上周 ホミイシ
膣 ムツアし
腟 チノミチ
膵 上信 古顯字

膲 上焦 ミノ禾一
肢
膪 セナカノホネ
臈 上嘯 セウ ナニス アヘ牛 アヘツクリ
腒 腊 居昔 二上 乾雉、
肥 扶非反 コエタリ コニカ タノミ 禾ヒ
胁 コエタリ
脼 ノタム
脪

腵 虚衣、腹、
丨麻 五万訛云 ウココ
臀 上モ 佰云 ミリ 井サラ井 シムラ
膰 蚍食 禾虫
用心 心モ千井
肖 上篗 ノリ ニタリ アエタリ
腞

胡 上瓠 戌根太遐遠、 ミタ クヒ
丨歧 イカムソ
腍 上隠
膵 古隻又 未詳 アカフ
膜
滕 今滑相呂又
眴 上云 … 知

、サケル ナムソ イツクソ ナノチ
丨皃 禾キクソ
臀 シムラ
用 余頌又 文平 モテ コシモチ ツカフ 禾エウ 又ヨウ モチ井ル モチフ モツ
臢 若積字欤 コエタリ
脉
賛 腰 胎 膟 臆 胵 胍 未詳
高 膏 今正 上亠句

胡 正
丨鳥 ナスレソ
胘 胡堅又 冐厚、 カヽヤク
腔
胙 在故又 ヒホロ
腈 正

腆 ソミ、　[illegible] 並ニ、 寵字　膴 アツシ　朕 スフ メムム

脂 イ　月 奥厥反 ツキ ヨル カクル　半ー ハニ ホリ

海ー クラケ　明明朙 正月等 在余抄　未ー アケホノ

決ー エヒス 舟　明 上通 中古 下正 上鳴 アキラカナリ アクルニ アル　朔朔 上通 下正 ツイタチ

石決ー 和ミ アハヒ　遅ー

キタ ハシ反 アラタム ウコカス　所角反 ネサク カスカナリ　ホカラカナリ イカミ何、

朔　朗 郎黨反 アキラカナリ

朖 正　朗 書 采　朎 朧 下 オホロ ナリ ツヽヨ　朧ミ オホロ

期 巨其 アツマル テキル トキ アヒ ムスヒハカル ホト アフ スヽム　ツイル カナラス カキル 心サス ミサシ キサス 古吾 ミツ

期 正

朏 芳尾反 月 未盛明　蚒 或　朓 他鳥反 月朔 見西方

朓 正

肭　廿六又　朒向日　見東方
［月旋］　上旋　便ー　小貞
朋　歩崩又　ムラカル　トモ　禾ホウ
朋　平　ー

朝　陟驕又　トモカラ　アツマル　ミカト　ミヤコ　アシタ　ツカフ　ナル　トモ　ツトメテ
正輸　ツカアツル　トキ
今ー　ケサ

明ー　アス
早ー　アサミツリコト
終ー　ヒネモスニ
有　上右　アリ　タモツ　イス

カクス　イテス　ミミテス　シサム　アニル　イタ
アルイハ　ナ　古
如自己ー　イノカキノコトク

分明　アキラカナリ
無ー　クラヤ
臒　丹欸　イロトル
青　且経又　禾者ヲ　アヲし

青　正岑　古
緑　若之　禄着
冬ー　タツノキ　ヒメツハキ
臔　イ

賀　カサハタ
［月争］　キヨスノスチ　ヨホロスチ
脝　ハル　フクル　ソタル　トナコル
［月者］　上、　フ

［月夌］　モい
［月更］　…ツホ　アツノ
胛　カイカネ
腥　ナナシし

脣《クチヒル》

臛《アツモノ》

腤《アフ》

観智院

類聚名義抄佛下　本

舟 丹 廿一　骨 廿二　角 廿三　貝 廿四

頁 廿五　彡 廿六　影 長 廿七　手 廿八

木 林 廿九　犬 牛 卅

天理圖書館藏

[illegible]《ラ》丹 廿一
骨《コツ》 廿二
角《カク》 廿三
貝《ハイ》 廿四

頁《ケイ》 廿五
彡《セム》 廿六
髟《サム》長 廿七
手 廿八

木《モク》 廿九
犬《ケン》 卅

類聚名義抄
舟部第廿一
舟 上周 フネ ハカニム オヒニム
今ヲ オホフネ
又刃林反
雨丨 フタヽヒ
艇 若
旃 正𦪇 或之然反
艀 蒲迷反
般 般 上盤 タヒ オホフ
艀 薄江反
游丨 ハヒフネ
䑴 若
丨子 フナコ
舶 上白 ツム ツツノフネ
舷 上弦 フナハタ タナ
彤 又疼上 祭名
又布䑺反 サカユ ツラナル イタル オホフネ
ツノニヒ 内典 上𨥈
艇 大冷反 シフネ ツリフネ 上挺
シフネ
艤 艤 撥三正 或為茷 房蔑反
航 航 下昆反 又杭
舤 若 フナハシ

〔仏下本1〕

舧颿舤艇 𦊆 帆字 上凡

水脉 一 ミツヒキノフ子

舸 古可ㄨ ハヤフ子

𦨴 同

𦪐艫 音

舳 上逐 ヘ トモ

艜 上帯 ヒラタ ウフ子

𦨳 并又二一

舫 上放又薄浪ㄨ 連舡 ハミフ子 ツム フ子 トモ ナラフ フナハタ 又上房

艦 胡減ㄨ ヤカタ

艘 上蘇 ハミフ子 騒ㄏ 舩数

艫 上盧 ヘ トモ

舼 上功 小艇 メカ女フ子

艆 上郎 海中大舩 上𦪞

船 上旋 フ子 ホセン

苦 一 フナヤモヒ 病炎

艦 フナヤ フナヤカタ 禾去

艘 正

舠 上九 行不安

艓 楪 二或

𦪞 鄂上

舩 音道 上舡 可尋

舡 呼江ㄨ 艀一脹

艢 舲 上零 フ子

艅 音覦字

艐 上𣪘 井ル

艀 上歩 又延テㄨ 一艓艖

𦪗 音

⿰舟尋 音尋

⿰舟戠 若樴字 音 禁棹丶 （⿰舟曹イ）

⿰舟堯 音譊 船

⿰舟鹿 音禄

⿰舟其 音其 音䱎 舟

丨艟 蒙衝 二音 又並去声 イクサフネ

⿰舟巳 音凡 舷

舴 音責 丨艋

艒 音冒 丨⿰舟宿 思六 小艇

艚 若槽字 音曹 フネ ムニフネ

⿰舟氐 音帝 丨艡 舟

⿰舟兆 叨佗 二音

⿰舟里 音里

⿰舟侖 音倫 頭抗 船前

丨艋 責猛 二音 ツリフネ 下ツリフネ （⿰舟盍イ）

艏 若 （⿰舟首イ）

艚

艡 丁浪反

艛 音樓

艨 ⿰舟象 蒙夢 二音 丨艟舟

艗 正⿰木益 或 音鷁 舟頭畫 為鷁鳥 （ゲキ）（鷁イ）

⿰舟蠡 ⿰木蠡 或 音礼 小艖

⿰舟冊 若栅字 陟晴反 （柵イ）

艑 薄顯反 シフネ

⿰舟向 音渫 丨⿰舟鹿 舟 （滞イ）

⿰舟契 音契

⿰舟周 音凋 船丨

⿰舟寸 若耐字

舠 上刀 舠、

艂 徒登ㄨ ノフ 今騰 涓

舵 カイ

艇 徒頂ㄨ

䑝 上朵 多餞、又上孚 送、副、 賵或

舵 上騰 脊

丁 上亭二 アカミ

舦 上ク

艂 ヲトル

艕 フナヌ アケテ カチ

艂 祖陵ㄨ 陧 畔、

䑺

艂 上月上移 青

丹 正

舶 ノル

艅 青證ㄨ ツサム 二ハカ ホタカニル 摻、

舫 ホタヒフネ

艭 餘證ㄨ 又食證ㄨ 送、訖、 寄、

艀 蒲胡ㄨ 陀

艜 祖計ㄨ 古淅字

渥丹 アツタツテ タクニ

艤 上蟻 カサル フナヨソヒ タノミ ソハミ

舩 カヒロク

舼 天子稱

艀 上浮 イカタ 在木ア

丨臒 ニヌリ イロトリ

廿二

善丹 下上二 獲又 鄭、郭又

牡丹 フカミクサ

鈆ー タマ

𦙶 同鞊二上 𦙶或 アカヒ

形 正

骨 上忽 ホネ

ー前 ハトムネ

髏 正

骻 若

鳩尾ー ムナホネ

髏 若顱或

骿 骿 禾タイ 骿三若

髐 若蕎孚 カムス反 蔘下

骫 若光又 モノヽホネ

大脚、 オホツメ

骹 若肢字 上去

完骨 ミヽセノホネ

鈘金ー カタノホネ

髑髏 上獨婁 ヒトカシラ 上カシラノホネ 廱顱或 禾トクロ

體 上滯 スカタ カナフ サトル ミ ヤハラカナリ 軆若通 亦躰 禾ミ 禾カツ 禾タ

身體 スカタ

下ー カフラ 圍菜

膂 ー膂二正 巨月又 膂骨、

𩪗 又𩪗上 𩪗 𩪗

骮 若肤字、 ヒリヘム 徒結又

骸 古又若何又 又容上

骬 正䏊 向、ヒサラ カハラ 向宜作ー　髀 上陛 陛門 ヨコミ 呉ー 骿 又ヒ カノ　𩩀 円上畀 蹕尸 蒲米尓 二メ モ、

〓𩩀 モ、　ー子 ツホ　髖 上寛 腰ー、 ミリホ子　髋髖 若 或臗

骩 上委 骪 谷　骼 胳二正 上格 骨 カハ子　〓 オモテ 若〓メ コミホ子 ホ子ノナツキ　〓〓 谷 頷字

髋 谷 垸字 胡乱メ　髆 正膊字 カタ カタノホ子 禾薄　骻〓 谷 胯字 上袴 カタハラホ子

〓 上揚 骨間 黄汁　〓 〓二谷　骹 跤二正 若交メ ハキ ムカハキ　髁 谷 䐉字

〓 烏乖メ　〓 都乖メ　〓 骨滑二上鳩 又胡骨メ 鷹鶻属

骯 上皆 カハ子　〓髋 谷　〓〓 谷 踵字　髓 須蕊系メ ス子 禾ルイ 又平

髓 膸二谷 通 骨ノナツキ　〓 谷　〓 五胡メ 又曇上　髈 谷 膀字 モ、

⿰骨只 谷鋋字 士角反
⿰骨區 昌朱反
⿰骨力 若八反
骲 步角反 箭頭

⿰骨兒 ⿰骨⿱罒儿 谷倪
髕 臏二正 肶忍反 アハタコ 若云アハタ 膝蓋、
⿰骨甲 谷甲字

⿰骨叕 士滑反
骭 ⿰𧾷干二正 下諫反 脛
髁 口外反 又口臥反 又口化反 髀骨、 ミリノホ子

骿 跰二正 上駢
骯 五九反
骸 谷
⿰骨缶 谷⿰月缶字

⿰骨養 ⿰骨食 谷厭食字 一焔反
⿰骨童 膧正 許云反
⿰骨熏 谷⿰禾熏字
⿰骨玄 ⿰骨令 工本反

髇 呼交反
髃 上偶《コウ》 又虞《ソ》上 肩骨 カタサキ 或腢
骺 上滑 骨端

骷 今
骶 上帝 厥、
⿰骨貴 丘愧反 膝間骨
⿰骨賣 正

骾 正⿰月更字
髊 胔二或漬上 死人骨
[illegible] 正
⿰骨會 鬠二正 膾 括會 三上 組束

骸者等、

髖 上剥 骬髃 肩骨

髀 婢亦又 弓髀

骼 上誇 骼上骨

骱 上曷 堅骨

䯦 上摩 水病

體 ヒトリ

骰 或服字 未上古

䯝 上襖 蔵骨

骭 上干 訖盆骨

骵 上膝 又畜 須中骨

骰 上故 肩髆

骫 正

臀 臀 二正

䯏 同

䯗

髃 海懸又 又曷上 肩骨

骬 令

䯥 莫八又 骨

骽 他罪又 腿谷

䯢 上滑 骨差

髗 顱二正 上盧 頭顆

猾 フム ミル

䯊

髃 上使 髃一 骨、

髃 骬 カタノホネ

骪 五夏又 髃

髐 許王又 髑髏

骱 軨上 骨

䯨 未ホ

骹 骬 骥 未詳

髑 上揆 未訓 内典

髎 ヒ遥メ 尻骨謂之八ー・　髍 通一 適字　髞 ヤカタホ子 カタホ子

骫 ハキ　髁 膝上ノアハタ　䯗 タカ 鳥糞　䯬 カタハ

角 觺 和名 ツノ ソラフ スミ アラソフ 倭言 ハラクツ イツシム イワツ ナヽメナリ トサカ　角 今

𧢲 正　奴角 ツノ 犀ノハナ　食ー 同　毛ー

芒ー ウニノケ 亀貝觪　𧣾ー アケマキ 老幻類　大ー ハラノフエ 征戦具　小ー シタノフエ

豆ー サヽケ　觧解觧 上呑 中下正 買佳買佳賣 又 トク サトル オツ 古買又 ミル ミラス ヌク 木ケ

觧除 ハラヘ　ー離 アラカツラ　觓 胡穀メ　𧤗 觔二若 又觔

觼 上𧤨 又伐 又䥳 ヘツキ 鷹犬具　觴 觴二正 上觴 ワクツキ　觊 胡本 胡昆二メ

觚 上孤 飲消角 ツノ キノヘタ ケタナルヲ サカツキ ヒサク
丨觫 ソムく ニ乙
觥 谷
觚 丁礼反 觴、 フル
觟 谷
觽 若貴字
䚕 䚕残 三正 盞今 側産反
觻 禄歴 二上 角亻

觶 補迷反 横角牛
觶 支寘 二上 サカツキ
觝 正 抵或 ツク
觿 上斯 星名 又子累反 ソチハ乙 禾之
觹 古莧反 又王縛反 収絲
觫 上竦
觕 先来反 牛ノコツノ コツノ

觚 石
觥 觵 キナリ
觗 觝 二或
觛 谷通
觩 上安
觻 上藪
觸 剞遮 二上 牛角 竪

丨稜 トツハ ソハニ ミテ
觥 古横反 五廢上 サカツキ 角爵
觠 上權 曲角
角丨 スキヒ
觜 正
觻 觻字 古頑反 シノコヤモ反
觿 谷通
觜 或

觜 谷
⿰角艮 上隈 角曲中
⿱角干 右
⿰角厶 ⿰角工 二或 杠正 上江 アカル
⿰角芭 上訛 觪不斉
觛 ⿰角亘 上亘 アリ 小巵
⿰角隹 觿⿰角雋 二谷 觿⿰角門 二正 羽規反
觖 上夬

觭 丘奇反 又居倚反 牛角一俯一仰
⿰角厥 上厥 觸蕨
⿰角留 谷
⿰角耑 上端 角ー 獸名
⿰角厄 ⿰革厄 二或
觷 上學 治角 嚳亦ー字
觮 ⿰角玄 古文 谷 ⿰角殸 谷 通 ⿰角系 正 ⿰士本 反 骨イ

觸 尺玉反 フル カヽル コトニ ウコツ ウツ ツク アキラカニ ホフソ
⿰角幸 息營反 角 佀作
觴 正
觡 上格 角
⿰角石 谷
觿 書規反 リヒリ

⿰角虒 除蟻反 又羊紙反 辛イ 角端傾皃
觲 正
觰 竹加反 角 上張
⿰角粦 谷 麟字
⿰角堅 谷 鏗字 苦行反
觚 五更反
觟 胡瓦反 應作[illegible]

觼 谷衡 正 土争又 角上 廣 庶
觓 谷 揰字
觻 谷
觛 上 義角
觱 或 觱
觰 且尤又 叔 激 觳角
觖 上又 觻ー
觳 居 方又 觸

觸 女角又 調う ツノ
觔 觔 谷 筋字
觙 上角 又 徂古又 又 助角又 桷谷
觷 胡 旳 岳角
觱 或 觱 上 必 篳 谷 老人吹角
觰 谷
觝 上 提 又 徒帝又 符
觻 冒 虯 二上 角 ーカル

觸 觸 正
觜
觿 鑴 上 史 反 環 有舌、
觱 谷 リスヌリ
觺 嶷 山 トヨツ 二上 猜 ー 、岳
觹 上 犒 角上 長
觺 正

角 觸 ツノ ヒラフ
觲 古九又 角又 性生
觤 苟又
觼 正
觱 ソハヌリ
觻 日列又
觹 或
觖 羌志 古穴二又 ウラム 木カワホム

觽 共向又 角似雞距 觘 又教又 角 ヒヽ ヌタハタ 䚕 距二正 上巨 鷄爪 䚈 或 トサカ

觓 上戸 又蔱 觭 牸二正 徒和又 牛無角 𧤼 ツラヌ 觼 或鑣 正 方摛又

觶 楚立又 中角貟 觖 上决 䚇 牛来又 角不正 䚍 楚立又

觗 未詳 觷 胡族又 盡ヽ 觩 一カル カヒ 䚗 ノツリ

角 上勇 草花欲發 東山名 䚚 サカツキ

廿四

貝 上拜 和名カヒ 一ラ カヒツオ 貝 紫ー ウヽノイホカヒ

大ー 同 錦ー ヤツノ ー母 ハヽツリ 賏 上嬰 頸飾 䝓 錦ー

贔 ー貟 贔貟 偹呬二上 トチカラオコヽス 貟贔 同し

賢 上与絃反 胡田反 カシコシ サカシ ニサレリ イタハル カト ヨシ マサル ヒシリ ミル
マサル タスヽ ヒロシ アツシ 多、太、衆、道、賤、 禾下ン

資 上咨 タスク トル 禾ニ 用、成、機、遺、弟子、ヨル
ウナ モトヨリ タカラ アタフ タツハフ ヨシ

賊 上蔵 タカラ 禾ツカニ 禾坐イ

賊 谷

貨 呼卧反 タカラ タカラ牛 一三二十ヒ
ヒサク タツハフ 禾リ上

賄 呼罪反 タカラ オクル

賄 或

責 通廣字

賫 即黎反 禾上 サイ モツ オフ
トル ツモツ ツム

貯 吴上 儲正佇 イツ川 タツハフ シサム
イル ツム 知呂反

貯 谷欽

貯 谷

賣 賫 二正 上商 アキナフ アキラカナリ
アキヒト

賣 賫 賓 三谷

貺 上況 タマフ
アタフ メグム

タマオ オクル

贈 昨亘反
オクル ムツフ

贓 贓 贓 若贓字

賭 當古反 戯、 一博銭、 ノリオ

賤 或

賸 常謚反 ニキハフ ヨコフ ミスツ ムヤフ 多、假、用、拱、
上 タカナリ オホカリ 富、 禾去ム

贍正
贍贍谷
贖谷遺字
賻房付反 オクル
賎賤䝷 旨志反
貿上茂 ホムカフ ミ留反 アキナフ ムヤハ ハツ アカフ アキラカナリ ヘツラフ
貨谷 通貨正
貧貧谷
賂京偽反 賄ヽ 又居毀反 貨ヽ
賂正
賍或
貼谷佑字 市梲
賷上齎 偽オ 俟或
贄上制 サタム 木勢 スヽロ アサ ウム アツム ワキヌ 得ヽ 具ヽ ムサホル
貰上資 貝布 ウタ ツク ワキヌ タカラ
贅谷 カヘス ハカリ サイミ布
附贅 フスヘ
疣ヽ 同し
贅谷
貨正
贊 贊上皂 贊二正
賕上求 ウク ミヘ ツト 以財枉法相謝
賑或賑字 上脈 豈
賕谷
賍古衒字
購上構 古豆反 カフ アカフ ツノル
賗正
駒谷 罪 アカナフ

賒 上奢 オキノル トホシ ユルカナリ オワミ ヒロシ メカラ ノタレリ ハルカナリ ツト

賒 上九ミ 帯

賧 勅林反 ヒツ 日中 メカラ

賖 谷

賒 谷

賕 メカラ ツト

賝 正

䝢 谷 珂字

賂 上路 メカラ マヒナヒ

賖 賗 谷

狽 上貝 狼ー

唄 歩拜反 梵声

䝿 其盖反

賫 落代反 タニオ アタフ タニラノ

賚 正 頼 賴 二谷

賛 ヤニヒ

剸 落蓋反 正頼字

責 側革反 コフ 木サハヒ セム 木者ノ

賁 个

賣 同上

貴 居胃反 アテヤカナリ タフトミ メカシ アフ オワル 木クヰ

賫

買 莫蟹反 メカフ ウル 木ニイ

賈 上古 アタヒ ウル 柯雅反 ヤフル

賣 莫蟹反 ウル イツハル 木ニイ

賣 儥 二正 粥 南 或上 育 賣

贖 神燭反 アカフ カフ タニラ アタル ミツル ツノ ツクノフ ツノル

賭 上居 責

財 上手

賱 徒覧反 下才為定、 買才逢付半直ヽ 賱 正

貽 上怡 コル オツル

賰 或

ウレヘ 禾平 ハチツ オホス 一ソ

䞋 谷𧡨字 杓覾 ホトコス

鵙 鵙正 ム役反

賰 上豢

贎 上邁 又賣 オツル

賸賘 賄貽 谷

貿貿 二谷 探字 オヒユ

負 正 偵 或

賊 上栽 三ル

賤 上遊 又羊賍反 千賤

貭 谷郍字 工役反 ニノ

贖 致几反 當

験

貶 兵儉反 ヒリソク ソタス ソミル オトス カツ スコシ 褒貶 二 アケツタス

賑 上振 タニフ ニギハフ トム ヨロコフ カソス サカリ スツフ

貿 谷 貿字

負 上婦 荷一オフ ソムク トシ タノム

貟 谷

孤貟 ソムク

賀 戸个反 ヨロコフ ヨシ加ヽ 𢪸ヽ 勞ヽ

賭 呼个反

贏 十叉

贑 谷𧷤字 呼定反

貞 上鎖 貝声

贊 今𧸙 正 上孕 アニ 上讃

責

責 上嫱、タカラ ミヘ タソハフ ムヤ爪

賙 上周 急、アマネシ ヨロコフ ニキハフ

貱 悲義反 施

貶 上前ト同

賨 上琮 南蛮 賨、布、タカラ

賵 風或 芳鳳反 贈生日—

〔貝夾〕 上候 貝名

〔貝匽〕 上偃 當

貽 上遅 負文 貝黄

貾 正

〔貝夌〕 方ム反 貝 陵居

〔貝夌〕〔貝夌〕 谷

贇 於倫反 美 木卯

贇 ウルハシ

〔貝栗〕 奴鈍反 財 小有

〔貝旬〕 火營反 貨

〔貝宛〕 烏官反— 貝ツ有

〔貝宛〕 正

〔貝耑〕 他短反 〔貝耑〕 正

〔貝辛〕〔貝辛〕 息辭反 他而

〔貝勺〕 鐕 二正 上旻李

〔貝夫〕 於丈反 無貫、

〔貝生〕 所敬反 財產

賰 式准反 —賰 アツシ

〔貝軍〕 上揮

〔貝并〕 蒲田反 益

〔貝眘〕 上发 益

僨 宗二正 上保 藏、

〔貝次〕 正依或上該奇— 非常— 又產上

〔貝寺〕 正偫字 直里反

〔貝舌〕 力刀反 貪

賿 上涼賦

驗 上儉

貺 烏康反 ナルル カフ ヌ、ルミ ムカヘリ
揲、問謹、定、又上致

貑 胡加反

ヌテニツル ツク告
ミツキ士

ウタフ 布、斂、祝、
勤、量

貼 谷甜字

賿 正

賢 弋季反
坚

貺 若

サヤニキ 人夷 圭、試、性、醇、

贊 昨六反

顛 谷韊字

貥 谷䑚字都南
都感二反

賺 直陥反
重賣

賺 正

䝭 上巳

𧸘 若䁱字

質 之日反 禾世ナ ミ カタチ タヒラカニ
ムカタ モト スナホ フミ オノレ ニロ ナホミ

質 谷

贈 谷僧字
古會反

貢 古弄反 功、 切イ
齊、賜

賊 上付富二正 ムツム ニヌラナリ カハル ナヤム
ウハフ ニシ ハフ ヌカナリ イコフ ヒノ

䞇 贓 谷

貽 充消反

賞 書兩反 モテアソフ オモミロフ
ツカサトル ムカフ タミフ タノナル

ヨロコヒ

賎 上餞 イヤシ 禾仙

賃 乃禁反 ツクノフ ヤトフ 禾云盛ナム

貪 今

一婦 ヒサキメ

義ヽ 姓ヽ カサル ツム フルフ ハカル ノサム

敗 薄邁反 ヤフル ソコナフ ヒサク

ソナフ タスク 導ヽ

禾者ウ 賞

賊 昨則反 ススム カミ アタ 禾ソク

贓 上蔵 カタミシ カクス

販 方願反 ヒサク ウル ヒス ヘツ ヘル 禾ホン ヘン

費 上歸 ツヒヤム チル カヽヤク ヒ ムヒ セム ツスク モチサル

賜 斯義反 タマフ ツク タマヒオ 禾シ

貰 カサル

贄 上至 ミヘ ツト ハカラ

烏賊 イカ

賑 心 ヒラフ

貤 カサル ホヒコル ノフ

貧 符巾反 イヤシ フミ タヽス ニツシ トモシ 禾貧ン

賤 イヤシ ミシカシ

木賊 度久佐

貪 他含反 ムサホル ヲカフ 禾トム

䝨 一 ヒサイメ

賁 上秘 又上肥 又上墳 又博昆 又憤懣ヽ

則 子徳反 ノトル ノリ スナハチ ナスラフ

贊 上讃 道ヽ 出ヽ 見ヽ スヽム 作ヽ スツ

廿五

貰 上射又手 オキノル ハカセ 責、 上ル又 上ミ ヒソ 又上世

貟 正

贖 ウカラ

賘 ウル ツカニツル アカル ヤル カル ソル イタス

賧 アサムク

𧶽 ト、ノフ

貰 古玩又 ワラスク トホル ワラ又ル

丨衆 オニアラヒ

賄 イル

貸 吐載又カル シキノル 施、

貢 上ルス

貺 モテアソフ

負 上圓 又云 運二上 カル アトカナリ 一ス

貟 陟盈又 ヒミリ トフラフ サダミ

覞 贖 贒 贓 贈 未詳

縣 アカタ コホリ

縣 谷狄 黄練、 アカメ ハルカナリ

贙 禾カル ナヒソ ミタル

貤

賿 シツツ

貼 天叶又 以物取銭

頁 下結又 頭、 顛、

頭 上投 始、 カウヘ 一ラ カミラ トホトリ イタヽキ カミ

丨風 カミラ イタヽヤミ 谷云 ツフウ

氷ー ヒツ
ー子 サイ博ー
顱 上盧 ヒタヒ カシラノカハラ 亦髗
末ー 此間音末 カウ冠帽
額 来朗反 ヒタヒ オホカラカナリ カシラ
顯 福文項字 竹榴反ー
頔 フ爪
又去 亦斷 クロクサ

雨ー コナタ コーナタ
麓ー シモツラ
顱 正
頜巾 ニカウ ー元
額 今 ヒタヒ ヒロシ
頒 分斑二上 ヒタカフ 和ナツ オホキニ ムカフ 和ツカニ アナカチ
頪 上俄 傾頭
頔 他頂反 頂直 頗ー

纏ー カツケヒノ
顏 語斑反 オモテ カタチ カホ 和下シ
額 五百反 ヒタヒ ヌカ 和カリ
樓ー ヌカハキ 鞍馬具
項顴 丁寧之上声 頭上ー 上背或 ウヘ イタヽキ イタヽソ 下イタヽキ 和キヤウ
頓 丁甘反 畳牛頭
頚顆 胡感反 頚顆上含

山ー ヒツミユフ
强ー シモカケ ツレナシ
頜 或 ウナシ ヒタヒ カホ
黙額 ウナツツ
順 上府 伛頭 又上俛
頗 普何反 傾 スコフル モミ カタミ 上巨
顛 或

頚車 キホネ　鍞 五感反 ―傺 揺頭　顋 来才反 又上信 ツラ アタヽアキト　顖 今二正 囟今 上信

顆 上果 小頭 數々　頠 牛詭反 又五果反　顡 上貞　顡 古

顒 匹米反 傾頭視　顒 愚凶反 ノワム アフク ウヤヽラ　頻 上賓 シキリナリ ヒハヽ スミヤカナリ イヤヽ ヒソム 重々 比々 近々 毎々 禾平又去

頞 谷通　顧 上故 カヘリミル オモミル オモフ アタル シコリ　顲 正

顫 之扇反 寒々動 四月　顳 正　頚頬 甫越反 又上骸　頬頬 二谷

頊 骸与支反 又丁 各反 脳蓋　緄 呼善反 又上項 系属　頬 古頬反 ヒカリ　頼 俀餅反 又穂々 禾々 カヒ

類頼 蕷 二正 蕷 荷二或孔 頬反 麻属　頳頼 比迟各反 大面　頓 牧或上 敦之去声 ミハカニ タチヽチニ

ソハタツ ヒソ 敗績々 ツソロフ ヒタフル ニフヽ クスル ヤツル

下首々 アヽ 首 ウヤヽフ オカム 禾平々　纇 上聲 又思庚反 ホクル 上汁

頰 顱
頷 上堪 醜
頷 胡感 恵感二反 又濁 ウナツク
頷許 ウナツク
頊 俗
項 カウ
斯— ヒハラツ
—来 コノコロ

顱 五坎反 又口敢反 食過不
顧 丘飲反 —顩 醜
シトカヒ フム 呉感 ウコツク
顩 上儼 顩—使面 欽頭 俗 又丘儉反
項 胡講反 ウナシ アヒタ ニハカ 呉上 幸 又況 上下
頊 ケノ反
何— 同
—者 同

顱 俗
顩 牛飲反 仕參 又醜皃
頷 上冷 アツカル シサム サツク
顩 上品 又丘檻反 亦丘咸反 面長ヽ
ヌチナイナ
頊 丘穎反 アヒタ
サ— 同
頭頭 俗

顧頻 二反 甕字
頜 公荅反 オトカヒ
衣 モソリヒ クヒ
頬 古乃反 又戸訟反
項骨 サイトコロ
コノコロ 木クサヤウ
俄— 同
頸 リヒ 古挺反 又平 木俓

頚 今
頚 従結反
熕 之甚反
頏 下郎反又胡浪反 頡ヽ

顒傾 谷 正下
頡 胡湖反 ノホル 谷傾字 トヒノホル
頡 紅結反 ノホル トヒノホル
ー傾 ヒトカタリ ヒトクタリ 化下 トヒクタル

ー砥 カヒラサヒト、ノフ
頊 胡骨反 上窟 白禿皃 無毛 禾コナ
頓領 正 頌 古 谷
頌 上求 頬ー

頑 誤鏍反 カタツナヒ カタツナ カタツナミリ オロカナリ ミヒフ スルコトナヒ 呉元
頼 上求 俅或 弁皃
顒 上階

頞 虎空反
顴 上草
顳 而渉反 ー顬 顬骨
顥 而米反

顴ー カハチ ツラ タカツラ
顓 上専 帝名 モハラ ー項
顱頊 許玉反
頳 谷 頳赪 二正 赤皃 アカヒ ハチ

頄 食閏反 ミヒナフ トモ ミタカフ オホセ ノフ 上ク 禾受ン
頄 谷
須 谷 雅字

顩 カヒリ
顀 上鎚 項ー 頟出ー
頳 呉上 廿水 正 樵 瑞
頳頳 谷

頛頛谷　頼又枰カミケタリ ウレフ オトロフ 禾又平　頳正　傾頛カミソ

頁頍谷昊頍字　頔之悅又 又上准 アタニ　頟旅佃又　類カ枰又 王右軍 作此

顈頷谷　須丁可又 禾夕　顭上愕 驚　顗谷騰字

頊頠渠九又　巓谷㱿字 五巧又　顙顏弋席又 ハヘリ アツカル 呂コフ アラカヒ イル ミイル タノミヒ 禾ヨ

女、使、怠、叙、　傾谷昂字　顛顛上天 顚㙤二谷 サカサマ ツツカヘル クツル イタヽキ タフル オツ

丨隊 イツカヘリ オツ　顉居筠又 大頭　頼酬二正 上輔　頼谷頼字 ヨル トル タヨリ タノム

頼通 昊ア 東頁正 カウフル ミタニノフエ 心ヨミ サイハヒ タノミ　顝達禄又　顕上怡 禾醫

頣谷 アミナフ イコフ カヘリミル オトカヒ　頴カニチ カミケタリ　顧頋顧四谷

頤涞 ヨダリ　支ー ツラツヱツイテ　頣 上振挙 自視 人貝 又式悲又　顛 奥怨又

顧 同上 偶ニハメ 禾カフ オモフ 禾訛山　顯 正　顧 正　願 元巻又 大頭ヽ　顥 正　頬 正 鬲 或上遏 ニユアヒ

頌 逆追 主軌 二又 觀ーヽ　頫 上悔　洮ー テタラヒオモテ アラフ　黖 オモテアラフ

頬 上牧 ツラ 木ヽ　頬 古　緩ー ツラヲ 上ニツス　頣 工佷又 頬後

碩 藉改又 曲頣 ー　顛 胡本又 面怱ヽ　顋 火消又 又告聊又 火頭　頞 上敖 高頭

傾 上祈 佳頭 タキツカヒ シサム 禾キニフ ヒトノヽヽ　顜 上尭 又五叫又 高長　顱 恢宦二上 大頭

顱 上崖　頟 上岳 面前ーヽ　顣 正晩又 大醜　顋 上妹 味前

頳 上淨好　頑 上翮 又禹孔子 頭ヽ炘　頤 上零 上瘦　頦 奥崩又 頭崩ヽ

類顡 二正 上規頭
頓 枯沽二上 短面
頦 況歲反 面不正
頍 丘弭反 擧頭

頝 上没 又烏骨反 內頭水中
頙 上䡄
顊 正
顡 儀二正 力忍反 顏色頙一

䫬 正
顥 上皓（皓イ） 自首人
顏 上慳 禿
頣 苦門反 又五渾反 頭無髮

頛 盧罪反 頭不正
頪 力對反 難曉
顙 苦結反 伺人
䫌 苦罪反 大頭

顠 上眂 偶丶
顖 上媚 情態
旞 上旃 谷
䫂 上猗（椅イ） 乙波反 美容

類 渠錦反 恚
顩 力感反 面瘖
頣 骨二正 上門 無所知
顡 或聲字 五怪反 不聡 力小

顩 同
顛 莫項反 眉目間
顴 上権 ツラホネ
顴 ツラホネ

䫏 上欺 方相
顣 勑錦反 㥞
顩 ヨハフ
籲 上喻 呼 ヤハラリ

䪼 初錦反 頭鋭長
顄 上沽 虎大 乃胡乃反
項 上岸 鈄却後
顄 上閤 カハチ
顜 䯴二正 上婆 自首
顡 或髗字 上樓
[illegible] 上斯 又移 顱ー 頭不正
頻 上頻 志穴節

䫌 谷
類 初雨反 醜
頿 上成 項
頋 上卑 首子
頡 上胡 牛頭下亞良 ミツクヒ 胡今
顡 徒乱 円面
[illegible] 正
顰 ツチヒソム

顬顬 口倒反 大頭
頊 丁可反 又呼我反 傾頭視
頓 上留好
頰 胡大反
顩 上翁 頭下毛
頠 丁回反ー 官名
顗 上精 又青
[illegible] カヒ ホノカナリ 又豆 ホコノサキ ニコト コキシカー

顠 髟二正 方小反 鬚白
顊 五昆反
[illegible] 苦教反ー 薄不媚
題 多字反 題額
[illegible] 或髗字 上獨
[illegible] 傻二正 虎加反 惜
顛 上遯 又撰

頴 上境 杙ム スヽ ヒノヒカリ
頫 谷槻字 吉惟反
頎頎 上頭
頠 上戚
顗顗 奠赳反 ミツカナリ ヨヒ タノシ
アハツルス ツツカヘル アハツ ホタイ 丨然 コヽロヨリ
頨 ウカラ
モトム スヘカラソ 丨丨 スヘヒ オコス ホヒユ

顭 上ア大頭
顰 或匚字 為吏反 又鴨上
顯 呼孫反 アラハス アキラカナリ カタリ
顋 谷歸字
頖 ミツ
類 力遂反 トモカラ タクヒ ヨヒ オホムネ ムタ ニタリ コトニヒ ヒナ 大ア ホルイ

擷 上頴
頳 都莘反
賴 ミル ホテム
頼 呼對反
額顡頹 二谷 下正 カタフツ オツ オトロク
頮 呼憒反 洗面 又頮字
湏 呂月瑜反 面毛 ニツ タモツ ツカフ ヘヒ

擷 谷
領 利亭反
顆 谷
頸 之乳反
頹 正 上隤 ソツル
頙 正 カナラス ツカニツル ツカハス モチイル モト モテス
顡 正

顡 丿瓜　顡 谷正カ對又フヽ 靡餘ヽイトノヽ　顎 カホ　顡 カタチ

頌 与恭又 客ヽ ホムヽ タヽ 歌ヽ 又上誦 受ウ　頭 アタニ　䫰 ウナヽ

𩔗 子救又 口上須　碩 上石 オホキナリ オツ　頼 上弟 未訓 内典　題 上提 ヒタヒ ハヽ ヌカ

平丨 イタツキ　煩 上繁 ホツラハヽ イタツカハヽ　頼 上倭 未訓 内典　頒頖顕頳頫

頦頠頬 未詳　頪 余項又 水 丨川　頷 上須物　買 谷罍字

𩕄 胡詰又 錦丨 谷頡　顒 ヒトリ　頯 イロ イヤヽフ　類

廿六

頑 丘僉又

彡 先廣又 毛 飾畫

形 上刑 カタチ アラハル カツトル カタ ヘツラフ 崖ヽ 禮ヽ

形 カタチ アラハス ホキヤウ

人一 ヒトナタイノ 一ヲカタミロ
ヤフル ミホム イタム ツハソム ホチウ 或濁
彤 同 黈二上
疋冊又 輕淺、畫、 トフ
彩 上采 カケ イロ ヒカリ イロトル ウルハシ ホサイ
影 ヨシ
彪 補虬反 ニタラカナリ
須陊 須跡

彰 上章 アラハス アキラカナリ ホカラカナリ カタソナ
景彡 影 景彡 於景反 カケ ナ、メナリ カタフリ 谷今正
彤 或上又 勅林反
彡 カタチ
夗 谷夕字
彡 爪ソム
彬 谷登字 登イ

彭 正 アカシ
彰 又靖諍姘靜四 罷同 自井反 安定息、 一潔靜、錦イ ヤスシ ハカル カサル
斅 蒲衡 浦衡二反 ソルミフ カタハラ 衡イ
久 ヒサシ
啟 古台字

彫 上貂 ヱル 雕 谷 ミリソソ オトロフ
彣 古文字
黖 黝彡 通正 今
修 シサム ツソル
效 谷效字

廿七

髟 音彪 タテカミ シナフ 長髮又音杉 長 直良反 ナカシ ヒトヽナル タキタカシ ナカサ タケ オトナツリ シサ ミス ニサル トシ〻 ツネ オク 爪クル 禾キニラ 又去 又チヤウ 禾チヤウ

镸 正 镹 古 長 古 镺 古 镻 谷 長生 ヒトヽナリ 身｜ ミノタキ ミノナカサ

肆 音四 イチクラ ホシイマヽ ミツ ツキヌ ツヒニ カルカユヘニ シカルカユヘニ カルカユヘニイテ ノフ ナラス トクシ疾 シカシ ツク犯変 ツトム ヤニシ スツ ナラハフ ツラヌ タヘタリ スヽ イテ ホトコス イニシヘ トシ アキラカニ ヒコハユ 六爪 ナラフ カタシ モチヰル

隷 正 𩑡 音侖 長久

镻 田結反 虵子 镻 為道 跳長｜ 𨱗 音道 又恌 𨱗 正

鬒 𩯭 谷 帍｜ 歎冬一名｜ ヤマフキ 𨲠 音務 𨲡 谷 僧字

𩬋 音蓬乱 肈 𩬂 𩭏 谷 𩭐 音犇 鬆 𩭐 谷

𩬤 才何反 鬖 多 鬡 ナケク 𩭤 音播 又丈追反 又 小児 垂髪 落ヽ スヽシロ 搖イ

鬗 莫干反 髮長

鬑 来兼反 髮長

鬛 節除二上 際イ 束髮ー露ー

鬕 莫嫁反 ー飾 錦イ 髮 亡

鬔 捕庚反 ー 鬇 髮毛 鬔イ

鬤 女江反 乱

鬡 木几領二上

鬆 鬄 上上 正 被髮 走下上 而多須 ーー タチカミ アラス

鬛 力甘反 髮多

鬚 谷

鬄 徒計反

鬢 丘貴反 屋髮 ミラカ

鬤 儜上 又 攘上

鬞 正

鬡 谷

鬈 一権反 ムこ 髮好

鬝 丁公反 髮長

髢 鬄 徒計反 髮

鬠 正

髡 丁敢反 髡 ウナヰ

鬒 上斬 髮

鬡 女耕反 乱

鬅 上朋

鬋 巨仙反 焼燔 煽イ 盡眉

鬫 上盤 卧髮

髢 馳 谷

鬙 汝凶反 乱

鬜 苦點反 禿

鬙 正 僧字

鬡 谷

鬎 正 剔字

鬋 女礼反 髮
髴 或
𩭁 上次 如人用 棟皆
鬆 補枚反
鬠 匹宥反 匹六反 首飾 錦イ
鬆 先容反
髁 丁果反 髮垂
鬖 鬖 ミダル

鬅 方于反 髮又 部上
鬢 祖萬反
髯 上付 髭
鬠 上弗 首飾 錦イ
カウフリ ミサシ
髡 巨恭反一 鬆乱
鬅 士耕反 乱
髮 鬉 上叢 ハチ 和名 カミ

鬖 博末反一 鬢 多須反
鬢 正
鬛 上盧 鬛
髾 鬠 上拂 スカミ
髹 上七 以漆塗 器
髶 上茸 髮多
鬆 上次
蔽一 上ヲヒ 容飾 具 ヒレイ

鬚 今
鬋 上前 女鬢垂 ミカキル
鬛 正
髞 上蹂 髮高大
髹 上休 ウルシヌル
鬑 丘檢反 髮好
一筆 ハケ
海一 イキハ 海菜

髫｜ スヿ ユノ　髫｜ ウナヒ 上上迢　髲 上飾、被 カツラ　鬟

髩 思利反 放、撩、陳、伸、　髧 口昆反 キル　鬗 上蹊 モトヽリ ミツラ　髴 ヒし

䰅䰄髩髣 未詳　䰋䰋 私

鬝 上丁｜長 騎　鬚 正　鬂 谷通　髵 渠友反

鬈 正　鬣 上数大 メサヒ　鬣 正　髫 上杳｜髪 長而不動　髦 正

髹髹 奴為反　髟 所銜反 又比聊反 長しヽ 千長ミ　髮敫 谷頭字 徒乱反　髳 徒軌反

鬖 上滋 ヒテ カミツヒテ　鬆 正 鬢鬢 色谷　鬚 上須 顏或 ヒテ 禾ミ　鬚

髯 如占反 頬毛 ヒテ｜ ヒモツヒテ ホヽカミ　鬣鬣 良涉反 獣長毛 タチカミ ハタ ヒし ウナカミ 馬ノカミ　鬚鬚鬚鬚

鬝 五谷 ホノカニ

髣 芳両ㄨ 丨髴 ホノメク ホノカニ

髴 上沸 芳未ㄨ 又佛字

鬆 千代ㄨ 髭

鬘鬘 上臺 カツラ

鬡鬡鬍鬒 谷

蘿丨 ヒカケカツラ

髻 上計 モトヽリ 未又ケイ

鬋鬁髻 谷

髺 活括二上 以麻仂髮、

鬠 正

鬠 或 モトヽヒ

髻 徒彫ㄨ 髭 モトヽリ メサシ

髻 丁念ㄨ

鬅 谷

髦 上毛 俊、 エラフ ノチ 後丿 メサシ

太髮、 タチカミ

髦髦 谷

鬍 顴二正

髀髀鬅 三谷

箆 箄 二正

鬋 上梢 髫 峦、 カミ カミノスヱ

髣髣髣鬍 四谷丿

鬍 谷 剗字 丿无

鬖 思念ㄨ 髻丨 鬖峦

鬏鬏 上求

鬡鬡鬡 三谷 鬡字

鬄 谷 据字 上堂

鬞 谷 臑字

髮 方孔ㄨ カミノ木

髮 祖公反 鬉
髣髴髲髴髮 五谷
髟 谷 飾字

鬐 巨支反 在背 タテカミ ハタヒレ ウナカミ カミツヽソ カミニニクヒ
鬐 谷
鬆 上惣 ｜角 末冠 カミ
鬆鬆 正

鬃 上漂 騣良反
鬣 正 鬛 谷
髯 鬋二上
鬇鬇 上争ヌ 髮乱

鬋 谷 偏字
鬋 上剃 ソル 鬅 谷
鬅 上甫 鬅 谷
髽髽 莊爪反 婦人喪冠

髭 谷
鬞髭 カミヒタツ
髂 谷 路字
鬢 上擯 谷 方本上濁 ツラノカミ ホノカミ 沐鼻シ

手 上守 テ テツカラ
才 今變作此居字 之左 ヒサク
承 右
手子 タナスヱ

｜自 テツカラ
閑｜ ヒラテ
掌 上賞 タナコヽロ タナウラ ニツル
タナウラ ツカサトル タヒラカナリ

揣 谷 鑄字 上當 擣｜銀｜鎌、 カタヒク キハフ ツク
揲
拇 上母 オホオヨヒ

撐谷
鞅丨イワヤハシ ツタナシ
欓上晃 又上黨
撞谷

駢丨ムツオヨヒ
梅上毎 タラフ
杜谷
杜フサク

指上旨 上ヒ 谷ミ オヨヒ ムネ サス シメス ヒサス ムナシ
指正指
指南ミルヘ

頭丨ヒトサシノオヨヒ
中指ナカノシヨヒ
無名指ナシノシヨヒ
季丨コオヨヒ

代丨ツミハラメ
食丨ヒトサシ ヒトサシノユヒ
拇オホユヒ オホキナリ
母丨円

大丨円
丨頭タナスヱ
行丨サシサス
拗上勒 オヨヒノミタ

拳上權 ウツ コブシ ニギル 掌丶 治丶 ツカム ノコフ カヽニル
捧テツコム コフシ
捲円上 又谷 巻字 カヽニル ニギル

捧芳奉 メ サヽツ ハウ 俗棒字欤
半下
持拌林三谷 棒字
椿摸良谷 眷字

撻 上峯 木五ン ハカリノオモシ ハカル ヌスカル カリニ ツラヌ タノム イツハル ツカム
秉、㝅、東、ハカリコト 平、ハカリ カリワメ ヒラナリ カラ ハシメ カヘル
イヤシ アサリ ヤスシ ヒハラノ オホイナリ
權 腫 ソリナカル
ツリス ヤウヤク イキホヒ 直、字イ 捲字、
椿 上舂 樁 ツツ
把 博下又 布加又 トル ミキル モタリ カサカリ ツカム
タハヌ ツリス イタツ 木八
挹 正 把 谷欱
把 谷杷字 上起
拖 拕 上佗 ヒク 紫 トル カケ スツフ
ハサム カヘル カシコニル 舊又上
攄 谷 挖 正
經 拖 ヌノニ、
搶 モテアソフ ムクユ
把 歩浩又 イタツ ウタツ イタル トル
擁 及、捉、ハリ モツ ホトコル ハイヒス
権イ 挨
ハチ 大鼓一
又揞 掊 揹イ
攄 攑 杌 谷
懔 挹 イキトホリ
抛 搕 上巵 ソヒル
トル モツ
カヘル カリ ハサム ヒリ
ツリシリ ヒハム トリヒシリ
挽 谷 擉 正
攑 居責又 ソヒル トル クル モツ ニリ
ハサニル 軛、
攑
扼 奴果又 又丁果又
櫨取
攖 普麦又一
㩧 中声
捉 乃第 女凡二又
禾クノエ 一タ

ソミフツ サカリ 不ニ
挹 上揖 ツム ムタツ オホツカナシ 基 損、抒、カシコニル カテ
抱 谷

揸 谷施字
挽 輓二正 上晩 ノカル ヒツ 弐 スタル サス
拋 谷

拋 上胞 ナゲフツ（ス） ウツ ナツ スツ タツ
抗 掮 二救又 上サラ
扰 都感又 判、刈、又上庚 一テツ ソタツ ウツ 揺、

掩 ハシツ
抗 大奪 脱二上 ヒク 大杖
执 九月二上 ウコカス オハツ 折、
抗 抗 丁感又 或 呂字 キハム

ナホシ アツ ムカフ 又丁次 甚又 コハム タクラフ ウコカス スクフ フセツ
抗 若浪又 撩、擧、蔽、當、御、救、懸、捷、張、旌、高、タツラフ アイタリ

禾タル クラフ
抗 抗 同
执 槩根二上 スル トル アリ
抗 正

枇 上頓 ヒク スル ウコカス
抗 上滑 丨 揘擊
揘 ツク スツ シサム クスヌツ
抗 亢鋭二上 揺 梢

捖 上完 園 円 タフサ
捥 或腕 今為半又 タツ ウツ 呉上 捖 ウテ 顯密法文多讀円上 難 輒 改欤
擧 正

抚 ツフル ツゝス
挽 キサム
捑 上晃
掽 上共饞 スソフ

扤 正
掔 谷 或牽字
掣 弋制反 又昌折反 ヒソ サツ ツミサツ ツゝル 瘳正 ヒキソ ヒアフ 禾制或平

摯 或 ツカム クゝロク ツゝロフ
攜攜擕 谷 ヒソ
攜攜 二谷 擕字
摯 上至 トル ムラカル ウツ ニキル 上西

撕 谷
掔 正
摦 谷
拋 普交反

擦 上頡 又虎結反 ツカヌ
拫 戸恩反 别
挈 苦節反 ヒサソ ヒサツ
挈挈擇 谷

揳 先世反
撵撵 上又拮 撵上 結下上 高撵急

拮 上結 ウツ スル サツ ヒソ タカシ
擎 上鯨 サゝツ カキアツ タム
撤 谷 適
捉 谷

牽牽牽 牽四若 牽字
掔 或 摼正 口閑反 因ヽ 牽ヽ 䡵ヽ モツ トル 上ヒス アツヽ

擥 苦耕反 撞 ヒリ
㧡 或
㧡 顛二或鏗字 在下 苦茎反
榭 上謝谷 榭字

攬攬 トル。カリ カヽミル サハク 上覧 ノコフ サツル アツム ハカル カキメクラス モツ コモル キル フネ ミタル
攪 或又力甘反

擥 正
臨擥擥擥 谷 擥イ
擥 谷下介迳慳上 アツム
攪 上饺 トル ミキル カキメクラカル

カツ クツルス ミサル ミハス ミタル ナヤミス
攪 谷
㮏 古 ラリ 牛馬 シヽ凡
㧱 㧱㩃二上 トル スツ ヒソ 又ゝ谷㧱字

㧱 テ斂反 有所 失 又ゝ上
擷 上頡 扱桂
擷 ヒラソ
扠 呉上文 正吻 ノコフ スル ヤミナフ 振ゝ

拒、ミツ カス ヒラ カヒ
敉𢽾 谷
撊 正 カナミフ
撇 フミ 文

擊擊 上激 キヤク ウツ タヽク ラサム トル ワカム ウコカス 拂 木 容
䟴 保𣊬反 ネハリ シカム スク ウヤ
撃撃 正

𢷎𢷎 谷
扫扦 二谷 扫扦二正 勒受反 又上 佃 トル ウツ
𢷎 菩佶反 又歩佶反 ウツ サク ノ

擻 或
擊 谷
掣 鞫蕭上 小ヽ
辮 谷 辭ノ字 蒲典ノ
柩 口侯ノ ラサム カイツツロフ ウツ ミナ アカル カキアツ トホソ ヤキラサム タムミタム
撙 於執ノ 又上肙 カミコニル ウヤス コク ニツル ソム ウヤミフ アハス 取水侵 ラサム
オサフ アツニル
揹 擒 正
揹 谷 䙗 アツニル
擨 アヤツル オサフ
摩 烏扶ノ 摩
捐 撒 谷 フヲノカチ アヤツル
擑 戢二正 組立ノ サラサス ミフリ シサム フヲノカチ サクル トミ サラ
擑 戢二谷
揖 輯二上 人勇ノ
撙 撙 推 而容ノ
搣 或
拭 上式 ノコフ キヨミ ハツ
搣 胡界ノ 足ー ツツロフ カミ
搣
械 古皮ノ 樓
搣 上我 𢧢
擳 擳 上戦 拘
攕 攎 上曦 盧ルノ 擊
攕 擡 正 攕
搣 擑 唐麦ノ シル 列衣ヽ
擑 子列 子恚ノ 適
抶 正
擨 戚 縮二上 至ヽ サツツヽツ ソツ

戳拱 谷 兵才ス 未詳
撖撖 谷
擑 カキル ウコカス マカス
撒撒 二谷
攎 上盧 持 ノフ 奉
掃掃 二谷 他字 直氏又蓁
揥 逆帝 二上 トル ツム
サノ オツ ヒツ サムム タツ 居ゝ

摵 所蔵反 又子廉又 アシケタリ 又谷鐵字狭 又上遅 女手ゝ
摵 谷蔵字上 戒又常改又
拨 上桟 肚丨大白又 谷桟字 ツコナフ
撤 値二正 直二又
攄 勅魚又 ノフ オモヒ ハカル ヒロフ イフ 張振
揥 替帝二上 損 ウタル トル
掃 上燥 ハキタツ ハラフ ミツム 禾去
據 ヤスム オトフ

摵 オコツ カキル コカス ヒトシ ハカリ
摵 ウコツ
拨 カケハシ
撣 上壇 撃ゝ ウ トフ
掃 吴丨佂 コツシウチ
授 上慢
據 トシ カタ タカヒニ

攕 正 攙 正
攤 栽二正 上裁 蒔
攄攄 上墟 撃
撢撢攃 三谷
捐丨 コフシウチ
擾 上踞 ヨル ヨリトコロ
搞 谷膈字 猪 ハニフ 邑上

摟 上窶 撥

攓 寒 二正 起言 又手撥衣

搴 上蹇 サツ トル ヌツ

搭 篤 二上 憂 視敬 声 又 拈八人 ウシ

揩 エラフ

揑 直栗又 又陟栗 ツム

揆 上休

捋 尸受 尸周 二又

揗 搴 二或 縮字

揎 上宣 捋ヽ 一衣 出辟ヽ ソテニクル

捭 或

擿 虚偃又 ニラヤル

擿 谷 攄 曰

撙 敢 或 直庚又 撐

樽 正

捺 搽 掭 他含又 ソシル サツル トル ヌル

揉 谷

擂 谷 擂 力潰又 又上雷

擩 擩 上鈴

捜 所旄又 閲ヽ 聚ヽ 索ヽ

捜 谷 サツル トル アサル モトム アナクル

掜 五礼又 擬ヽ アナクル タシル

擭 サツル トラフ

擭 サツル

挾 徒骨又 搪ヽ 觸ヽ 揩ヽ

捘 エラフ

拗 烏鋏又 挾 ヲサフ オサフ 於六又

栯 一 ヨカヘシ

擭 摛 谷 ツムカル アク ミキル

擯 儐正 上賓 アラフ ハラフ

カル スツ ツフ ミチ ヒソ ミリツソツ 禾ヒム

椌 苦貢又 ヒソ馬 カラム フヒハフ モチ井ル ウツ ヒロミ カタム ノコフ ナフル オツ

磬 ムニハセ ムニ トム

椅 椅 京倚又 ヒソ ヨル ミツヒトテヒソ

椅 谷 ツソ

檏 千沽又 檏 日

撤 若敢又 杜又 若減又

撮 谷 上ル 呉薩 スヘテ

撮 子沽又 トル スフ ノフ

檏 撼 撇 子隹又 守夜又

掫 側愁又 守夜 メモツ トラフ

掫 竹侍又 拓

抓 正

掫 子侯又 持

檫 或栅字 祝草又

檫 谷 未久ル

搯 烏末又 掐

捽 捽 二谷 牢字

捶 谷 强字

掊 上 堂 𠄌 桵 䙴

撑 谷

擂 谷 鑴字 上 當 擂丨 銀丨 鏁丶

カタヒソ テハフ

掷 谷 銀字 上 郎

挪 上 郎 捽

捆 ウツ

ツソ

擣 谷 擣字

擣 ツミフ カミラテツル

擡 上 豁 又 蕰 擧 千下

揃 上 刃 ウツ 叩丨丶 斫 ツミ又 搯丶 ウヨク

扻 谷

拍 搯 掐 谷

㩕 ウツ

掤

捐 上月 折

掏 谷 ムスフ

掬 谷 鞠 或

擿 子由又 聚 来

掏 若鉿又 ヒソ トル ツ、ム ヤ、ソ サ、ク サク ヒチル シルス 二上切 又別

拍 上魄 ウツ

𢫦 子 百ミ

𢫦浮 オフス 酢 埜 類

栢 首白又 打 普格又 柎、将、

捆 捆 二正 苦本又 成就

掤 上氷 ヤナクヒ

拥 谷

捅 又上動 拯、 同 馬 酪、官名

担 タカミ

捎 山交又 ハラフ スル 動、 ミツ キル ノタツル

揁 擺 谷 捎字

掐 上陶 深 取 エラフ 洗、

掬 上菊 ムスフ ミキル ツ、ム オコツ トム 一云カス ハカル チル ユフ 攗、又居玉又 曰古 トル ノソリ

採 上貪 サツル

捆 上因 ツツリ

担

撙 則 損又 オモムツ ホミル サス モリ ウツス

𢬵 上錭 持 ケム ハサム トル

𣕊 如占又 又上南 木名

掮 谷 掮 或

掤 掤 揓 谷

拼 正 ニサクル テウツ

テスル ミシカミ ソタソ

柵 ケツル

捕 普末ㄨ 推 カラ 擊、朴、

掔 ソウ 草 上 抱 持

攖 攖 擭 三或 鑹 字 七 乱

拼 抨 上 併 揮、 ミタカフ ミム ハカル ツツル スミ ウツ スミツソ 木カツ ツル ヒソ 又上 平 榻、

揙 上 併 ノツツ

擹 或

扨 或 肘 字

揶 揶 上 耶

抙 才 斳 上 以 中 霞

掔 正

抃 上 弁 モテアソフ テウチ ウツ テスル テウチニラ

拚 拚 拚 谷 弄 字 モテアソフ ミサクル ナツル テウチ ニラ テウツ

掻 又 愁 ㄨ 又 揫 之 愁

捬 上 布 敷、布、 普 胡 ㄨ

抲 トカタ

披 子 寸 ㄨ ト、ノホル トル スチ ヒソ クタソ

搽 搽 攃 谷

捆 擨 二 正 上 薛 側 手

捓 谷

搙 胡 吏 ㄨ

攖 披 擲 二 蕉 九 ㄨ 上 谷

鑶字 摶 土住反 搮 櫔 擦 擽 谷 栗、字
摽 脾小反 樹梢心 又上 漂 拋 擊、 擇 擇 正 敷 或 摽 谷 アラハス スフ
辟、落、 スエ ヲツ シルス
ミメ シルシ 摽 オツ ツクル ウツ タスク 擭 防 チハフ 上 炎 タスツ トル ヒク ツカム 摑 擭 擭 谷
フタシ 皆可有木
擭 子ム反 滅 |搣 下上滅 擭頭白 擭除 毀日| 擭 似絶反 拓、 扱 攅 搣 谷
披 普彼反 ヒラク キル ハカル ワカル ハル ヨル ソク キル 枝 木カル 析、 木平 ヒロク 昌| ヒロケタリ 枝 正伎字 渠綺反 藝、巧
技 上敵 カムカフ タクラフ ツク ムツム ミレフ キホフ カソフ ヤムスレハ ナラフ ヤ、 トシ スミヤカニ 千歎 木ケウ 技 技 里戩反 上馬
擷 谷 杖字 枝 歩八反 又 跛上 ヌキツ 扶 扶《フス》 谷 ヌリ スリフ ヤハス カケクル ハタカル ヒヌカル アナクル
𢮦 歩我反 又 伏上 杖 ツク 扻 焉穴反 又上 決 ツミル タム 擷 谷

株 知像ヽ スノ カク 身ヽ 又上禹 ハフ 禾キフ
投 於丈ㄨ 連枷
吏又 トル ミホル スル サノ 下上浮 ハナ
柵 古戈 フナハタ カイ フナタナ アミヒリ
梏
椣 々
ハサミル ナス 禾古平

扶 勅粟ㄨ ウツ ツチニ
扶入 カミツキセラル
桝 林 或作森 又キツ 吁高家又除田草
梧 正上棒大杖 ウチ 禾ル減ヽ 揄ヽ 深梳ヽ 又把门
拽 或曳 ヒク 又弋列ㄨ 禾エイ
揲 上日列 閲持 カヽラ ツヽム ツクス 息偞二又
攃 谷薬字
扞 正戰 行 三或 上行 一モル 蔽ヽ 衛ヽ フセク スツ カムニラ ハシフ タモツ ハル

扶 上符 タスク スカル ウツ ツク オミカル スイ ヒロコル カムカフ モツ ウカツ トラフ タノモミ
丨抄 カチトリ
杖 扶 林 三谷 棒字
椣 或
抻 谷
搆 谷構字 ム豆ㄨ 又溝上
雨扶 クリノミフ
杯 捊 薄侯ㄨ 白吏ㄨ 又百
拌 上伴 手丨 弃也 又普槃切
摸 谷莫字 布ヽ 迷ㄨ
操 正操 或上燥
攇 谷 カヽラ ミホル ホル アハス
拒 扞 スヽヒコ ハフヤ

丨脚　フセキ　フセク　鎮捍　ミツメ　一モル　對丨　ムカヒ　コハム　捍　音丨　々　コハム　正、蔵、　一モル　トル　キル　ステラ

扸　禾カツ　硏　研二正　二或　硯正　上研　栞　盂　捍　上蔵　又子枯メ　扠、　孰、　捍　布買メ　ウコク　ホトリ　ハリ　針

攞　正　ハラフ　ウコカス　ウチハラフ　ヒラク　カリ　ハタラカス　トル　カテフ　搏　上或　擊　攏　上攏　又盧去メ　析

シサム　サシハサム　スフ　拏　正　詉　誵　詉　三或　女　オメ　ヒソ　ヒコツラフ　トル　アタル　カサヌ　去声　ミタル　トラフ　タ、ス　ヒコシロフ

紛拏　ヒコツラフ　擊挐　谷　挐　女居メ　又女加メ　又上如　アサハル　シリ　乱、持　誣、

擽　サシ　撕　上西　提　シシフ　ナソ　ヒサシ　ツムト　拾　上十　ヒロフ　アツマル　ヨル　トル　シサム　カハル

汏拾　上古テ　トモ　収丨　ムツヒテ　揄　上諭　エラフ　揄揖　析　盧合メ　スル　トル

トリヒロク　又上構、　疊、敗、　拉　今　トリヒサ　トリヒロク　トリヒル　ツタリ　ヒロリ　摭　タスリ　スクフ　ヒロフ　ヨラフ　ステ　揩　谷布字　欵

擤 未詳、
投 又上遥 美好、
大隻メ カキクタリ
爪 抓 又撾擿 取、
擮 シサム トラフ
拵 正 オホフ ナムタツム
㨨 拎 擒 谷 トリ ミシツ トラフ トリコス
又竹 沉メ 繋、 トリコ 上琴
擒 擒 谷
撿 撿 僉斂メ 七尖メ 又斂上 カムカフ タヽス ウサム オサニ ミル コノナツル
カナル オアス 験、甲、枯、索、綺、繋、オホセフ 法度、木ケム

㨖 或作搯
拴 谷 栓字
扮 或 ウコカス
掩 上淹 オホフ オサフ トル ヒク カイナラム トム ノコル 木ソル
ウヤス ヤム ノコフ カクル フサカル ウラナフ 呉馱 アム
拎 抓 谷 爪字
攡 上 離張

擠 正
擶 摘 山 上祢 一狗
扮 正
捦 上琴 持
攜 又離メ ノフ トル トラフ ヒロフ
ノキ 呉 一禽 コム キム
捨 上舎 スツ オク 木スル トリ サキ前
ヤメテ 除、 ハナツ

揄 上東 桴曰 ヒリ
ヌク トル 或上
抃 上憂 刮、又
作擠
扮 抒 握 文粉 又捻 谷
揲 今

搶 上倉 ホコ フサル オフ

タム ホタカニル アサナハヒリ 糺、束、

拚、将、

擒 搨 二音

梡 搨、去、刋、出、

掴 谷 擐

トハノホヒリ モロ〻

ツラヌ

捺 捺 呼典反

掾 ウツフリ

弄 搶 ホコトリ

搨 古 ウツ 縫衣、

擢 居縛反 ウツ ツツ

ツム カリ ツカム ヌク

擭 谷

捩 谷 旅 正

捻 乃協反 ヒネル オス ハサム フサク

捐持、狙、ハツ 奴侠反

擷 谷 限字

据 居運反 ホロフ

トル サクル 百

摎 正

擢 上濁 サシ木脉 ヌツ

ヨロコフ 糺 ゟ コニヤカニ

攫 正 ヒニツラフ

ツカム 國 或

捩 捻 掐 三谷

猿字

遂 掁 サラタヒ

揗 上旬摩

掇 留礼二上 俠縛

又挙幽反 モトム

搭 搭 上搨 カツ

ウチカツ トル

オホフ

又折イツ テヌリ アサル

駝挍反

攞 今 摑 通

攙 谷 陜 タヒ トモ

ヨコタフ モロトモニス

掁 谷 裝字

掾 弋絹反 官谷

ツラヌク

揗 谷

搓搓 上茁棫 ムサホル トル 摟、褭、裳掔、 又去 例 又ヨ

撲 ウチナツ スナホニ 一欲

揭揭 上竭 イロフ タツ ホダル オフ アラハニ イナミルミ イタル タカミ イコフ

撟 古點又 刮、 トリヒミツ クツツ ミナミ

揭焉 イチミルミ

揚 上陽 ウコカス ヒツヒ ヒロミツミ ヤフル トフ アラハスル ヒラク サカス アキラカニ カキアク アカリル

稱一 ホム

擭 上護 ツカム 撑、 ツリス 又焉 アハツ 獲又 一持一 握取

撲 上雹 サス ヒサク ウツ 投、 タタス ツキス 上朴

擭 今 ウツ

撲撲 谷

擽 谷欲 ツソロフ ウツ トラフ ハラフ ウチナツ コク 木葉 ツリス

相一 スミミ

摸撙 莫諛 ウトミ 二上 ウツス カタキ トル ナツ カラム タメミ ハラム カタトル サクル サニ ノリ スル

挨 谷 挨 吐念又 進火具

摹 或上撑 ニキル オキテ 規、形、法、

擑 竹略又 署

揩 今己 カタキ 一

揹 上者 挸 ウツ

揹 揹正 上朋柱 タム

揹 スツ

揹 昌者又 用、 列 壞、

撓 攆 上嵯 郷丁、捼才、碎、 ヨル イトヨル モトル ナフ コル モム トル タツ ナツ ウツ ウツス

摫 上蔄 拭面

操 昬勞又 ミサヲ 心ハセ トル ホナモツ タスツ アヤツル 心サシ 迫、又去 アヤツリ カムカフ

摻 正 ―行 心ハセ

撻 他達又 ウツ シハラク 技、達、

掾 賁貢又

捿 谷

撵 トル

攟 正 攟

撎 正

𢷾 摉 素戈又

挼 乃回又

揩 揩 上鰖 正唇 オキテケリ オクアソ オキトコロ ホトコス シテケリ

[扌荒] 上荒

心― コヽロハセ

摖 フク

鞕 ―吴 上邊 晩ウテ ウツ

撈 谷

攇 谷憲字

攓 上蹇 ―搌

擽 或剁字 子小又 截

搽 谷又所斬又 トル イヨヽカナリ サハカシ 持、細、

揩 揩 指 ミヤヒカニ 三谷 皆字

擄 攄遣 二谷

捿 奴和又 乃迴又 アサル ナツ モム 乃焉又

撵 谷撵字 胡化又

擽 諾二谷 落字 先歴又 白色

操 カイナラス 下アヤツル
捺 上薩 祭下 ホタル
捺 直加又剋水、

極 今極字 イタル
掎 谷 リム
披 擲 先戈又又篋焰熾一行 律者一

擴 通擴字 ヨコサマ ホタル フサク フセク ホミマ、
拱 記象又 コマヌク アキラカナリ ノソム タムタク タヽク トル

ホル シサム手 ヌク呉 上怨 テラタムタツ
畚一 タムタク
拳 桊二正上拱 又桊録又桎梏
拲 トル

摯 上聯 テナヘツル 大ノキツナ ヒカフ アミシ 鷹摯、係、
摮 谷飲
択 古 タヽツ ウツ タモツ ミミ

シサフ馬 與手、牽馬、 ヒカフ 呉上俄
扠 丘介又用、 又薙介又
招 上船 ミテツ タスク
招 正 アキラカニ アケテ ホ

批 批 上紫捭又 側解又 トル
批 又撓 扶米又 ウツ ヒキヒラク
擧 上漬又下 又鉏仃又積
擩 上蕤 又上聰 サクル

揃 撽 扨 癸 又丁果又又當一 試、除、ホミ。 ミキル ミロカス ハカリ ミコト ウコク シツム
擩 如專又 又如注又 サミヒタス

攢 慣二正 遺串二 或古患又帶、 擲 鄭亦又ナゲ ナゲスツ スル アヽル ウツ イレヤツ 禾恭ク 擲 倒 醉藝 炎 カヘリウツ

擿 正 ツム ナツ ウツ コカス ニサシ フルフ コツ ノツツ トル ト、ノフ タヽス ナクル カリ サル ツレフ ハサム ハラフ ウツム ワヽシム キル 又里亦又 昊歒

擿 擿 擿 擿 擿 帝替二上 摘 他歴 竹革二又 トル ツム ウツ 丨花 ツム ムシル

搥 或推字大退又 ウツ 禾ツク 搖 谷又之蕋禾又春、又平 棒、朴、又上 搖寸頭大叩岳、 ウツ 禾キハサム サス サシハサム ニタラナリ カサナル フルフ ハニル 禾スノ

揕 揕 又甲丨又 扱 サシハサム アツタ シサム 搖 揷 令朸洽反 サシハサム 插 揺 上道下正 揷四谷 サシハサム

挾 谷狹 サシハサム 抯 碮 譴 三正 上堆 ツチ ウツ ツク 揵 谷健字 卜ホツ 上件、犍、又虔上又居万又折、禾ケン勇 トサシ サカリナリ ツルシフ タツ

捧 谷兀ミ 二正 土骨又 トサシ 捭 身 カ没又 揀 攆 輦 練二上 運、 令作輦 揵 健二正 上玄 剋、カツ勝、

擅 擅 擅 擅 擅 五谷 トシ 克、獲、戎、 揵 谷狹 トシ スミヤカナリ サトル ニシフ カツ スクル カサス ミツカナリ 昊 攑

揎 火恭ㄨ
摠 摠 徐酔ㄨ
ウコカス イツ シヅツ キリハこ ユルス ナダム
綫、竟、寛、
搥 ツツ
抠 柾 谷抠字
擧 居与ㄨ 木コ トルカ アツ コノム
タース 擧谷 攺 正舁字 ユ余
攀 攀 谷普還ㄨ 作正 ヨツ ヒク 、攀
モテアソフ
捡 掭 ユ兼 スツフ
上通 ユ正 呉 …

撾 都仏ㄨ ウツ ムチウツ 又ユ科 呉|
多又平
捀 扶用ㄨ 又ユ
逢奉、
搥 谷搥字 匽 誰ㄨ
擊 出斬ㄨ 取、
又漸 キル
撜 兼二或 又常 證又
タスク スクフ 心こ
攑 或
料 正ウツ

揎 オカム
|綬 トキ ユルフ
|擊 子由ㄨ 斂
擬 挺正 或 匠田 連
二ㄨ 或作 挻
|世 ヨコツテ
扱 攑 或ヒク
ソムク
料 正ウツ

搗 谷
挺 徒鼾ㄨ 又ク
ヌキツ ヒソ スクフ
掟 ヌツ ホこ|
挻 抑、取、長、
ヌヤス ウツ
擧 ユ余 與手也
或舁字
擧 ユ擧
擶 山檻ㄨ 又オイ
サク キル
摋 谷攺 スクフ
タスク スム ニツル

撜 都豆、亘イ 奴、外、又撜兼助、

擭 谷欲 サヽク タメヽ ヨソフ

栻｜ クヒウツ

伽｜ カ象反

摟 谷

扌御 上臼

担 答 或笪字 丁誕反

乘 暑陵反 テツカラ ウツヽ 上、序ウ ウテ タヽハル ツカヽヽル

㨾 谷様字 羊尚反 シサフ タメヽ ヨソフ スヽム

擭 谷欲

椓 椓二正 卓上 ツヒ ウツ ナラム ツヒル｜欲 ウツ

掾 ヨル

扛 正舡 舡或 上江 アソ

揆 葵癸反 イサム 未鬼｜ヌキ ハカル キヒシ ノリ ツハヒラカナリ ハカリコト ムネ サイツナ オモムク

擦 上沙 トル

掬 カコフナ 欅在廣抄

抍 上升 トヽヽル 或拯 トル スクフ ヒロフ

㨾 正

㧻 谷 ウツ クヒウツ ヒク

擡 谷豪蛙字 又カ亭反 カ和嗔 擭 カ底反

搫 上盤 披散、 ハラフ 又蒲他反

搫 蒲何反

擊 係谷繋字

攃 七曷反 草木声

摣 上鮓 取 又嗟上 ウツ

攄 正戯 正庄加反 ツカム スル 又担 トラフ トル キル ヒク ホコヤ

擿 敵谷 𢽳或　揖攜 之勿又搆 トリヒシク モム サソル　捏埋 谷上涅 捺、擶、槕、

捏 正　掲 谷揖字 康辛又 ナリ　揾 爲困又 没 袖、入、 サス ヒタス カツ タツ

揾 正　搭 上沓　掍 上混 手把才 オナシ　掜 藊結又ー轉、 ウツ

揩 上皆 改、ナリ ノコフ アラフ アラソフ スル キル アラフ トカキ ナツス 又去皷名　揩 㱏叔音二占　挃 上陞门 扇掜

揝揝 二谷簪字 上簪又子感又 簪冠者　揝 正 揝 今上　措 在丸又 キル スル アツムル

キリモミ ヒモム サル トル モトム スフ ツク ツトフ　攅搖 モミフルフ

又在乱又 欲、觧、

攅 谷　拺 スソフ　捏 二奴結又 下又上 㨾𢪛、剌、 又勅貞又

抐 奴骨又 又奴鈌又 搵ー、女六又 㒵ー、 𦘕生、

柄 トル カヒ 或秉字 上丙 柄欲

㨩 谷 ソム ソツ ノソク ナフル コナス イタク カク チラス
擿 㱏石又 ヒロフ トル
拈 モツ
撢 正膞 或上貪 又他紺又又濫上 サクル ヒソ
捫 上門 一 掾模捺、トル ヒロフ ナツ ウツス 又莫本又持案、 スル ノコフ カク クフ サクル
㩌 上孫

揩 女感又藏
捚 上里
擾 或
拓 或 サ、ク ヒラツ ヒロフ トル 上託
㩟 或 㩵 山交又
㩷 下板又檻

抒 上佇 又杼除、又乏谷杼字食汝又飲、 除、取、出、サクル ノフ オサフ
擻 上遮 ミタル ホツラフ ナヤマス アツフ カキコナス イソク ナルシリ ナツク ミタカフ
揎 古鄧又急 リ
拵 上託 手擊
摐 艱惱二上 相擾
撢 谷
㩜 谷
攔 擱 擊上二

摝 上鹿 息氣
擽 正 拓 或 拆 谷
揠 爲拔又草心
撋 如專又棲
撊 谷閒字
攔 サハル ホタカニル

三二四

攔掮 木 行沿イ 撞 宅江反 刻、構 ツク 鐘ウツ 禾上ウ 抵 上紙 ー掌 ナツ スツ ヒツ ー欲 ツウ ナナスツ タツヌ コハヒ

ー多 是支反 擿 上底 擿 ハフク ウツ コハヒ イタル アラハニ 摡 上溉 棫谷 又古今槩字 取、又平斗、 オホムネ ハカリ チカフ 腰 ムネ カナフ

抵 正 拁 上底 摧、刻、 梢、 揺 正 イタル ウツ アタル ミツ フル 挃 又 ツキフルフ アツオホムネ 木欲

掏 拉谷 抎谷 揑 ヒキサク イタル ミツ フル 揌揔揑 敲四谷 忌字 揺 上岳 揩

捂捴 喆 三正 サトル ミル ミチ 張列反 トシ カタシ アキラカナリ サカヒ 挂 サフ ツク 掁主反 挃 銍二正 上質 刻、 刈 禾声 上窒

ノコフ アヒ トル オリ ツソ フセク サイ 揥 上窒 挂 イノル 挃 ツツ

挫挫挫 子卧反 ヒシク トリヒシク オサフ 呉生 シタク シル ヒム クルヒ モツ ソモク 捷 ハサム 操操 上撃 疌交反 又邉 ツリス キヌ

トル ナル サクリトル スツ ソル スツフ 搮 補后反 擊手 擊 上毀傷 擊手 挨 乙駭反 推也 シス ヤカラ タソヒ アツム

擊 古予反 傍擊
擻 上眹又胡擊手反 シルス シサム 古号
擻擻 桒走反 枓ー フルフ テモ
擻 正ー

抖擻 多口 思口 二切 内典 或用 斗藪二字 シモ タケ フルフ
擫 綮二正 先達反
擽擻擫 三谷

掣 谷剎字
擻擻 竹几反 剌、又直致反 到、 摶、剌、 イタル
掛 谷
撒 捎谷敵字 昌雨反

撤 上徹 剥、治、除、道、明、減、 トホス ニヲツ スツ アハツ サル トル コホツ ウカツ ヒラク ニカリス 食
撒 ツラヌ

撒 ハラフ
撒 無非反
拘 上的 賖门
拘 上倶 カヽフ カヽ元 テナヘ 聯、執、止、

カヽ元 禾ソ
掬 拘字
掏 頂住反
揭 持 遼玉反 戴

擉 擉正 楚角反 剌
捈 卧引 上徒
擒 房晩反 擊
擨 上厳 帳、鬖、 枝、 カツ 身、

揭 谷
拴 谷 梴字 ソヒ
捽 徂骨反 トル サクル ユルソ サミハサム
捽捽捽 谷

撈揭擣 ウツ 上亂管
トゝノフ ミタル タリム ツゝシム ニサシ タス
ニサニ 角カヽ 量度ヽ キタル カムカフ
拵撍 谷

縫ー ヌヒシノウヘノキヌ
鈌ー ホキアテノコロモ

搏 尋蚕 二上 トル
撢掾 二谷 ウツフク

攝 上盈 ミナフ
抄 頻 必又 ウツ ツク イヒル 又歩 詰又偶

捴捻 祖孔又 フサヌ ナル トゝノフ ミナ ツラヌ スフ（テ） アツニル 普ヽ ホソフ

寂ヽ 詰ヽ
搵摁 揔 三谷 揔今

拉 之人又 又之因又
揔 谷 オキテ

格 格訤戠 二或 上格距 イタル コハム 心サシ ノリ ウツ トム ホタル アツ サツ

掖 上赤ヽ 持ヽ 拚 アフツ ホシヽ ホキヒタ 又上夜郡

掠掠 剠二正 亮略 二上 索ヽ 向ヽ 笞ヽ カスム トル ムハウ カソフ

攏 上規 款 カタキ
攝攝 上盈 揩

揔 上窟 擊ヽ トル

揔 正
揔 同又 亦惣 合ヽ 皆ヽ スヘテ スハル

摁 擭 才又 撻ー ウコカス フルフ
扏 トル

拒 シコカス
拒 上巨 フセツ フサク コハム

ツカム モム トウ アツル イタル ハラフ ツヒル スニフ
ミツニタナル ニタフリ 止、遠、障、
攤 乃旦反 按、又冊反 弄錢、亦 擲此間云々
モム オス ハラフ

扒 八拜二反 又方滅反 擗

擽 上歴 ウツ コフツル
ウキナラス

擁 苦壊反 摩

撳 於擊反 擊

揀揀棟 上簡 エラフ サス
又上 揀揺
トヽノフ サエ フルフ
オソル

攖 上嬰 指、
ミタル

擩 縮擊

捨 オイテ ニテ コレ ココ ウヘニ ヒソ イル ニタカフ スタル ムツモニ 通於字
イツクニ ア ヤ トル シ ニ オク ノソツ ノソム トフ モトム

撳 ウツ

裝揀 呵句反
上戒

輸 ― 但畜反

擎擎 五更反
傍擊頭

擲 方叢反 ―
擲フ 飯谷

擲 上那 挑、拌、

捋 上勃 又キツ
スツ

捋捋捋 谷

攜 谷

擿 サミ ハサム

擺 通籠字 オサフ オツフ クヘル
オツ カヘル カイカヘス

拕 戒策字 又白反
上 挍策

捨揀 所余反 洗
ワカヌ ワシラ

捷 谷 速字

擿 谷 遖字 上 鄭

挟 ノフ

挾 胡槩反 動 ヌミヤカナリ コト カムカフ カヌ

揊 普逼反 擊

揊 今

揊 呂畜字 許六反

抹 上末 抹滅 ツゝツ

攥 撰 朴雹二 上撃手声

揹 呂彗字

擡 上慧 サツ

攪 擾 上爵 梩

捋 他弓 他討反 呂捋字 ハナカム カケハヽ

捋羅 他奚反

丨淡 他汁反

搌 勅展反 長丶

掘 勀物反 ミキル 渠勿反 ホル ウカツ 穿丶 ツヽル 断丶 ヒラフ 又作堀 ナル

据 上居 手病丶 拮丨 掘丶

握 上幄 モツ ツカム 具丶 ミキル トル

丨踬 非姑反 ナハチヒ

揮 索号反

揮 植 捙 呂遅字

撣 除致反

撣 如皆反 揩丶 摩丶

据 上居

捩 郎結反 上麗 琵琶撥

擾 モトル チ ツヒル クヒツ ヘツ

樹 芳舞反 ウツ 弄丶 ナツ

掚 上撫 ツツ 輟手 手

摩 撫 呂摩字

揮 音必 ウコカス ワクス 擲 觧、散、又音訓 クサム

掁掁擫 谷 オシヒラク ワリ オナイル ハラフ

摅 或 ユツル モトム カヘツル ヌスム ニキハフ ミタル 排、辟、外、推、オツ フサク カヘク ツタク スツ カフル 又手ツカム カスム カヘラ ノツツ

㩳㩳 来各反 摸一 カツラ カラム 剅、

掴、

揮掬 上谷下正 西帰反

振 音震 フルフ ウコカス シサム ヒタカフ スツフ ヨル ヒラク スツ 自ヨリ トヽノフ 叢、弊、古、ニキハフ

擣 奴屋反 又女角反

㨖 谷

擠擄 二正

抃 二谷 爪字

揘 ツク スリ シサム ツスヌク

揮 音糧 フルフ ノコフ タヽツ ムハフ ワカリ トル ヘツ ホトコス ハラフ

擴擲 或擴字 音郭

扠 丑皆反 又奢又反 又苦加 カカヘシ ヒシ

攘 谷 攤字 徂回反

揮 音傳 蓬追

㧖 或 布化反

擠 子奚反 又子礼反 オス ヒトシ

攘 音讓 ハラフ シリソク

攮㩴 正

抓 音爪刻 カツ サス ツメ ナツル

擘 正 禾カツ サク ツム ウツ ヒラク

|ス　ツカム　ヒキサツ
ツムサツ　ムチ　ウツ
ヌナホナリ　欣来ㄋ

挂　劃二正　上圭中　鉤又上奎

撩撩撩　上料　又聊上　ウツ　トル　モトル
又略上　老上

擽　谷

掓　上叔　拾

谷　磔字欤

シサム　スクル　ハラフ　イナム　ミタム　サクル　オトム　ソル　クタク　クヒル
キツナ　アソ　ムーサカ　従ア又　又他アメ　カイカヘス　ミリツツ　トル　呉朝

抓擽　二若

|蹢　ムチ　ウチア　トハシル

捺　谷　乃達反　オス　オサフ　サス　トム
ハリ　オウフ

剃　梨正　上剃
|研

攮　奴鳥反　擿

捌　上列ㄋ

擗　上辟　方麦反　ヨコサマ　ウツ　シルス
ウツス　ツク　ヒク　ヒラク　サク　|ㄋ

拄　女錦反　又荏上
搦

擽　同　撜　谷

抑　廉没反

損　上鏁
摥

拵挎　谷　剳字
苦胡反

扠　シサム

捺　正
捺|

搸　津|臻二上　琴
琵琶声

拸　上移　又弋　紙反
如、

揲擽　上桀楪
媒暴桑反

挑　他尭反　カ　クキヤク
クヒル　ナク　タスク

挑　正
擿　谷

排 上徘 ハラフ 作、拯、ヒラク イトム オス ツラヌ ヤフル オシヒラク 又作㯹 トラフ
攋 上頼竟 タカフ ナホ アク カル 前、排、 スツ スリ 折 オシハカル
推 土堆又 又吹上 進、去、 禾スイ オス トフ ヌタイ ユツル ウツ タツヌ キル ムラカル ツク タツヌ オモミレハ ハカル ヒラク
擕 胡珪又 タツサフ ハナル
攇 五葛又 轚
任、 禾タム
抄 上沙摩
返ー カヘリフミ

䧳 遍
撤 攇 蘖不二正 五割又
擔 儋頓三正
抄 正鈔 或 杪 数又 㽉 カスム ナフル ス エ 禾セウ 掠 㽉 、 トル ヌク ヌスム
摩 抄 蓩 何又ー、 揹 扪 摸

攙 谷輸字 皮肝又
𢷾 嘯二上 振手
携 谷 ハナル ヒサク ヒク タツサフ ハナル ウタク
抱 火和又 モツ 擣 ハサム カリ
擺 攞 谷
摸 田 痳 二上 轚手、 剂、 刄人又

排 颯雑二上 攋 破牛
摧 上崔 阻、止、 禾坐イ イタル ハシム クタク イサカフ トル
擔 丁甘又 オフ ミタル ニナフ 擧、
撞 撞 上産 以手 挍牛
ー ヒトニキリ
擴 正 摸 谷

掭摃 二谷 弥字
揁 カタキ ハリカタ
揁 莫弥ㄨ 墜
掑 正

攕 子列ㄨ 又子恚ㄨ 適
摞 上 螺理
撍 千鹹ㄨ 簭
搝 韇 二或 鏗字 若莖ㄨ

榭 上 謝谷 榭字
擌 或 歛字 上 㹅
擐 上 攢 ワラヌノ カキアク キル ヨハミ ヨロヒ コロモキル スル 呉貫 又去 又化ン

摧攉 上谷下正 靃霍 二正 若学ㄨ ホトアラノミ カアフ ウル ハフリ ウツ ヒサク
持 上 遅 タモツ モツ トル タスク クルフ トモ モタリ ホナ

㨖 トツラ
搏 上 團 一石九ミ スヤス ウツ 勬 又 補莫ㄨ
摑掃摑搒 谷
搏 補洛ㄨ ウツ ホツ ツカム サミノ トラフ

繫丨索、樹、貫、至、上 傳フ ミハル ツキル トル ムラカル スキツ
徒搏 トタムナ ウテ
擲 谷 剔字 ヨ 專ㄨ

梧 上 梧邪柱 トル サラ
揕 陟鴆ㄨ サス
揕 䡾 正
攑 谷 基字

掟 谷 旋 カヘル メクル ハツ
摐 縱鏦 選ㄨ 捘 谷 係
摖梮 二谷 揃字
撻捉 二谷 ウツ ツク
摐

摐摐 上窓 ウツ 打鍾声

攙 鑱正

搕 俗合字

扸 上訛 又ノ キル シサム ノコル サク サミシ

アカツ ツフサニ ツイツ カリ

掮 俗 掖 或析正 先繫糸又

一ル オコリ オサフ ヒラツ ハミク 一ヲリ

アハツ ミツム タフル ヤフル 本ト 射 叡ゝ

摠 挖 擽 損 四俗 桀字 艮宅又

攙攙 上譏 サミリスヌリ ヒソ ヌル ヌリ アツム ソスヌリ ホツカ 貫刺ゝ 上ス ツツ

攙搒 或

捔 敏先孔又 刌ゝ 上下 擊ゝ

析 ツモル リタリ カミニル 腰 ツミヒラカニ

擴 俗 擴字 上隨

掎 七淨又 捭

攅 攅字 又ノ

析 上剌 ノフ 布ゝ 取ゝ

析 俗 行字

析 士列又 吳上 節 リタリ ホル シル ヘタ ホツカニ ホカル サカル タツ トム

手 析 ツゝラシリ

手 上故 析 上節 ツゝラシリ

掮 初委又 捫摸 ソハタツ

撥 上銙 スツ ノタリ カリ シサム ハラフ

掇 猪劣又 又上 咄 ヒロフ トル トム ヒソ ハラフ ツム 苑 舟ゝ 拯ゝ 又陟衛又

搠 掉 掉 上俗 中下 正上 銚 ウコカス フルフ サホ サク 訐ゝ タヽミ サホサス

ヽツ シノヽツ 禾ナヽツ
又上又女角反 又正ヽ 呉上逃
擁 上壅 又於龍反 フサク シサフ トム ホウ 扶ヽ 略ヽ 抱 タスツ オホキナリ スヘテ モトホル タヽク サフ ノコフ 禾オヲ

𢹬 攡 正 犨 今
擁 攡 谷 𢷾 古
擁 腫 ツリナカル
𢷾 トル

攜 上至 谷 巂鳥 字
攜 タツサフ
摞 上斬 摞 円
丨子 カリ 采名

擣 上倒 ツク ウツ スリコ ヒホル 憂心ヽ 心疾ヽ 又作 搗 㨶 禾又去
搗 或 㨶 亦
搗 谷 ツク カツ ヒホル

擣衣 キヌツヽル キヌウツ
丨押 ヒロム
掀 許言反 アツ
擺 布買反 ハラフ ヒラツ ウチハラフ

ウコカス カク ハタラカス
攊 コク
揉 人平反 亦煣 タム ウコカス サクル
摇 摑 搯 上割

搵 搵 谷
擡 上臺 モタツ タツ
撞 アク ヒク フルフ

梢 スツ ムナシ ウツ 上椽 皁之ヽ 霞ヽ 寔ヽ 禾同
損 先本反 オトス ソコナハル オホフ スツ 禾ソム

捋 音活又 取又二 採 捋 捋 谷 撝 サス ミチリ サシニテツ ヘル サイル ヒク シミフ 作ヽ 烈衣ヽ ヘリ 上麾 禾鬼

押 烏甲又 又甲上 オス オシハラフ シルス ウツ ツタツ アツム ハサム タル カムカフ シホル サシハサム 長ー ナケシ 擾 擾 谷 憑字 凭今

揆 揆 胡乱又 カフ ハル サケフ アヒラタシ 擾 谷 撈 上労 取ヽ

補遺欠

播 上皺 図 皺 二右 ホトコス ホヒミ ウコカス スツ アカル ケル コニカニ アニ子ヒ ウフ ハナル ホカル ヒロヒ カヘル カフル アフル 按 按 上案 オス スル オヒスル

タツ トム トル オサフ ヒツカナリ 揲 谷 撣 撝 二谷 鞭字 莫安又霞復 摱 ヲナツル

攢丸 谷 攢丸字 擇 上宅 エラフ ハナツ ホナヤツ 擇 正 撂 撂 谷 採 擇 トリエラフ

攊 カ狄又 コツソル 擽 正 コツクル ウツ カキナラス 擷 攠 上例 托 上蒿 カク サクル オロナタリ

托 撓 正 タハム メクル ツタナヒ スヰ ヨロヒ ウル オヤニス オヤス ミタル ウコカス タラヤカナリ シクル 攪ヽ 如縚又 如草又

抏 正
揃 揃 攅 谷
抒 色甲反 ハツル ヘツル
搖 𢲧 搖 上遥 ソコナフ ウコカス ウカフ ウレフ フルフ ツヽミル トヽノフ 又去 ヌヽル
擢 揺 ヤナキ
擹 谷 墓字 初戀反
摷 摷 二谷 炒字 初巧反
抽 ヌク スキイツ ノソク 上惆 ハラフ 刋出 又上 油 千黒 買、

擒 擒 上呂 二谷 擒字
擅 常戰反 ホシイマヽ モハラ
扤 挠 谷
攞 カ可反 コク 制 裂
攢 谷 贊字 サ佛反 破除
攙 上短 轉 徒短反 笞 悟

揃 上剪 ソロフ ノコフ ハムヒル コク 桑 減、 断、 剪古
擅 今
攦 谷 蓰字 討反 小舩
撚 奴典反 ヒチル キル トリヒシク 蹈、 撦、 緊、 勢、
搗 搗 正
拴 掮 揺 谷
擯 上使 オソフ
撩 无福 無付二反
相 擯 相撲
攔 初親反 ツム 亦親、
攪 正 攪 谷
搥 谷 彊字 巨兩反
搯 搯 正 讀、後、 掃取、出、
捞 或又ㇳ 谷 透字 式六反

擓 谷
撙定 エラフ カソフ カス ラツ ノフ サラフ
捋、搏、ソナフ シサム

挂 畏 カケ ニクモ カシコキ

捩 上戻フ定 ウシ、扱
捐擊

擿 カキ

搄 谷 桓字 上九

揉 上柔 トル ツム ヒロフ シサム イロトル
子ラフ カキミル トフラフ

揰 ツク

擸 上留縛、擸 正 擸 或

擃 谷 毦字 如鏈又

揩 大谷又 揩し ツム
鞜古

揀 谷 裏字 上栗

掍 谷 棍字 子カフ

揹 谷 稚字

挂 古壊又 上卦 カク カク トル

撊 与占又

搭 搕 谷

撹 上瞋 擊又
巨雨又

振 カケタリ フレハフ

撐 谷 僐字
章 障 二上 スル

攇 谷 悳字

撰 正 僎 或 篹 又 撰
又上 撰 又 遵

掛 谷 カカル

擅 擅 谷 槽字 ヤクラ

擿 谷 墻字

掙 側生又 動

挈 音 梨 扱

撞 徒江又 呉上
憧 ツク ウツ

挨 族 正 蔵 鏃又
ヤカラ

揆 谷

投 上頭 ナツ イタル ウツ 擿、菓、トル カラム トラフ オク 振、合 オホフ ナケスツ オモムク チムコロナリ アラタム 木又 トウ

擮 戴 丨楔 フ方 正、

打 上頂 チヤウ ウツ

括 上活 クヽル アナツル ムスフ ハヤス クヽル クル カムカフ トヽム 至、塞 ツトフ ハカル イコフ シツカナリ イタム カル オク ニツリ 丨 ホカツル オコツル

挭 上哽 カタシ ヤム ヤニシ トム トル利 ソル 丨槪 大略、

擮擮 谷

拈 トル 上鮎 ムスフ アナクル カサヌ クヽル ツヽム

拄 谷 柱字 ニツ スル ニカル

カイナツ オサフ ヨル ヤスム モテアソフ フル 来

モム 吴 舞拃、有、庡、木舞

搜 谷

提 組角メ トル トラフ カラム ホヒテ、イタル ヒソ 持、急、ノコフ トヽノフ 吴冊 サソ

扎 谷 札字 フミ フタ

栖 スム スミカ ヤトル ミチリ

捕 上歩 トラフ トル 木フ

構 鉤菓メ シサム スヘテ アツム カヌ トル コソ シソル サシハサム ヤヒナフ 木サ

生挭 上ヒくし

拈 トル 丨 敀

棲 スム トヽラ スミカ ヤトル ツム

機 ハタモノ タカハタ アヤツリ カヽフ

撫 孚禹メ ナツ ヒソ ウツ トル カソ

カイツクロフ　ツクハ　ツクロフ
タヽス　カキシサム
挾正　協谷
サラフ　ニカル人
アヤツル　昊億　又ヨリ
掲　苔柳字
擬　ツヽク　奐理メ　ナスラフ　ナラフ　ニヲキル　アテニウケテ　アタル　アテハカル　オモフ　ツナフ　トル　ヌキル　向ヽ　トル　兼ヽ　サシ　度ヽ　シツカニ　量ヽ　ヒトシ
欲擬　ヽヽセムトス
エラフ　トモカラ　持ヽ
捧ヽ　夾ヽ　支ヽ　會ヽ　赤揣
提
𢷠谷

攝ヽ
揠谷㥦
搵　ナラフ　トル
提　上蹄　アク馬　ヒサツ　又上斯　ヒサテ　鳥飛皃ヽ　トル　ヒサク　トフ　未太イ　ヤスシ　ツムスヽ　スヽム　ウツ
抗　ナツル　ナツ
捉搦　トリノミ名

挾　上協　サシハサム　ハサム　又上帀　未キハサム　又子協メ　又ソラス　トル
抑　上憶　美ヽ　意ヽ　オサフ　寃ヽ　ソモヽヽ　損ヽ　クタク　屈ヽ　ヤム　理ヽ　トヽム　成ヽ　治ヽ
柳搊　今或　啇正
打　タヽソ　ウツ
接　上睫　ナラス　トル　イラフ　ニミハル　ウイテ　ツク　タヤスシ　ミチヒク　ツヽク　シサム
搦　女卑メ　トラフ　カラム　ハタラカス　ニキル　トル　オサフ　タム　格ヽ　投ヽ
拌　上半　ホコ　谷拌　字鈌
抲　火何メ　ナイエ　イツハル　サヽソ　挍ヽ

拂 上弗 ホツ ハラフ ヒラツ スツ ノコフ 一子ツ ツサム タヽス ウツ 去、除ー フセツ ウコツ モトル ー欲

扐 上勒 オヨ 上ユヒノマタ ナラス 上倶累、擾法ー 又求上

拐 拐虚橋反 里名

捧 スキツ

扑 サヽク サシハサム 一トカ

捬 フルフ

挈 ヒサク

拙 之悦反 ツタナシ カタクナシ ニフシ コロス 短、朴、呉、訛

檥 ツナフ

撂 ツハ

撟 トル

返ー カヘリテウ タル

積 オツ

托 立駕反 以香油 塗飾ー サヽツ

揯 ミシカシ スヘテ

搯 タノシフ

扔 クタツ ワツ トク

授 上受 サツク ウリ ミフ 一ホル 數ー シヒフ ヨル トル 輿ー 付ー 予ー

植 ウフ ヒツ オコル ヨセタツ

扤 上訛 轂撃ー

白ー ハヘハラフヘ

捄 今作救 アツム 紙ー スツフ ノリ

攘 オツ

捪 ナツ

擐 イワツ

揔 トル

𢳁 フルフ

揤 ツノ
捍 ツモル
扝 クツ
實、ナシモ 木欲 ホケウ
掜 カチ
杜 トツ フサク
抧 コヒミツ
摟 ヒツ

掾 カキル ナキナフ カヘル カハル
搢 サシハサム
撲 ナラミ
擲 オソフ
㨯 ミラカリ
擱 トミ
摞 カサナル
拒 オソツ

撎 ナカフ ツミム ノノル
搕 リヒル
擻 ムサホル
搬 谷搬字
㨾蒲 勅於他奴反 擲、 ─ 拵 拱手、巨 泰反 ─ ─ カリウケ 下又蒱蒱
摶 ハカル
擭 ヌル
頂楓 上風 谷楓字

撍 ウツ
扞 千旦反
撟 飢小反 莫矯反 ヨコタハル フ
掇 ミウツ
擹 アクタハラフ
搡 カニラ
掞 上艶 ノヘタリ ソク

搦 在上　掐 谷　搨 ナラス　搔 上騷 カツ カラム

搖 谷欽　攘 攘 上阿那　摵 谷蹴字欽　攞 抄 子皃メ 通ヽ ｜甯 鴨｜ヽ

捧　擽　搵　掴 上罰 擧｜

摸 摸 下佳メ 挟　擾 擾 攉 扟 撻 捄 撹 捭 未詳　摸 美羽メ 又上真

擗 谷譬字 虚丈メ　抪 古獲メ 打手　掴 揹 谷

杼 谷敵字 口吏メ　摠 谷窓字 於元メ　招 谷銘字　揹 谷鋪字

擷 谷傾字　樍 谷樍字　揚 今勝字　樹 澍二谷樹字

揹 谷楮字　攕 谷擮字　擽 谷爆字 豹 上又入　抍 上畱

廾九

搟列・谷舒字　擲 種谷動字　掙 谷爽字 亦上　挨 ヤカラ 禾ソク

掅 ツヽツ　擿 於靳反 揩　拃 齒隻反切 上ミヤソ

栫 カコフ　楔 上結 私列反 檝 擳丶 ウツ｜ 桿汲水　損 又

木 莫卜反 キ サトル 木モク　𣎴 正　白膠木 ヌテ　合歡｜ ネフリノキ

黄木 キハタ　｜連子 イタヒ　折傷｜ ヒ　賣子｜ ハ或 カハケ サノキ

鷄冠 カヘテノキ 鶏冠樹丶　棲骨｜ ミヤツコキ　龍眼｜ サカキ 榊 賢木 坂木 並未詳

｜依 モチ　歴｜ クヌキ　浮｜ ウキ丶　木綿 ハヒヒユミ

｜兎 ツク 式丶 ミヽツク　樹 時注反 キ タツ ウヘキ ウフ カキ 禾ヒユ　槿 谷

金漆｜ コシアフラノキ
夜合｜ ネフリノキ
栴檀 仙壇二上 谷ラ セムタム 下和名 木タン アミ カサル モハラ ホミノミ ホトコス
石檀 トチリノコノキ 一ヲ タムキ タモノキ
楊梅 ヤマモヽ 上上 楊 ヤナキ アソ 手欲
小｜ シタリヤナキ
椰 正 巨西又 援柜

烏草木 サシフノキ
晝夜｜ ネフリノキ
楊 上猲 ｜猪木 有所表識
桺 俗 柳
栅 俗 人各 栅字

杠谷｜
合昏｜ 同
檀 今 檀 正
梅 枚上 ウメ ムメノキ
青楊 一名蒲柳 一名
欘 上蜀木
河｜ 台
某 毎 ソシ ツコム 古文 某正 ハム 又上 梅酸棗

欅｜ ツヌキ
雞冠｜ カヒル テノキ
榴檀楢槕 之善 又
棋 或
黄｜ ツゲ
柳 同酒又 シタリヤナキ
栁 五浪又 ヨセハシラ 擊繫馬柱
𣏾槑 古

梢子 上月 フヽ ツムミ
𣜩 クチナミ 毒
朱一 ハカ 一ミ ニハサクラ
榛 秦之軽音 ハシハミ オトロ 一名金城
榛 正土臻又
栟 正又木名、打
栟 或判字
㮲欣 亘作膝

棊 名其又
枚 上梅箇 カラムチウツ
黒櫻子 ヤニモモ
トネリコ ハシカミ
橥橥 谷
棓 正ツヘ 又上倍 杯又補后又
桊 上眷 牛ノ ハナキ
㮲 日

棊 上其国一 日弃
櫻 上鸎 サクラ
椿 恥倫又 ツハキノ一
榛 正 一子 ハシハミ
榛 上湊 榛属
槃 正盤 古盤 今 士、タノミヒ スル
樁樁 谷
椽 谷 勝字

棋 谷
櫻 正
椿 都江又
榛 今
棒 上蚌 又包 アヒ ミモト 谷上 ハウ
上般 盃 谷ミ ハン ホハン
棬 棬 二正 上拳 サスエ サス
榏 或盤字 五歴又

榎 上賈 エノキ

櫌 上憂 霞榎、 ナヤニス ナレタリ ナツツ

櫝 櫝 上勣 欏、 サハカミ

楸 上秋 ヒサキ

エタ ハカリ 乎格又鞍ー 又上格木名 ウツ ウカラ 木タリ イル イ乳

榕 呼格又鞍ー ヒトラキ

楝 上煉 アフチ

植 上寔 又直殖又門戸持鎖ー 又志 ウヘ オフ ツツ 木立 マトコス ヨセツツ 心サシ

櫝 正

櫝 上竹 木名 梓仲

柊 楑 名、終葵二上 大推、度、 サイツテ 上推下木

東 都ム又 ヒムカシ 木トウ

棟 正

榎 具 上福 織縁之

櫝 上獨 匱、

櫝 堪 鐀 磧、之日又

鞍ー 又上格木名

棟 上東 ムネ

棟 上役 又习録又 短椽

櫝 或

櫝 上ツハハ

榎 正

櫝 正 匱 或

櫝 上賈 木族 生、木又化ン

格 上洛ー 楑木名 柯領又 拖移ー

格 古老又木名

来 上判 東 谷

棟 所責又木名

栗 上筒 東 栗 右

檍
栖棲 二正 上西 スミカ スミカ ヤトル スムトリノス イヒア
イコフ カスル 谷西字 又去

梄 谷
栭 上而 タヘリカタ
樗 丑乙 与上同 又鵄 張弓ー 箭 又上縟
不觧人事ー皮可染赤如糸 トカタ

ツカ ハツノキ
カヒノキ
檦 正
杣 上四 第二
楢 未詳

檔 上邊 木
檐 正
崇 或
罘 同 谷罘字 工不又

楠 山南 クスノキ
柟栴 正 又而占又 ニセカキ メテキ
柟 今
石楠草 直草ア

樺橦 谷
五粒松 五葉松
ー子 ニツノミ
ー藷《チヨ》 上猪 松ー 三ル

柵 又白又ー 編竪木 ニセカキ
椆
松 聚 叅又 ニツ
容木 右

水ー 三ル
海ー 日
ー明 ニツ
桃 上陶 タウ 木キミラ モヽ モヽノキ カツ

桃 正 俗
丨人 モヽノサネ
丨奴 同
丨胎 モヽノヤニ

丨膠 同
獼猴丨 ミコノコシカケ
胡丨 クルミ
李 ツハキモヽ スモヽ 非皇姓ヽ

麦李 サモヽ
李衡 カムモヽノサネ
桃 薄挙反 船頭丨頭 ツラナル
榑桴 俗

棐 甫尾反 タスク ツカフ
棗 上敷 耩 二正
棗 フソロ ナツメ
桴 上甲 烏丨 果名 似柿丨子 果名

烏丨之柿 ミヽカシ
樀桴 俗作 見上注
羅桴 臂 訴反
樽 上尊 亦罇 元 和名 名樽 去声

漆 ウルシヌリノキ
榑 扶支反 木下 枝エダ 呉肥
榑 有早反
榑 普迷 圖榼

榑 補迷反 桴 槲樹 栽ヽ
棠 上唐 山ナシ サヌツツ ヨル
樘 達庚反 又上唐 又去 柱 柱 柜
樸 上同

檔 上當 車丨
橦 丨薫 茉萸ヽ 下 箭ヽ 又丁浪反
橦 俗
槫 歩皆反 筏

椋 音良 一名椋 カスム ミトニ 木病ノ ツム ツミキニス ナラノキ カシハキ 椶 栶、
棶正 棶 音来 ムツ 栶 音由 二音 以燎祀 司命 イチイ 櫄 或 梓正 椶 一 急 同 二音 谷弓 ミユミ 上 カフラヤ
林 上 梢 未詳 杅 音烏 鐍、 蓬、 又音干 フセタ 一 比
𣚍 音秋 ナラ 又音酋 又音酋 堅木 𣚍、 栟櫚 上音并 ヒラキ スミナハ 一 杇 正 楑 或

桁 音鶏 栫 上方木 又 堅 上 ヒナキ 栞 可穿又 音刊 衍古 きル木 通道路 枰 平病 二音 榻、 平、
桁 正 枅 タミ 一 欹 样 羊 栰 二音 掘、
楯 或 檠 正 桁 音行 又去 一 ケタ ナケ 架、 葬、 具、
衍木 アサル 栫 音予 楷 モチツシ

杉 音杉 一音 緘 スキ 楹 非、 楹 正 次
樧 正 三へ 椉 音瑛 木名
檝 谷 カミケタリ 梓 子音 工 アツサ 工木ミ
榅 音煇 柱、 スキ 一 榫 或

杍 古 タクミ 李字
桒 側読又似 栗而小
梓 上洗 杠ー
桵 上蕤 𨍏 ソラ

桴 浮數一上浮ム子 字亦作艀 イカタ
小日ー アワム サワソ ハナ
栫 盧治又 サイツチ
援 許援又

楦 谷一上通 クツカタ
栢 亦
梭 上詮 木名 又七旬又 上沙ヒ 織具
楥 谷

榽 上奚 木名
榽 谷
槫 正宣 或頭緣又 イチ将ー
欀 櫰 谷

梃 古定又篤ー
桎 谷通
桱 正
橧 榣 上榣樹動、木名、榣通用

樛 正
榣 谷
棌 上采 木名
采 上綵 イロトル ウルホシ イロトリ

ナル エラフ ツカニツル
コソ 桑
椐 上居一上路 ヘミ コニツラ ホソシ 又袪上
柅 上尼似梨 女礼又 ホツノエ

椐 正
柅 栭 谷通 丑吏又尿正
朶 或

楯 直𢼸ノイ　榁 勅鳴又台一名 済柳　𣚺 上字木名　栞 上走薪 又上聚又亭

椒 正　𣛮 谷　櫜 上鳶 ムキムムミノキ　欒 正欲　木丨子 ムツレミニ ノキ

橎 椥 二谷 匙字　提 偍二或　檍 於靳又屋棟　檼 正 櫽 或

櫶 谷上隠 枯　㯫 正　桐 上同丨有四種　杲 古

青丨 ミヤラト　梧丨 上上吾　豈丨　椅丨 上上倚 キリ 已上和上

皆キリ上又上椅 ウルシノキ アヱトルキ欲 アヱトテヒリ カタシトテヒリ　椅 正 柾 上五　桐 上詞 カニワカ

椆 上兕木名　梱 上固丨斗 射鼠　梱 正棍字混渾 二上未剖　杉 上鈐 ヤツレ或 皮白 エツリ

枌 正　傘 サカリ　揄 上東ㇾ同上 又上殊　揄 正

虵楡 アヤメタム 一云エヒスネ

檜 七良反 距、又娭里 ツツキ 又

棆 却同 二上 藏 鋼室、

棯 上含 櫻桃

楡 上倫 似猕椁

柃 零領 二上 ヒサカキ

椰 上耶 一子 木名 カツラ

檜 上會 又上栝 ヒノキ ヒ

檜楚 ヒツ

一曽 日

檎 鑰 二正 鉅 或 奴礼反 楒樹、

檲 工會反 篋、 絖

樣 五葛反 朿古 截、

蔭木 正 臭列反 昊千十 ヒコハエ

梓 檞 二或 ヒコハエ

栯 上蘖 栽ナ 仐千 アヘリ 伐木声 ヒコハエ

木並頭、 キノキリクヒ

檎 上禽 林ノ果名 ナヒ ソヒトル

檎檎 二谷

林檎子 未ノ リウコウ

榇 宅加反 櫰

柃 尋上 業

栓 山負反 キツキ

栓 本こ 月

樅 上從 モミ モノキ

樅 正 或樅

楹 呂通 上盈 慌、 ハヒラ ツカハヒラ

楹 正

樐 未詳

枌 上仍 ナルヒク

极 忽上 又呂葉反 上扈 上扃 牙

樝 知釘反 又食害 メ リハノミ

アテ切ノ又去聲二或
碪砧二正擣衣石
巻板 アキイタ
架 正
槃桑 二谷
梢 在上
欀 人向又木
柏 上細ノ陽山 名
椑梠 綿呂二上 和名糠ノ月一云雈梠下 ノキスケ ノキアテ 上ノキスケ 木リヨ

榿
棎 音槺又都利又 株ノ
桯楳 槃 三谷
桛 舟巨恭又 小舟
欀 上襄 名ルキ 題ノアカラ ハヘキ ノ次
櫋 上毘 ヘ上 篦 ノキ ノキスケ スキノキ
梶 上魂 木名 有棟 円山ラカル 又上声

柀 上 柀槇又 廠或 イタ 呉半又去
棎架 或
柒 上同 賣 上木 毒良
梢 上眉 ーツサ
欀 正
文ー ヤサルノキスケ
楷 口駭又法ノ楧ノ 或 ヌキハチ
雈梠 見上注ー次

柀 正次
梁 谷次 ニト
朶 或 コスエ
榍 正
樣 タルキ
梶 谷
椊 歩末又 行馬
樔ー オロカリヒ ヒツチ 上手到又

枱 䉛鉛 三正 上似乗金 又音目ミメ 榜揺丶 音擊手丶

枳 古八玉丶居只八メ橘丶 カラタチ 被只字 木キ ソンル或筈呉―活 アフ―及

尾丨 シホ子

朱 上殊 アカシ

櫊橧 谷

掤 ウツ

林 或𩹷メ丨格

杲 鳥耳メ 枲正 鳥里メ 雄麻丶 麻有子丶 枲米丶

尾桯 円下盈形三 上榻前九

栿 栿上 又徒結メ 内限 ウツ

飛㯓 ヒエム

梢 上筲 木名

林 莫鉾メ

枱 上部射的 コニヒ

枳椇 只矩二上 カラタチ

碓柄 注欹 牛桊丶 又他丁メ 益杠丶

榰 上塩 亦作笠居

欂 正

村 六尊 ムラ サト 聚落丶 木又受ミ

楂 之茿系メ 報系丶 箒字 スホエフチ

株 保救 三正 旅余メ

枱 正

栝 苦活メ ヤハス ヤサキ 上三ノハス 檜丶

根 上痕 子 カキリ ハミメ

株 上誅 ソヒセ エタ

櫊 或 コニヒ

樹 上跌 闌足丶 機栿丶 シサム ハナフサ

枝 芳附メ丨跡木名丶 而方布丶 アヒタ

柎 於丈メ 木實丶

棍 音交 トホソ 谷トミラ　棍 正　樞 音朱 トホソ ホソ トミラ 本ヽ 門臼ー　杙櫨 二音 託盧 一名下 ハミミ 扴杷
楊 ー ウツキ　樝櫨 又𣘥櫨 カ木 カ胡 又 汲水者ー　㯐 カ 猪 又
櫞 音渠 藩蘺　樓 音婁 タカトノ ホロウ　樓 二正 樓𣚍 谷　橧 音曽 ヤツラ コレキ カミ 露ヽ 旌ヽ 大揖ヽ
棤 音増 豕寝 草ヽ　檑 音嚢《キヤウ》 カミノキ 鋤柄 音薫 カミ　槽 音曹 ムミフ子 フ子 サカフ子 ミキイタ 呉槽
槽 或　杙 羊 或 又 ソヒ 或 弋字 樴 從ヽ ウチクヒ 滑ヽ　桟 ソヒ ソヒウツ ヒクハミ　橃 音伐 筏 伐正 ハナ 蹇ヽ 又 芳吠 又
械 桟 谷　橙 大 盲 又 ハナタチハナ カラタチ タチハナ ヲヘタチハナ 柱 陵 又 又 都 劉 又 カケハミ ハミ 正 可作 隥 呉ヽ 登
栻 音薙 アミカミ 木カイー　械 正 ツクロフ 手 致　械 ヲフリノキ　栈 士産 又 エツリ エツリ カケハミ
音干 一 音賎 ミタチ ミチ カハラノキ 岡ヽ　棫 或 栽字 音哉　棫 音域 白梅木名
又音 箋 ー 香木

栰 正
槭 上戚 匕唑別具 カヽヒ 江海類
樾 俗
𣝨 常惣反 栻 来式 二上
機 竹衣反 ハタモノ ホカツル ハタ タカハタ ー巧之處 弩牙ミ張ヽ オコツリ
梁 上良 ウツハリ ハシ ヤナ 魚釣具 木去
脊 ー セツカ セミ子 牛馬脊
𦐊 叱涉反 樹 動貞

樲 上三 酸棗
械 咸緘 二上 杯ヽ 篋ヽ
桸 上希 杓ヽ 正木ヽ
檝 朱弋反 特
粱 正欣
粱 俗
楓 上風 カツラ シカツラ タカフ 又梵上
構 上 車ー 軏

槭 上戚 木可作車 軜又 可草反 カヘテ ソヽ
楠 右
櫼 或
揹 俗
棘 上棘 赤棘 ハシム
獨 ー ヒトツハシ
構 上椅 乚円上 クヒハラヒ
構 正

檄 可敖反 柱ヽ
𣝨 正
櫼 櫼 正
櫼 櫼 上滅
棘 正
阜 ー ハナハシラ
構 正欣
桂 上計 メカツラ カツラ カル ヒサシ 木円

桂桂桂桂 木詳 又蒲前又枷、家、迦、笋、山矢、

梫 上寑 又平 乙冂上

櫌 正

棚 上朋 タナ ヤナツヒ 又上氷

棚 正

栩

棚 谷

棚 棡 タナ

椽 上傳 タルキ ツラヌ ツカハシラ

椽 谷

椽 トチ

櫞 上掾 木櫞 カフチ

椽 丁角又轚椽 二正 アヒツヒ ウツ

椽 谷 丨轚 アヒ

椽 上遂

樾 谷

橡 樟 豫章 二上 ツスノキ 上クスノキ 丁栻、アヒクヌキ

橡 上象 ツルハミ

樣 正又羊亮又 栩

橡 寳 イチヒ

鉤樟 ツヌキ

鳥丨 冂

橈 エ 轚 上ツカ

橦 上冂 木名 遠江又或為幢 ハタホコ ツリ

樹 谷

棰 アサカホ

榱 上㩜 ツリ チイ 千非

枋 方上 木、

㰝丨 谷亡 スハウ

榜 上游 舡人歌声 泳唱亡又彭上

輔弓 弩ー 又榜上題ー 標ー サツ カチ
般上 又輔木メ 木行ー

檣 上的 屋柖
樟 或 杌字
橎 甫遠 甫還 二反 木中輪 又反 上木 花堅
枸 正
檳 今
柦 月
権 昨回 又柳

椅 エタ
㮶 谷通 棱字
梮 柤 二谷 梮字 ツム
檳 正 根 下
樵 徐焦メ キコリ ミハノタキー
榷 古學メ 橋

搨 槁 正
柧 棱 孤棱 二上 ソハノキ 又四方木 上 ホソキ カラミ 下 セハミ 又上楞
棱 谷
檑 今
桴 呼上木
樃 谷欣
檴 上侯 大木 堪作 船又方 谷通 蒦字
權 ハカリ ツラ アラミ オコツリ 谷欣 アラクミ

檍 上億 アハキ
栒 上陷 エノキ
梮 呲刀メ ー 棺 又ヌイ 名又討 上山 椒 活
檳榔 二上 賓郎
椎 上鎚 ツチ ウツ 上錐 ミヒ 檝ー
椌 谷通 箜字 又方 口江メ
櫂 正直 授メ ヲサ サラキ

棹 通 サヲ カイ

樗 右

楫 上境 呉咨 シチ 桴 博 駙、

樛 正

杬 正欲

椃 椀 桁 谷

枕 枕 之稔又 ミソラ サラ ヨル シケシ 下谷欲去 木シム

ミラ 又輴車下横木 横

横 古

欋 上衢 サラヒ

椁 今 カハ 一ラ 上享 カニハ

榾 上胃 堅木

杬 上元 サ、ソリ ツヒ ウツ クヒ 又牛吠上

杭 戸對又 タツラフ アツ ヨル コハム ムカフ キハミ 縣名 伉字 衛、

机 呉上 五十 五乞 キチ ソヒセ ウツチ ウコカス 五骨又 断、堪、

札 上察 木片、丨枝 アサハシル ナラヘル フムタ

檴 胡化又 木カツリ

榻 上塔 シチ 呉咨

柆 ラフ 楣 盧 盍又 合上 柝声

杌 尤上 柳、臼、

杔 上毛 冬桃

挎 樗 或

楡 谷

樛 居由又 木、 木枝下垂曲

丨子 サ、ソリ

杬 正

柮 正

桄 上光 丨根 木名 キサス ヨル ミツ

檄 正

槩 ハカリ アヒ ハラフ 上既 イ ホムテ 平丶釘丶　既木 正　杚 杚 概 或　梗 既木 オホムテ 上在下

櫈 上偶　机 音九 木似楡 ツクヱ ウツハリ　杋 上汎 一 檨口江 楓木　斗 概 トカキ

杊 杋 居虬反 高木　朴 普剥反 ホノキ 又赴上又撲上 太素丶厚丶 スナヲナリ 本丶皮丶卒丶盡丶皆丶

厚朴 ホヽカヱハノキ　杍 谷 郎 字　杜 ムテ　杬 上求 似梅

梚 上逢 木杖四布　梚 士反 又上粃 搜人 ウタチ 徒枯 他枯二反　椅杞 音紀二上 又三タスリ 下又 似上又枸丶 谷ミ ノコ

杞 白馬反 一上琵 渠筝丶 疏丶　馬梚 ウニツハ　梍梔 上支 ツチナヒ　梔 上詭 黄木

梚 谷　梚 為草反 又軛構丶　椸 衣架 上移 古 提丶 施　樬 上詭 檀木 又去声 水門

櫶 正　樳 古　梔 或梔 谷通　梩 上駭 鋅丶 又都皆反

杞 或

杷 正 ヒハナキ

扗 上賜 徂几

木 任用、通、長、道、性、用、質、抽、加、

柴 上栽 ヒハ シハ ヤイテ ミテミ

柒 古

橡 上壊 一上橡 エムス

欐 ヤマクハ 小桑

桯 アロミ 雄一、

鉾 杷 上何又

摓 攤 或 支 杙 又作 ヒ

枹 上浮 ハチ ユエタ 一欤 又包

紫 正欤 塞、槁、

杌 谷 孔字

杲 杲 忙ヒ 二上 大梁

捌 上別 サ、ツリ

枪 直履又 折薪、又徒可又 又力知又 カケ ヒツ フナタナ 一欤

柁 或作 柂 舵 木、 タイ 呼挟杪 為舵師是

休 虚鳩又 ヤム ヨウス

枹 正欤

枇杷 琵琶 二上 ホソミ ホツキ 間音 ヒハ 上 ウツキ クミ ナラフ 剖、析判 樠

梘 五来又 梘 谷

樂 古

捌 上例 栖栗

栈 上戈 我古キ木 挺、能、泉木、

楤 ナケラウ 谷欤

槐 適 ヨニスノキ カラタチ

柜 赴方又 又巨上

模 上謨 カタキ ウツス タメシ ミタカタ 法、

橅 或
櫄 正
キヌハリ 又去 ミツ 木ワク
蜀椒 ナルハヒカミ フサハヒカミ
槻 上規 ツキノキ 槻上
椅 輢二正 錡或 高月 品ｌ
樕 正
欓 正

栵 正
樗 ヌルテノキ
棺 上官 一上貫 ヒトツキ
榜ｌ イタチハヒカミ 一云 ホツキ
杈椌 砂鵠二上 上文 初縁反
古和反 車上高蔵
檈 上旋ｌ味 短味 又一縣反
椬 櫄 杔 或

櫄 谷勅奥反 ヌテ
橒 上雲 ヰサ 未詳 ヌテ
柩 舊乙 日上 在棺
枡 上朱 トニ元 スツフ 手救
ミタフリ 下キノニタ
檛 上花 竹華反 又策
櫰 正
杈 古

橯 今
横 上宏 ヨコタフ ヨコサマ ホヒイ
椒栟 上蕭 ホツキ ハヒカミ
枓 上主 斟水穴 或作斗
ｌ首 サス
棟 上速 ホヽカラナヒ 樸ｌ
櫄 勅倫反 木
櫰 合果叙李

梃 徒頂反又木

樋 谷通字ヒ

長ー

梠 櫏 木似梧円 下七反又

柩 ニクミ

檟 正

櫻 正

欉 トリノクヒ 上衰

梃 谷 梃 今

櫝 上貴 ヒツ

韠ー

柚 上由 篠

槌 サイツチ クミ

標 上飆 又表 コスエ サカヒ スエ オツ オツルヰ ハシラ 今ミ 記、書、 已上三可在乎

檦 今

檈 今旋二上圜 安

棲 上乾 トサミ トホツ

櫝 谷

析ー

梃 勅反又木、 長

棟 エツリ

梳 上疎 クシ ケツル

檈 正

梃 大知又梃

書櫝 フミヒツ

小ー 膳ー アテノヒツ

檍 上這

横 丘貴又棍ー 木腫節

櫛 谷

桓 上丸 カキ タテモトホル タテミ 木火ン

大ー　オホムチ
桓　上亘竟、又古恒又
槧　蔵漸二上キル　又才敢又牘ー

檕　上訐　繑端木
枋　上方　理、隅ー　アフコ　桟、
枷　上加　衣析ー　ソヒカミ　又ツリ　上駕　拂ー　盤ー　クヒカミ

大ー　ソヒツナ
連ー　カラサホ
架　上駕　カミラ　掛衣具　裳ー　ヒカキ
桔槹槹　結高二上　カネツルヰ

桿ー　上乞日
桿槹　正
楔　先結又　始死ー歯又　エハ又　門雨邊木　ニハサクラ　又ツサ

擶　谷
枯　若胡又　カル　カラキ　カハツ　禾去
枯栨　二正　他念又　進火具　タムキ歟
栨　或

栿椓　谷
橴　上亭　梨屬
橋槹　亦作槁　サヲサラ　二谷下　又鐸上
槁　上考　ノフ　クチキ　ホシ　ナホシ

カル　ツヒセ　禾去
槁　正
稾　谷
栲　上月　以縄織　柳枝為六

栲　正　樗
槁
槁　上高　ヨコタハル

橋 浮ー ウキハシ 石ー 土ー

鞍ー クラホネ 桔 古皓反 アミカミ テカミ ナホシ 足 桔梗 結鯁二上 アリノヒフキ 上又上吉下 ヤマシム 害、直、旋、略ー病、猛椅、

梗 或 トニル ムネ 梗 正 桔 上戸 ヤマエノキ 枯 去奥反 扱、 扱イ

楉 上若 石榴、安石 榴、シモト スハヘ ー榴 上留 若ー安若ーー 若正可作ーー 木名 サクロ 山榴 アイツヽシ

榴 正 榴イ 橊 谷 岩ー 海石ー ツハキ

樰ー 一名榛 上小善 槿 二正 柘 上射 ツミ ツ、又 エヒラ 蛩 ヒラツ 又戸 掂又木椿

橅 肩上大火 槙 谷 檪 樹 上冃上 ウテナ ヤヲフ 榣 力罪又ー擢

椐 上君 棺 ツミノキ 櫟 上歴 イチヒ ミイ欲 又上藥 ー梂 イチヒノカサ クリノイカ 求 カサ又渠竹反、

輻丨丨 ソヱモノヤウ カイナラミテ
樂 盧各反 タノシヒ 子カフホス 又五覺反 ウツクミフ 五声八音惣名 或随 上乚 其作實 去乚 又五孝反 ネラク 又ケウ

樂 正俗
棶 上来 サクキ
樕 正奴曲反 余本勅 以手丨為上字作欲可見 手丨人善反 丨丨未束樹名

校 胡草反 ミコト アキラカニ サヲ
梂 谷
楷 徒念反
林 谷

朴 子小反又耿 上急高
杪 上耿 コスヱ スヱ
梢 所交反 コスヱ 又上翔雄柄
長丨 ホツナ

杕 特計反 獨
杖 トナ
杖 上仗 ツヱ ヨル ツク モツ
錫丨 荅尺定

横首丨 カセツヱ
庶丨 月
鐵丨 カナツヱ
杅 麵丨 ムキツスキ

杖 上妙 感白八 桃之丨丨
栿 正
檥 蟻儀二上 トル 正艤
杠 上江 旗竿丶 牀 前横丶 石橋丶 ヒラキ

槎 大豆 上逍下正 亡加反 シツヘ
檀 槎 或
柤 正
虞 林 古

杶杦 谷

租櫨 莊加又々、杂 上通下正

ノラ持緯ニヒ 長、

稾 タヽミテ 未名九

橘 正訣

櫺 カ度又窓、窓ー車、是 ソヒセ ミヤツコキ

松 而漂 三上北斗 杠、星又常ヤタメ

杁 上肝 エフリ

栿 上伏

柔 正

楺 女时又屈木又 没久又 ヤスミ

櫨橘 ハナタチハナ

ー子 ホミ ムミミ

槙 上彭朴木 コスヱ 上斬谷

杪 上酌 ヒサコ

杁 上仁梁上立ー

樺 女余又 サラ

柔 如周又 ヤハラカナリ ヨミ 木口ミ 直、弱、木ニウ ヤスクミ

梯 上但 カナミ ハミ 木又去

ー皮 タチハナノカハ 一ミ キカハ

櫺櫺櫺 谷

槙 或本槙

枸椇 蒻三正 上短 カラタチ エタ 又去

杯 谷

栟 上枡又亭 トチ又等筝

杂

橘 古述又 ヌミ 一名金衣柚、

柤 谷柤笪二正 丁誕又笞

槙 槙 上貞 コハミ カタヒシ ハリカタ

槙 正

ー椽 下上縁 カラチ

袧 上ヽ詩　檣 上墻 ホハシラ　檣 桴 檣 三正 檝 檣 谷 檣

枸 后鈎反 又狗上　杓 谷　杓 上進 經絲具　椇 上笋 ー鑪

樗 跳木　椈 上菊 カヘ　栽 上裁 ウフ 木サイ　馬槽 ムマフネ

酒ー サカフネ　食ー ウヘノキホネ 牛馬飼　沐ー ユフネ　琵琶ー

棖 上唐 ホコタチ　榯 上時 トクラ カラサシキ　持 竹尼反 椽　桴櫶 右

榮 上瑩 ハナサカユ ヨシ ハナサク サカリナリ 相ヽ 幸ヽ 椂ヽ　橑 上光 攘ヽ ムネ タルキ　橪 今

樌 正　棯 上掩 上奄 カラナシ　ー子 クリ　ー寸 月

櫑 力回反 石似状太罍 罍 罍 罍 一或ヽヽ 又日篳両反　欙 谷丘厳字　樏 力追反 カレヒナ ホリゴ

藁ー カ水反 莖ーヽ 勇　榛 カ追反 木實 蚤白　𣞔 上張　𣝤 上鯀

料 上斗 トカツ 又上主 斟水白ヽ　杵 上豚 手子 築ヽ 木ミヨ　鐵ー　檮衣ー ツチ

譏ー ヒツヽ　楮 上支 スケ 柱ヽ 下ヽ 載ヽ　楕 谷欽　柚 上曳 又与列反 フモノカチ

フチヌチ キツナ　拽 亦　棕 上葉 薄　楪 或

業 正　棄 詰利反 スツ コホス 木ヰ　構 古候反 カマヘ 吴上 候反平上 搆 范ヽ 成ヽ 合ヽ 蓋ヽ 乱ヽ 會ヽ 正ヽ 架ヽ

橒 上 槫木ヽ　槔　果 谷作 菓上 京表 コノミ 谷ミ クタ牙 ハタス 丸ヽ 済ヽ 信勝ヽ 能ヽ トク ケ又

結ー カクノ アホ 飽 餅 爻　棵 数顆 二上 椀ヽ　杏 上荇 カラモヽ アフ サイハヒ　ー子 カラモヽ

杳 一宿卯 フカミ ツラミ ハルカナリ ヒロミ 白ヽ　杳篠 トフカウツ　杲 上縞 日出白 アキラカナリ ヒロミ ツカヒ

柹 上仕 カキ
麻心ー ヤニカキ
ー心 名カキ
黒ー 同

柿 上𣝣、コケラ 名ニ ケヽラ
樌 名芳沸又 木
柱 上注《チウ》 ハシラ コトヂ ツク杖 ツヱ サヽフ 直主又 樹、格、塞、 サヽタツ

東ー ツカハシラ
麻ー アナヽヒ
鼻ー ハナハシラ
柾 行往又 アイテ ニカヘリ ヒハタツ

ニウ 怨矢骫、
柾 乃禁又 枯楕
桎 上質 手杻、足械、 ホタシ テカシ アシカシ

杇 虚柳又 クサシ ソチツタ
ソチ牙 禾ソ
杇 谷
杜 上度 モリ フサク トツ ニツリハ ソウシ

ー中 ハヒニミ
楯 上時允又 閑檻、 タテ 楯正 又上椿木 禾受ン
楯 谷
楯 上円 タテ

歩ー テタテ
㰅 上蔫 木名
槿 上謹 古作堇 櫬、 アサカホ ヒフヒ 予柄 椴、

樺 切八又 岡牛
樹 カタキリ
櫗樧 廢加柑上椴、 下上賈 柚属

椴 ―境 忛
桶 上動又他動又 シテ
火丨
樹 オウヒ
榔 キリ

水桶
菜丨
腰丨
桷 甬 スミキ

欄 上蘭 木 アセ ハシラ又キ
丨楯 上瑜 千手
丨額 ハシラ又キ
櫆榍 二名魁字 北斗柄星

樬 上曽 タテ
樠 上両 松脂
樠樠 上門 又忙元又 枞心丶木丶 松脂丶又上曷又朗

櫔 邁上 木丶
朽 トチ ナチ 義決
樜子 カヘ 上匪 塞丶
打 直庚又又迮 頂二上 橦丶

伐木声 上夕水イ 朩上
柄 碑敬又エ一カ カラ ツカ カヒ トル 本丶權丶尿丶柱丶戈甚又
棟 或

鴨丨 カモエ
檠 上敬 又鯨上 ミダ又 上ダ又 上境
撽

棨 正棨 或上 木車暦録
棨 上啓 又空見又 傳信
棨 正
樫 カシノキ

櫼 上監 オハシニ 図図ツリ兎 権 又上　櫨 以古又 作香 木膠可　欖 上覧 果 楁ー木　槢 上敢

撒 攬 上敢覧 上柱　栶 上因 テカミ 又上絪 木丶 ネケウ　椢 谷 杵正　榻 惻牛又桊

㭗 正　柲 上秘 又必 ヨノヱ エ ヨコタハル 又草名 一ラ 布ル ツカ キル ウツ 剌丶攅丶　案 上按 カムカフ カンムルニ オサフ

ミル ハカラフ ツツヱ 尋丶 驗丶 上ル ミツカニ　書案 フミツクヱ　足別 ー ツツヱ アミ木ケノ　桼 上内 カラナシ 如何丶 遇丶

榡 榡 谷　樵子 亦奈守 耐進 木ラナイ 一ラ カラナシ タラ　榇 谷欲 別名 石榴木　柀 上彼 ノキ

櫬 又覯又親丶 ヒツキ 空棺　㮮 上抬 船上斗　柜 上巨 柳 柳椺ー ー　柾 根 上真 屋梠 ニメキ

㰆 上蕭 木長良 又山 夾 又木良　樎 樎 谷　槭 篇 二上 棘長 臧良　槭 正

楕 楕 掎 二正 所 又靑上　橨 楞 朽 楠 四谷　橈 奴効又 一上 饒 タハニス カナ サラ ノキ イラく

橈 正
杦 許嚴反 コスキ
檢 或
櫞 谷

槲 上斛 カシハ カシハキ アフチノキ
干槲 カラカシハ
榔 胡買反 松 木カシハ
柞 上作 上シ ハソ 一名栩 又昨上

カシ 櫪木ー シノキ キル キル サツ ナカスホナリ
柱 同
樸 上樸 亦朴 コホツ 木皮 ミテリ 治ー 削ー 眞ー 上ト 又僕

樸 正
樸 谷通
樸樸 谷
樸 谷欤

檓 与穀字同
穀 上穀 可在ヌア カチ
檗 上百 木白 キハタ
蘗 谷通

黄ー キハタ 又山梨
榾 上冒 莫没反 又 莫氏反 トカミ 鼠去
柏 上帛 カシハ ナラ ウツ 谷欤
栢 百上 カヘ 一名椈 ウツ 谷欤

ー子 一名榧子
巻ー クハツミ クハコナリ
栯 櫝 一名ー工
檝 上妾 一上集 カチ サヲ 一名橈

ー師ー カチトリ
檝 同
楫 上通下正 上集 冉ー
楫 胥 絮 二上 木 船ノカチ

椙 今
栂 キ、ミ、
トラフ イフ ウサム ハカル メカミ ニサ
スケ ミナヒソ ツチモロ
檗 二正 クヒキ
注 本 谷 モト モトツソ モトヰ 上叨
亦平 木ホン
末 莫曷又スヱ 木ナナノチ ナミ 無 ハミ
薄、 嶶、 岳、 老、 遠、 切、 ウ剣 ラ
イニタミ スヱミ ナミ セス
木ミ
檜 一 ヒソし

橋 正
栢 上楔 又エ ハ攴
櫪 戎
檠 捴名 千朱非 五穀
榲 一 スキクし

樽 而勇又徒
梟 上薩 子門厥 ニサミ アト ニトノリ
橛 上厥 门户具 ホソミ コシカタ トミキミ ツヒキ クヒ
檿 梐 橺 橛 谷
本 円
由 スヱノヨ
榑 クし 上技 海水 桒 神木 日所出、壁柱、
樽 谷欲

揖 正
桐 アフ ニル ミル カタチ タカヒニ トツミ ハケム
燒火麦中子欹
櫟 心ノ ハミウ 禾サチ
棊 右 本丁
未 無 沸又 不、 イニタミ イニタミセス
榑 上博 貿、又乎 千又 壁柱、

榑 上一 臯一 楯上 横木
榭 谷剥字 丑椽又
㰖 檄 遖又 杵霞
呉一尺
栫 正
汀丶破丶斫丶
一名 梀
梢 古玄又梡丶 槅 正

榑 未詳
椁 上郭 エツリ 一云アリキ オホトコ
樾 上越 コムラ
栫 谷通
杤 谷
櫪 上歴 飼馬具丶 ミキフタ
梀 ム丶
樇 他果又 臭小而一 諂蝚長丶又 徒和又 蔵瘟ハ丶

樠 丶居菜又丶
槨 谷 槨 同
㰂 谷䑞字 取虫斆丶ハカ 巨亮又
梧 栫 谷
榎 光歴又 又特絶又 怙
櫪 正 槽丶
楮 郁有二上 木丶

樠 平碧又
樟 椁 普耕又 木弩
析 上錫 サツ シル カリ ヒサシ 多
栫 上記 撃一 宋夜
橘 鐍 二或 鬩字上 勅 テコ ノフル
榔 郁子 ム丶 郁宜作一
抾 谷佐字 上在
樸 所責又 ハカ

櫤 上莎 ツキヌ スミヤカナリ 楚各反 棟、中、已、梢、用、放、殊、高、遠、 木五ノ

櫛 側秩反 クシ 頭 チウヒ

剣ー サミツミ

極 渠憶反 キ公 イヌル カキリ

朮 時聿反 シケツ 作朮 莇 黏粟、秫字、直律反 述

栗 力質反 クリ サツ ツハミム ホリチ

撰 上撰 架名

擇 月

撰子 クリ 木決 キ決

栗扶 クリノミフ

ー剣 クリノイカ

ー黄 クリ

櫕 在官反 アツム ヒキリ

櫕 俗 篆字

椿 上積

樁 俗

檖 上妾 取飲具

楉 上鵲 皮甲 錯 所以壅水

楮 正

櫓 猪略反 鑺

櫧 張略反 筯作ー

櫟樛 楚篸 所錦反 フミ ツチ

梌 山今反 長木

椮 正

樽 朕尊 ニ上 屋前

樽 正

樽樽 上尊 ハヒノキ

檮 同歳〃 帰竹丶 又遂上

檮 上衛櫝

楚木正 檋谷

樺 樺 若結又 ｜瓶

樉 谷楚字

椎 椎 丘兕又

棲 谷棲字

柢 柢 是支又 桃丶又 雄柄

椛 巨多又 比神

柸 今丕 或上 帝子 ソコサシ サシフル ツサヒ モト ウタチ イタル

柢正 柢 イタル

梒 䓿 谷鷙 字上木

杇 谷弓字

枸 居玉又 山行岳 ｜施 儀才履下

梶 上考茉萆

櫈 或儗字

檑 上梨 ヤマナシ

櫳 杷 龍 或龍字 ヤマナシ フ

枘 上鈉 フタ ウタチ

桐 或輌字 上同

櫛 櫛 谷扁鮮字 占旱又 祐丶 楽穢 岸木

橈 月 モトコハシ

柚 弋救又 一名 櫾 由上

櫾 同上 混淪丶 阿隅 長木

柙 上匣木

柛 申木自 弊｜

榑 上真 楸属

榑 以井又 又軟上 ｜東束

杼 谷

櫾 上條 和名上 柚丶 枝丶

楧 上英 崔梅
榹 上斯 又除黒反 山桃
𣘘柹柹 谷
梯 サイハヒ

柹 勃細反
樑 上沙ー棠 木名
樿 之善反 木
榑 専鬼反 木

㮩 青九反
楑 葵上 木名
橅 上瘋 楡無
榹 正

櫸 上彝 木、
檄 之芳反 檦、 柳、 又作杭
橀 乙刀反 榫房
檸樠榗 子心反 青皮木

栙 正
㰎 リヒチ
㯞 上息木
栩 羽雨二上 栩ー トチ カミノキ

榗 上前 木
櫡 正 櫡 谷
梢栺栺 上脂 杤木
橧梢 上字

橬 布蟒反 ー教
楮 楮 諸 楮 観二上 カチノキ ハキ 又上貯 又
柠 或 トケ

桴 谷 欽 トチ、キ
櫧 正 者畀或上 諸甘柘
豬木 猪上 ー槃
榀 披力反 以木有所迫速、又福ー

欏 上羅丨 丨椸丨 木丨　椀 正 鈚 鋺 二或 爲管メ 丨ホテ コロモハリ 盌 正 二リ モヒ　梡 柳 歎浣 二上 断木為

四足　栱 枓 䍐上 又卭上大弋　𣗳 奇列メ 今正 古君号 キル　𣗳 列𣗳 各

𣗳 カモコモ ウルフ キル　梨 ハル　𠌫 イチヒルヒ　磔 ヱル

𣗳 𣗳 上槃色　株 未詳　𣗳 𣗳 丨直丶 ホツリヒ 上𣗳 二尺青丶

𣗳 正　𣗳 闩　櫅 子号メ丨白 棗 𣗳丶　橞 上恵木

橞 正　楕 上游木　𣗳 上頻木　𣗳 上𣗳木

𣗳 正　𣗳 或 𣗳 谷　𣗳 盧割メ木　棹 上亦木

椴 蔎 二正 上斂 茱萸 ツサヒ　柂 上杉又成西メ椐丨木 オサフ　羅 柂 是 美メ

檵 上計 枸杞

檿 一藍又 山桑

棻 正

樓 正

馬𩣡木 崟丁立又 又読上盛

枒 莫煙又

柯 上哥 ヒコハヒ エダ カラ ツカ シノハエ 法丶 埜

槸 正

𣟴 正

榛 上七又悉木可 作状

榕 上容 又益丨

棆 上倫 木

栲 許橋又 木皃 玄、星、

椭 谷

槷 上藝 車 輞又 上薩 射 的 ソサヒ

栊 上詮 木

榔 正

櫻 注浪 果名

構 正

栲 上翳 丨楢 宮名

榕 口吏又

椅 上椅 長

梆 下俗又 角械

枒 上匠木、 蒔 或

榜 上芬 香木

樓 上郎 木

集 上蕤木 弱 又ミ女 懦又

杉 上歴 又了

𣏌 上忽 高

槷 上藝 丨木 相摩

栥 椞 上節 樽 櫨、

櫋 コシキカタ

櫋 上綿 屋笮

櫳 盧江反 房室之疏

槈 或耨字 奴豆反

柫 弗佛二上 連枷

榼 苦盍反 酒器又 各蓋字

檞 正

カラフ フヒ カシ キハツツ

柯 上卞 モチツヽ 楷

樵 若斬反 小戸

櫋 泥鐊二今 莫千反 虫名

棗 上俱

杯 上盃 サカツキ

榼 正 榼 右 サカツキ

㯰 上帯 提其横 者上弟

㭫 上淌木 立死

梓、杆 上手木

榡 正 床 或

槾 鏝

樿 上暉 又渾上 梨輔

栝 正盃 或匿 𣘻 困 右

梟 居玉反 擧 食

桙 下江 又一 雙 机

構 各通

㰂 上疾 杆

櫳 上龍 尋檻 マトリスル チエタ

梱 若大反 門橛 五昆反 ヒロシ

椵 胡叻反 又胡貞 橦樓又核盡 二反

榅 榼 谷

榠 上朕 掃

栫 在見反 カキ ヽセ カコフ

巢 士交反 ス 木サウ スツフ トリノス

巢 正
樔 谷澤中守草 摟非鳥巢
杪 姉未反 谷 [illegible] 槲、通
欇欘 二上 欇菜 匙属

巢 谷策字初草反
橾 䕸之反又速傻反 車轂中空、轂或 于到反 鄭
梭 艘二谷通䕸了反 舩 如 サヘル エラフ
椶 艘二正

檇 醉随尓檇三正 以木有所擣
檇 正
擣 従刀反斷木
檮 正

櫂 或
檮 谷通
榒 上騈木
槲 上西 攊｜ 柙梢、

糜 谷腐字
桲 谷茇字上鋍根
欅 谷欅字 衣｜
榒翇 女角女草二反 榒正 手欲 手校

檦 良甚反梁
檦 谷
椳 始限反栐蓋 又竪上
樝

櫙 任合反横枝、 木名サヽサム 谷欲
楝 谷杖字於火反 桃出｜
棃翇 谷通稍字 上翈 ユタチ
楳 提

楊 陟草反楊字
楊欅欅 谷欅字七乱反 下谷鑽字
杰 谷士字

櫕、正 一 贊之字上 賛 小杯
㮒 埋正 上门
橎 蒲本反 車弓
槒 上縮 樚
𣜅 徐门反 採木
𣜊 上舄
檕 呼奚反 堅 縣心
𣞤 上春 又悬反 又鄣 上门限

欐 山支反 又力帝反 以樂以屋大梁、小船、
椋 土江反
㯲 上禁 格
桲 上勃 車加
棲 上胡 大棗
樢 蔦二正 上鳥 ヤトリ ツタ
𣞪 上嵩 木名 一 櫹
罘 奴流反

櫐 谷畏字
𣝵 棜 於據反 樽
杖 上決 捥
柞 昨沒反 挂頭肉 札、 ツクロフ
槝 上鳥 桑、
榞 上元 木
蘀 二正 託上 落

欀 谷
槳 上蒋 櫓 櫂 小擑
榼 津恐反 盂
楩 毗錦反 又木似 栫
槫 上容
桹 上呂 木
槩 上顏 食一
棰 千戈反 一 椄 櫨李

搠　所角反　木
樒　上密　大木
棚　上伏　一棠樹
樵　去嬌反　泥行舟　ノカリヱキ
㭫　戈瓠　胡化反
桑　上喪《サウ》　クハノキ
槵　俗愚字
櫌　上衰反

橺　タチノツカ　ツカ
榓　櫁　上密　香木　ミチ　ミキミ
樰　上覓　輔轉　木名
柚　上由　膝
椅　禹加可反
桑　今正
櫘　上資
棱　俗挨字

棍　禹敫反　一桐　鎡柄
樓　於范反　田ハ
檝　丁栗反　到
楶　上突
榱　乃可反　一木盛　椅
桑　古
枸　上劬
枸　上劬

柭　蒲跋　矢末
檖　蕤惣反　盛　筋箭
楮　胡茅反　杭子
楞　椤　上愣　陷井
榡　植占反　木似梨
楝　胡結反
椈　俗鍋字　居玉反
榘　上渠

⿰木夜
榾 上骨 猾ー 木 アレタリ
椅 モチツヽシ
杣 未詳 ソマ
ハイテ 皮
樢 ハカル シミフ
柮 上兀 杌古ー字 又蔵活反 断ヽ去枝ヽ聚ヽ又都訥反
三ー サイクサ

欐 上礼 船
⿰木霧 ハシカミ
枝 ヒタチ
相 クヒセ
棃 正欠
⿱維木 子入反 アフ
檯 上基木

⿰木⿱益皿 谷
⿰木屈 クヒセ
桙 ホコ 正鉾 亦鉾 キノホコ 木ム
棔 上昏 子フリノキ
⿰木前 オレニツキ
榍 クサヒ
枝 上支 和ヽ エタ 木カル サラ
⿰木忌 忌上

橯 尸積反
梶 カチ
渠 上遽 ミソ ミナソコ ヨロシ ナムチ 木ー
棃 上離 十ミ 木ナル 借声ツヒヌリ ツキヽ
槁 メチ花 ヒサカキ 一サシ
⿱鄉木 フサノ 谷欲
助ー ヒタチ
槵 上与 官患同 大ン 木ー名 木 无ー木

椑 亦

桼 桼 桼 桼 谷或正 又漆上 七木反

森 林 楞 楞 楷 桴 未詳

雑 或雜字

矩 或矩字

𣡽 楚歳反 重祭

枭 サハツ

似支子其葉可煮為飲甲採為ー晩採為茗又ー途亭ア可ー青之

撿 居儼反 甲ー 栝ー 察ー 速ー 構ー 撿通用

榠 實塞反 木ヒナ

祭 谷政字

梨 告結反 剡

欄 ハナツ

檝 ホコ

欖

椋 未詳 ハシサワ

杳 喪

奪 奪字

棄 痰 カツフ 今正上 繩 カツフル

楊 ツカ

朼 ソヒ

荼 居李反 居厚反 木ア

牀 谷作床 上庄反 トコ

泉 訓円

朱 上珠

楞 魯登反 ソハソハ

楨 ヒヌ

茶 宅加反 春蔵草 前㒵湯頗ー 小樹ー

豪木 豪木 今正椿 丸二上束

橐今正 上 囊 通 奴當反 㯻 正 櫜 普到反 普勞反 大張皃

櫜 名 橫反 滿 橐 古刀反 大囊 櫜 上 託 無底 囊 古回 林 ハヤシ キミ 木リン

森 所金反 又作㮽 𣛮 又生錦反 イヨヽカナリ フサナル アツム イヨヽ 森 谷 楙 上 茂 木瓜 モヽ ツトム 盛 茂

棥 棥 谷 彬 古 斌字 楘 上 𧀰 芬 棌 上 祿 フモト

麓 正 埜 埜 古 野字 婪 盧含反 カタラフ ムサホル フソム 𣡕 𣡕 房元反

｜石 藥名 森 力感反 愁ヽ 入林 正 林 千感反

棽 上 琛 木枝 ｜｜而䕷 梦 上 汾 屋棟 棼 扶云反 カコフ 棟 屈 ミタル エツリ 𣝕 梵 上 求 荊｜ 亭名 斬市

𣞤 谷 魔字 上 摩 𣞤 谷 鶩字 上 木 梵 梵 浮泛反 禾 木ム 楚 楚 イタム メカミ カル ウツ

上通下正 又ハヘ井ル 齒丶 ホソ

禁 イミム トカ ニホル ミヤコ フセソ カタシ ヤム イム

𣜩 ミタル

𣝛 ソフ ウレフ ムセフ サカリニ 丨トサカリニ シケシ ヨホ丶ナリ ヨロコフ フサソ ニホフ シナフ

攀 普姦又刋丶 𢪶丶ヨテテ

攀 上谷下正

欝 サカユ イフカシ イキトホル ヤ

樕 上樊藩

𤜱 上恥 移蚕 就寛 又勅 景又

鬱 正

𣚍 谷 㦛字

大 決 法又 イヌ ホミイニムニ

獅 上師 丨子

狮 谷

狻猊 酸蜺二上 師子一名丨丨

貔 貌二正

犮 谷大字 胡鉉又

猩丶 上生 獣 能言 又上星

狌 或

猅丶 上翡 獣似 人言語

猕猴 猕猴二上 サル

猕 谷 イカル

獮 正 欲 コロス ツキヌ

猨猴 上園 下 サル ヨウ

猨 通

猿 谷 或 ホカサル

猿 上表 又疘

三八九

雅淵 一崖 水名 右
狸 上 欶厘 タヌキ タヽケ ネコマ イタチ
猶 上 猷 ナラフ コトクシ 犬子 ヨル ミチ イフ ハカリフ ハカリコト カリノコトツキ

猎 谷
夷猶 上 ウラオモフ
ー子 トリコ
猷 上 冃上 亦猶字 アミ アチ ハカリコト ノリ

犲狼 上才 郎 乚 皆 下 ミタリカハシ オホカミ 上 一タ
豺狼 ノオホカミ
鼠ー イタチ

狼狽 アハツ
狼抗 ハラアシ 禾ラウ
狐 上 胡 キツネ ツツネ ヒトリ 野干 禾去

狐狳狳 谷
猱狌 上乃 叓又 下上 蹇 一タ 上上 柔 猴属
玃 或 猱字

猭 上 篆 ハヒル
猯 ミ 上 端 又旦
獳 女溝 又 又 儒上 ツカム
獳 正

猪 徵居 又 井 一名 𧲆 一名 豕 正 豬 禾 チヨ
野ー クサ井ナキ
猔 上 氣 リカル 又 上 權 縣名 又 銀 上

貍 上 薫
猗 上 奇 又 イ乂 ヱ又 木リ
狗 上 谷 下 正
犳 上 灼 獸如豹

犳 上玄 獸似豹
欺ー オホカミヲヽチリ
犄歟ア
猶 旋𧲣、吴矌
戾 上麗 ツミ モトル イタル
ー訥 タテマツリイタル
僄ー トヽ 上迄妙反
狗 タクミヽキ欤

猥 於隈反 アツエル ヌミタリ イヌル ニハカニ マカル カハシ イヤシ 吴 未イ モロヽ
犄 ヽ 上倚 トウルカヽ 又犄 トチレリ 於人 ヨヽ 毛、姓 アシヽ サカヽ ワリカル ウルハヽ カメニカル
猛 莫梗反 タケヽ 未ミヤウ イサム
狀 狀 上通下正 サカユ カタチ 鋤亮反 カタトル 未謝ウ
狩 上獸 赤獸字 カリ 冬田 未守
類 上涙 タツヒ
獸 上赤 エラフ
猥 谷

猛 猛 谷 猛字
獻 獻 上通下正 サカユ アフ 未後ム 上憲 タテマツル ススム
義ー ヨミリ ヨヽ
猾 上滑 アレタリ ミダル カムカフ
臭 赤救反 ソサヽ 谷臭死欤 未主

猥 上忘 オツ オソル
犯 上范 ソカス 未ホム
犾 組羊 組尚二反 壯 莊藏 三上 強犬、
狡 上絞 猾、徤、 モトル
狃 上糅 タノム ナラフ
臭 古関反 驚視 驚イ

㚲 オコレリ 猨 狖 ノサル 下上友 犻 上平丁 ニハトリ ツヒニ 獍 犺 狖 狆 四谷 貌
宊 上由 タチ タチ 又育上 犺 円 猶 莫佰又 ミツカニ 獏 二正
狎 胡甲又 習ヽ ナル ナレタリ カハルヽ アナツル チカツリ ナツツ ヤスミ 昊甲 狭 狹 正令 上洽 サミ セハミ 禾キハサム 或狎 守陜 三正 陜 古 禾ケフ
獨 上讀 ヒトリ ムナフ ヨル カモメ 猲 獥 オツル 許猲又 猲 犒田犬ヽ 又呼曷又 獦 上曷 状如狼而 赤首鼠目亭
如豕 名日丨 狙 但丁 獵 獵 カ葉又 カリス アナクル カル カサヌ 音レフ 獵 獦 獦 谷
鵝 カル 丨師 カリヒト 丨者 円 遊丨 カリ
獲 上畫 ウトル エモノ オノノ名 禾キヤウ 喢 齰 嘬 クラフ サク サク 次ク 丨 ト ハオトハキス
玃 上攫 オニコ 玃 或 狀 狀 上留 上谷 下正 狀 上銀 兩犬爭

三九二

犬 正　獺 上脱 ヲソ　獺 俗　狢 上鴟 ムシナ 正貉

獄 上玉ハ コリ ヒトヤ ウツヘ　𤞩 同　狢 上領 又斛觸ー 獣如鼠白身　狢 巨鴇又犺

狢 俗通　默 上墨 モダル　獣獸 並正 上狩 ケモノ イツサ 禾平去

獢 許橋反　獢 正　猬 俗蝟字 上謂　獞 俗種 俗通 恵龍反 又之隴反 又去声

猈 俗得字 上徳　猈 上罷 短脛犬 又連買反　獪 古快反 狡ー　狢 或

猊 俗況字　狚 俗駏字 上巨 畜 如馬 駏驉　𤢊 俗驢字 上虚　狚狚 上疸 不潔 又七盧反 猿之

別名　狚 音旦 似狼似犬 獦ー 食人　猗 俗猗字 烏可反　𤡿 俗㩦字 乃可反

𤝞 俗旋字 如氏反 詩ー 千風白 ナヒク カツ一行カ　猥 上貝 狼ー ミダル　𤞋 ウツノ

猨　五加反　又玃上　獸似獼猴長尾

猗 猗丨正

猘　上四リ　狂犬　又章　廿反

猏 丨正

狑　谷　羚字

犴　岸汗二上　胡地野犬

野犴　丨許丶　可作干

猱 獶 狰 獰　四谷　野字

犯　神氏反　又獸如狐　白尾見則兵

猗 猊　ナヒリ

狧　上塔　犬食　又祜上

猎 獡　䗶　三正

猪　豬二或

獝　或龙正　莫江反

獏　胡刀反　犬声

獋　正

獋　谷通

猳 貑　二正　上加丨　斗家

㹢 獶 獶　谷

猗　月

獝　各　畜字

猖　上昌　丨狂

猇　平交反　又戶高反　虎欲齧人声

猼　谷

狒　雉上

狢　古刷字

獹　力吾反　犬名

獹　正

𤡮　谷　貙字　勑于反　又昌于反　似狸

𤢂 獶　上曹反　作勞反

㹻　谷　豪字　牛既反　豕怒毛豎

三九四

猘 音𪊲字 二朱 黒虎 カヌ ウラム キラノ ウラヤミ シサ ホザリ
獠 上老
儥 オワル ウラム ウタフ
獷 古猛反 慶、覺悟、又九往反 コハシ タフル イヌ
猼 上博 下一 縣名
獪 ヨ知反 龍、
㺒 上華
㺜 音
猸 音麋字 上眉

獠 上老
儥 オワル ウラム ウタフ
猸 猰 上䧟 疾跳、又古鞋反 急トシ ホトハシル ツツナシ
獗 音擨字
獖 音豶字 上汾豕 又ニ房吻反 犬
貂 貂 音貂字 又玄 上䫌 短尾上 今下正
獡 音適字

獠獠 音 カツクカヌル
狽狽 二 上尨 三音 退字
獱 音
犴 上硯 又五諫反 逐虎犬
猰猰 烏八反 獸 又猰 上
獫 上険 小狀凶

猜 チオヤ、ナム ウタカフ ワラシ
㺀 音熊字 上雄
獚 上黃犬、大豕、 クルフ
猫 音苗 貓 正 莫交 ネコ カラネコ
犴 正
獜 ヨ山反 ヨ珎反 犬走
獗 𤢖 二音 斑字
獽 正

獫猃 ヒラフル
𤞞 谷懇字
獽 奴刀、ハ又鐃儜、 二上
𤟏 谷

獡 餅灼又驚
㺚 谷
狍 歩交又獸
犺 谷

𤜲 谷毦字上毛
𤟹 谷𣪘字
峙 堅上
狠䝞 貇字 猾三谷

𤞛𤟀 谷𧈪字
𤢪
𤢪 谷剝
𤞷 上必

獬 谷避字
𤢰 奴巧又駭、又胡巧又事蕺又若交又 多智、又呼交又
𤡲 谷

猢 谷遁鼠胡字胡上 鼠戠 鼠胡 獸名
衝 谷鼠戠字士衡又
獏獏 莫表又
𤡈𤡈 二谷杪字 祖昌又

𤟌𤞙 乇角又
𤞴 谷惇字 徒到又
狼 上葯 犬圂声
獾 上歡牝日ㄧ 牡日狼

犴 或
𤠰 谷
𤢸牝 𤞫
牝 谷豚字上乜 豕子

犵 正次
猎 藉鵲二上 獸似熊黒色
⿰犭覽 谷欖字
⿰犭主 上注 黄犬黒頭
獥 荒檻又 又陌 上小犬吠
⿰犭叅 山檻又賊嫉〻 又森上
⿰犭亍 正
狟 丸上犬行 ウカラ

⿰犭蚤 早上
⿰犭習 正
⿰犭肖 上消 狂〻
獀 上捜春獵
⿰犭無 下斬
⿰犭參 正
獒 上敖犬高四尺
⿱攸犬 ⿱攸足二正外上 速〻

狘 許聿又
⿰犭足 上鶤宋丙良犬
⿰犭𠬝 谷服字 又奥訖又
⿰犭叜 正
⿰犭兼 正
⿰犭番 上煩又弁上 犬鬪
⿰犭去 去却又
⿰犭昜 陟格又犬張 导

⿰犭思 英皆又 惥〻 ⿰豸思正
⿰犭足 今
⿰犭婁 為戈又小狗
猜 七感又千穴 出頭〻
⿰犭戋 女産又掣齒
狤 崖銀二上犬 吠声
⿰犭隶 力跡又 又零上 健犬 鎌或
猌 魚靳又犬張 齗怒皃

猌 正
猌 上佩過弗取
獮 相善反 カル
獮 正 アヤニツ

獮 像獮二谷欲
狣 上兆犬絶有力
狣 正
獟 五弔反狂

獟 正
猙 争静二上獣 如赤豹五尾
狛猷 百駕反又 百上獣
獌 莫半狼属貘或

獌 正
猵 上邉獺属
獱 上頻獺属
獱 正

狨 上戎獣如猨
⿰犭因 上咽獣如牛
⿰犭翟 上濯蠗或如麻白尾馬足人 手四角亦禺属

猑 上渾獣人面 見人笑
[illegible] 弋療反雌鼦
猑 士玉反嗤
獢 許橋反大黄白

⿰犭盈 上盈似狐黄 黒
⿰犭盈 正
猭 丑銷反大走 草ハヒル
⿰犭亭 上注亭名 在沛

狤 上吉狂
⿰犭田 上田佃獵
⿰犭廷 持勁反猱属
⿰犭廷 谷

玃 上玃犬生三子

獼 上顔犬闘声

獗 渠蹶又犬生一子

猓 上禾

獙 上然猓。獸白 貧黒文

㹢 今陛字 布号又 獸

獄 司笥二一獄 空

犺 与准又 獫ー

狜 未詳

猒 一監 イトフ 一厭 離 ー足 異 キラフ 木云 又通用 又於甲又 去上入 三上

狂 クルフ タフル イツハル ヨキル ホレ ヲロカ

猒猒猒 谷今正 一厭 或

猦 ウツクシ

獥 上叫 狼字

猑 三タリ

獐 三ア

獥 シリソク サク

㩻 ワラナル

猥 ミタリ

㺗

狘

狶 上喜

猴猻 上孫 胡孫 猴ーー

狼毒 ヤマツサ 草类

犴 昌宛又 苐

嵩猰 貌比 娌反 國名

献 谷 獻字

㹃 通 萬字 技沸又

獻 谷 戯字

猉 三

猬 三名ル

一挍了

觀智院

類聚名義抄佛下
末

牛 牛 卅一
片 爿 卅二
豸 豕 卅三
乚 卅四

几 九九火光元 卅五
攴 攵 卅六
八 各 卅七
大 卅八

火 卅九
黒 卌

天理圖書館藏

乍《コ》　卅一
片《ヰ》　卅二
豸　豕　卅三
乚《オツ》　卅四

几《カイ》　九九几　光元　卅五
攴《ク井ヨウ》　卅六
八《ハチ》　卅七
大《タイ》　卅八

火《ク禾》　卅九
黒《コク》　卅

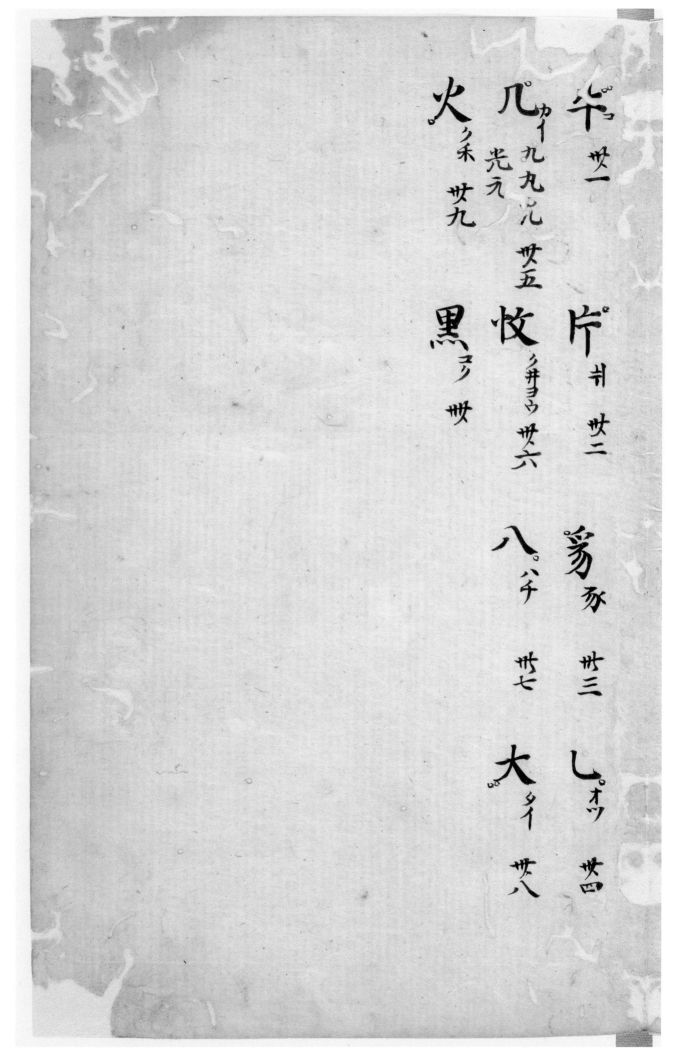

三

類聚名義抄

牛部第卅一

牛 語求反 ウシ 禾ゴ
黄ー アメウシ アメニタラ
馬ー ニイ クルマヒ
乳ー チウシ

犞ー ヒコホシ
天ー
牛扁 タチアチクサ 下甫典ハ反
牽 玄牽 正 苦田 苦見ニ反 禾ケン ヒク

牽 牽 谷
牟 上謀 禾ム
莫ー ニクモ
牢 窂 上労 カタシ

養牛 馬萊ヽ カタム ニタシ ナコト
犂 上黎 スジ コロホヒ カラスヘ ウシクハ 禾レイ
犁 正
犂 正

犁 谷通
犂 谷
犂牛 ニタラナルウシ タカヘスウシ
涅犁牛 梨黎 三上

犀ー 上西 此間上サイ
犀 正
犀 谷
犰ー 犀
犧 戯宜反 イケニヘ

⿰牛主 主 イケニヘ
⿰牛憂
犻 普外反 二歳牛、
犙 上三 又山出反 又且含反 三歳牛、

⿰牛余 今 アサヤカナリ
牭 上四 又大二反 四歳牛、
⿰牛貳 犕
牞 上刃 ミツ

犧 正
犧 今
牡 上母 ヲウし シケモノ
牝 上頻 又上婢 メケモノ ツルフ

⿰牛比 谷
遊｜ 谷云 上ヒ ツルヒフ
⿰牛平 匹耕反 ホしマタラ
⿰牛并 谷

⿰牛冓 古候反 チしホル 呉候
⿱魏牛 上魏 又巍｜ 牛即犢牛、 肉重如千斤
犢 上讀 ウしノコ コウし

特 徒得反 ヒトリ コトこ タクヒ タヽ ニヿ ヒトし オコナフ 禾土久
犆 谷
犆 或
｜牛 コトヒ

⿱敄牛 上弟
⿱敄牛 谷通
猫 ⿱敄牛 ⿱敄牛欣 ⿱敄牛 谷
犇 古奔字 ハしル

⿰牛包 谷匏鉋二谷 通歩包反
⿰牛吉 上芥 アホーウし 慈｜
犗 正
牾 谷

牸 十字 母牛、即 乳牛、即牸牛
牪 挊二谷 弄正
[牛甬] 孤騾又
牠 能二正 苦和又 又土和又 觸、

料 [角咼] 二或
[牛區] 谷 區字
[牛袁] 裝 正 側床又
[牛今] 或[牛矜]正 巨禁又 牛谷下病

[牛寽] 即羊又 將上
牯 古 犗 谷
[牛秦] 上 秦牛名
[牛臧] 臧 作郎又

[牛羊] [牛羊] 二谷 牂字 作郎又羊
牫 谷 戕字 上 臧 コロス 一 訟
犍 劇 二正 居言又 宮、牛、 㹊去隠 ウサヽウニ
[牛良] 又

[牛斤] 谷
牴 䚡 二正 丁礼又
[牛囟] 牾 牴 谷
牿 上各 古得又 牢人

[牛頁] 頂二谷 順字
[牛帝] 谷 蹄字
[牛束] 谷 束字
犝 上同 無角牛

[牛侖] 上 倫牛臭 齒
[牛甫] 正
[牛皇] 上 皇
牧 他刀又 牛行 遅

[牛丈] 谷
[封牛] 峯封二上 野牛
[牛夆] 谷
牧 上目 牧令 カフ ムニ アヘフ

ソサ一　ヤシナフ

牧 正

牧 俗

犳 呴吽 或 呼 ⻗、カク 姑口

牞 俗乳字 正

牯 古 牸

㹈 正

犻 上貞 又沛 牛 二歳

牻 尨牛

犣 上涼 駁生 又亮

犒 例頼 二上 牛白春

犻 上途 黄牛 虎 又

犖 ロ角 又 班駁

犉 上劣 ハヽウし メウし

犥 匹妙 又 普 彙 平表 远 遥 三 又牛白

犉 如淳 又 里唇 月 黄牛 カエクチ

犫 正

犫 成

犨 上岳 白牛

犢 上 牛白斑

犨 昌周 牛喘 息声

犨 俗 犨 俗

犍 犍 上産 牲

犨 正

牷 上全 體 白

犅 正

犋 惻丁 又 養 牛羊

犦 正

犁 沸 匪 二上 覆 耕種

犣 丸 遥 又 又 昌 来 又 又桃 糗 二上 肥牛 、 牛羊 無子

類聚名義抄 観智院本 仏下末（4オ） 31牛 牜

犒 正 犒 或　𤛓 几衛又牛 跋衛　𤜔 上結又苦弥又牛很フ 口堅又 イ去牛　𤘽 上昨牛、肉角 千介ノ

牼 客莖又 又莖 又牛膝骨　牼 谷 通　𤛗 上敏獸如牛　犤 皮碑二 上牛

犘 上麻牛、 肉重 千介　犦 上雹 犎牛　犦 正　犋 工関又牛

犤 正　犣 上犣 犛牛　犣 正　犌 上加牛 絶有力 作一

㹨 上抽 求牛子　犚 上尉 黒牛　犈 擢卷 二上牛 黒脚　𤜼 上螺 求子牛

𤛱 上慄 獸似牛　犪 正　𤛱 犝犝 三正 上客 猛獸 如牛 イヒア

犪 正　牞 上逈 牛行遅　牱 上郁 獸似牛　牱 谷

牳 正 欣　𤚩 上菲 獸似牛 一目 白首　犒 上敲 雄牛　牾 蒲末又 短項 ジウシ

㹂 上合 雌
犎 谷
𤛑 息営又 赤
𤘓𤘓 上領
𤛗犝 未詳
特 ウシ
𤛱 七將又
片 普遍又 判、 カタハシ カタハラ カタヘ 禾ヘシ

𤛮 晋角又 特牛
犺 而勇又 水牛
𤚽 正 驊 正
𤛇 谷 搵字
犒 ネキラフ ネキラフ
𤛪 カー ヰア
𤛌 上衛 牛蹄

𤛮 正
犺 正
𤚍 上原 獸似牛
𤘿 谷 押字
㺂 シサフ
物 モノ コト々 タクヒ 禾モチ ヒルシ カタチ
𤘍 未詳
斦 谷欣
片 谷欣

犎 翸 二正 御箭 二上 牛角得仰
㹻犢 上讀 牛駒
𤘐 上方 駃駝
𤜁 莫豹又
𤙖 ウシ
𤜒 ナツク
牉 鈲二或 普見又 胬正

牉 析或析正 狀又 禾カ ゙タリ

桑 牖牖 二谷 向字

牘 上膿又 フ定

牓 甲鼓又 凡

片畐 普逼反 判

片畐 正

牀 或杈字 こルこ サク

牘 上獨 簡、 考二杈

牘牘 二正

牖 邊鞭 二上 牀杈

牖 上誘道 二下 向

牖 正

牖 谷

牖 或窬字 豆上 門音 狗孔、 上窬 ワイ 七千イタ 又頭上木 空如槽者 又俞上穿 穿窬盗、空

片辛 判行、 合

牓 蘋 葉又 ｜除 小契

牓 牓 博朗又 補莽又 牌 蒲｜、 佳

牓牓 正

牌 薄佳又

牕牕 上練 木解 理

牀 上殊｜ 牓遍 水

牕 力株

牓 正

牓 上倍杈

牓 或 菓 二 貞 劫又 大 敗

牕 上催｜牘 下

牘 上 頽

牘 正

牓 或 牓 字

牕 上奄 確

牖 正

牋 正箋（戔）子 子前又

牒 上疊 辭ー 牀杈

將 今又上鏘 モテ モハラ モテイイチ 禾者ウ

戕 牁 賊 具牁 二上 カし

牀 谷杖字

牗 上牖模 牗 正

𤗻 谷𥨪字

𤖴 将 即良又 文去 スト キ モツ オクル ヒキイル ホトリ カル ユク ニサニ 〻セントス コキフ オホイナリ コフ

戰ー イクサノキミ

将 谷欤

牃 上䝉

牀 谷牀字欤 ツサム ノコフ

牉 上和棺頭

牓 牖 二谷 亭字

牉 上枯

ー軍

ー來 ユクスヱ サテキタル モテキタル ユクサー

牆 疾良又 各牆 墻カー 各 禾者ウ

壯 サカリニ ツホヘナリ

牕 戒窓字 牕 イトト

牆 當 上車丶

斤 ヒリツク

將 通 將 正欤 ニサニ ヤシナフ ムス 武ア タスク トモナフ 井チ 井ル

牂 古将字 上鏘

牀 スフ 上戸

狀 カタチ

卅三
豸 紆之 口一 上雉 千
貍 狸 正 タヌ一 タヌケ 上鼈屋 野猫
貛 火丸反 野豚
貌 抱狠 三谷
貎 谷
貈 胡各反 谷 貈 正
豹 今 孝 百尺子反 豹 正 或豹子
豰 谷 穀字 奧沉反

豕 谷 カタクツし
貍首 アタラウリ 仮名
獺 谷 獺字
貘 宋
貉 上陌 国名
貛 貗 或 ミタリカハし ナカツカミ 禾ヘウ
貍 谷 渾字 竹用反

豿 正 抽犯二谷 羊救反 黄一 イヌチ
貙 勅倶反 獸 似貍
貓 正 猫 谷 莫交反 子コ 上苗
貌 貌 下猊 二正 五兮反 貌一 师子
貘 上陌 似熊而小 出蜀
貜 谷 玃字
水一 アサラし 夕 或本
貇 谷 貇字 口很反

豿 今 豿 宋
貐 五佐反 フ 聡明 貐 谷
貘 貘 二或 貝 正 莫 カメチ 禾メウ 若反 カホ
貊 上陌 蠻
豬 谷 猪字
豺 正 我字 オホカミ
獪 谷 獪字

貘 谷貘字
貚 上壇 貙属
貌 上眠 豹属
𧲿 或猊谷

𧳋 古
貐 羊主反 獸食人 揆一
𧴮 𤞣𤞣 三正 上庸 猛獸似牛
豽 如滑反 似豹有角

貀 正
貆 胡管反 貈子
貒 他几反 野豚
𧲿 正

貎 奴交反
貗 カテノヽ 𧳭 注狄
貗 正 貗貗 谷
豻 斥鳫二上 胡犬 コニイヌ

𧲣 上同 獸
貅 上休 貅谷 虎豹属
𧳀 上来 貍別名
𧳀 正

𧳟 力秀反 貐属
豹 谷豹字 豸声 呼較反
𧳩 上丕 上陌 朝鮮 貍
貄 色使反 使或 貄貂

𧳜 㹪 二正 莫晏反 狼属
貱 谷波字
𧴎 息移反
𧳼 昌晧反

豿 谷豹字 上或
𧴌
豶 ヨシ
貂 上凋一 谷用猛 字 未詳

黄ー
黒ー フルー
貊 正狛
䝁 或鼆字

豣 カメクマ
貇 懇二正 二谷口恨反 懇貇
豬 張魚反 猪 谷
豯 上奚 豕生 三月

豕 上字 井
豝 上巴 牡豕
豜 上堅 豕 三歳
豣 正

豵豵 二正 今猴字 公又 豕一歳
豭 上加 牡豕
豶 上賁 犗豕
豴 弋笛反 弋季反 小豶猪

豧 或
豰 上役 豕
豰豰 篇
豤 口典反 又口本反 齧

豨隋豕 或
豷 上翳 豕息 犢谷
豧 上孚 又妨豆反 豕息
豢 上幻 患 養食豕

豝 正

豢豕 カヘル井ヰ
豠 上徐 豕属
豲 上丸 豕属
豵 子宋反 豕

豕 丑録又 絆行豕 丨丶從豕係其後二足叉嘶上
豪 上毅 豕奴ﾊ 毛竪
豱 上温 短項豕

貙 正
豥 上亥 豕日蹢白
豝 上化 豕五尺
豶 或

狪 上同 獸
𧲿 上宜 小豚
𧲿 正
獜 力珎又 獸似豕

獜 正
貗 力主又 豕猪
貗 正
貗 谷

豝 山叐又 者猪
豭 山甲又 老母猪
豵 上聚 猪
豤 正
豬 之渉又 良豕

豩 居勿又 居蓮又 豕丨士
貘 上覓 白豕 黒頭
豞 呼豆又 豚鳴
豅 龍蘢四正
豅 龍 或 䶬今

上獵 長毛
豘 豚二或 徒敦又 豕字
豚 豚二正
豨 虚豈又 豕

豩 上斌 二豕
豦 渠據二上豦
豳 上斌
豪 戸刀又 獸 禾栽ウ

四一八

豪 今正

衞豪 上衛 豕属

豨 儒侏又 未實

豨豨 谷正 上乇 豚正

乚 猗室又 シハル キノト

尤 可在下ア 有周又 アヤニナ トカ モトモ ハナハタ ケミウリ トカム チカケミ

乱 古始字

乩 古稽字

若乚 ミタカヒ カシカフ

乱亂 上谷下正 郎段又 タヽル 禾ラシ ミタル 禾タル ミタリカヽミ シサム

孔 康董又 イタル アヒタ アナ ネムコロニ ハナハタル アト オホイナリ

乳 而主又 チ ヤシナフ チノミス 谷又竹用又 穜穀 或

乾 虔上 ホス

乹 谷乾 燥正又、

北兆 上趙 十億 キサス

乇 徒昆又 ツラヌル タムロ アツマル

乾 カヽナル ムラカル 陟隣又 ウチハヤミ

乜 正欺

一 ヒトモチ 綿

巳 モトル モチル クミク 伯加又 虵

己 呉上 古正 起巳正 紀 オノレ ツチノト

單己 スルツミ

巳 上以 ヤム スデニ ノバル 禾ヽミフ

モチヰル　スツ　スム
オサフ　ハナ、タリ一欲
似篤中ミ　禾又乚
オワタル　ノミナリ
己ミ　ヤムナム、、
及己　上叹　キツ子クサ

防己
而己　ナラクノミ　アクノミ
也　上希ヤ　詞、女陛、移氏又　斯、詞　ナリ　ニタカ　ハルカナリ　木ヤ　スム　迤

色卮　上谷　下正　イロカタチ
乱　ミタカフ　アソリ　ウヤ　ウヤアウ　禾ライ
紀　タヽス　キヒシ　ツナ
亂　ホヒコル

䂉　谷渾字
乚　上移水流
乜　旀、又姓
乿　乙鼗二上　依俙

兆　谷垂字

〔卅五〕
兀　人介三仡人
兀兀　今正　ミツカニ一欲　五骨又　高而上平
𠑷　上六下冠冕

兟　上詵進
党　谷党字
𠒇　今奥而充　如朱二又矛聿
𠑅　上掘

勉充　谷正　明名　餘文又
𩲡　呂要又
勪　谷勪字
免免冕冕冕　谷　或

正 ー詭

狡兎

𠘧多 谷䟽字

侊 上㞷字 ヨル

皮氷ㄨ 倇 ウヒテツ

𠘧 上介 奇字、 仁人、

ー人 ハヒメシハヒメトヒ

ー人

嬰㚥 ミトリコ

暑ー ヱトリ

究䆮 谷古 上勝

兔 或䖟字 上间祖 凶服

䏚 ツカル

几 上机 オヒテツキ

凡 𢡟嚴ㄨ スヘテ 禾ホシ 和口ヒ

兀 五骨ㄨ 刖、 オホヨソ

無足人、 禾骨

嬰妟ー アームト

田舍ー ヰナカヒト

䰠 谷爲字

㲉 視鞠ㄨ 熉、 誰、 飢、

𩰚 ムサホル

儿 上珠

九 谷

九 谷欠 ヒツカミー欠

客作ーー ツクノ ヒト

乞ー カタヒ

𣬉 谷 非字九

ー與 イヨヒ イカム

䰢 ツヒタリ

元 上原 モト ハヒム オホーニ ー公

ー倍

晛晛 上谷 下㐫 コ チコ 禾ニ

市郭ー イチ ヒト

乞索ー ホカヒ人 ホカヒ

偷｜ ヌスノ人　允 音尹 ニ丁 カナフ アタル ツクス タカシ　允 正欽　充 齒戎又 アツタル ミツ ハミ又 足、

居 塞、ソフ 禾壽ウ　亮 力尚又 相、導、信、佐、呉、量 サヤケシ タスク アキラカ　亮 日ニ丁　兗 瑜 瑜又 養、

兖兗 上通 下正　兔 靡蹇又 イキツク ハナ〇 ヤスシ　兒 翔 桀又 一云 昆

况、法、太 カツ　羓、去、玫、眠、 上ルス 禾メシ ノカル コノカミ イロ子

エタ　長｜　毋｜ ハラヒツト ツノコノカミ　｜公

兢 居陵又 シヒユ アヤウシ ヨシ ホコル イテシム オソル 競、敬、カシコテル　兛兛 上谷 下正 タカシ 五敗又 ヨシ

旡 上無 或無字 古奇字 ナミス ナクモア メモ ナシ ナケン　南｜ 上謨　竟 上敬 シワ ツハル 禾タル ツヒミ

｜天 禾タル　畢｜ ツヒミ　兇 上凶 庸人、悪徒、 日凶アシ 通凶字 オソル

兎 上度 、ウサー　兔兔兔兎 三谷 下正　菟 通　朩｜ ツク ミ、ツク 或云

丨歎 ツクチ　兕 上似 又徐姉反 似牛一角青色重千斤 𠒋日　兕 正 兕 兕 二古

光光光 谷 コテイヌ 下又通　克 上尅 又作尅 ヨシ カツ ミタシ　不丨 アタハス

皃完 上谷 下正 胡官反 ミタシ カタシ ミタシ　无 上既 ツクス　元 上剛 星名丨文 賬名 タクラフ

アク タカシ丨歟 去傾ス アタル丨歟 キハナル カツ 又上　冗気 谷　光光光 上谷 中通 下正

ヒカリ テル ミチリ フセク丨歟　競競 上谷 下正 渠敬反 キホフ コハシ クラフ イトム キシロフ アナカチ

オホヽナリ ホシイマヽナ　キラフ ツヨシ アラソフ 心シラフ ツトム イソク 禾キヤウ

丨渡 フナクミヘ　丨馬 ツラヘムア　闘丨 イサカヒ イサカフ　兜 都侯反 禾ト

兜兜 上通 下正　皃兜 谷　尭 女溝反 通 鷇字 禾又　尤 在上ア 在此 スクル アヤナルッ

モトモ トカメ タカフ　允冗 冗谷 今正 宂正　尰 烏對他樹反 廢風丨

セム　云勇反 散丶

兕 巨獸又 胷、尢 トラフ ミモル ミサル サヽタツ ハヤシ ハミヌ スヽム 禾是ヽ

丨咀 ノロヒ トコフ

梵 上紋

執 上汁 服、伯、持、媱、物、結、

𡯂 正欲

瓬執 ステフ

先 サキ アツ 藾見又 藾前又

尳尳 許交又 イカル

尵

羌 上蜣 西戎 國名、乃、ツカサ

㒵 上酉 嚴 獄名

羗 丘迦又

尯 上灰 ウツ

尯 ウツ

𡮼禝 灰積 二上

丸 上桓 マロカス マトカニ マトナリ 禾完

尴尴 上委 メヽロ 下正 又䠣

尰 オメアミ 此間ミ コヒ

䖯 上杵 々作廢

九 上久 コヽノツ コヽノトコロ キヨミ アツマル 禾又去

尪 通今作尢 烏黄又 ヨヽミ 㬺曲 弱、 ツフル アツミ

尪尪尪

𩲃 胡朗又 又留朗又 頂直莽䖒

虩 牛召又 𩫖丨 高フ 安

𩫖 丘召又 又窌敫、 作、

𩫖 正

𩳃 上赴 トヽ

九几 アツマル

九九九 アツマル

尫 アミノ　尯 ミチ　尵 アツイル　乞气 二谷 丘訖反 又上氣

乞 古　尰 上𡰞 乞 イツヒ　就 疾又反 從、近遍、十九 ア ツヒミ

就 谷 虬 上元 ミヒ　凡 或月 坰今 同古 又 遠界　尩 今正 佑或上 尪行皃　尠 上單 鹹

兂 ヨロコフ 三ヒ　尟 フカヒ　尳 鳥先反 ヨロヒ 脚曲也　允 正 兊

尰 古　尲 上癠 膝 病　尬 上敢ー 尬　尦 佐可反

尯 曜 同 二上　尷 監 嚴 二上 又 古 嚴 反　尶 コハ反 又行上 又 五點反ー 尶行フ正　尥 料 炮 二上 行脛相交

尲 上梎　尵 尸圭反 又 一 全反 ノ 尵フ 能行 皃 高人 所 り　尤 央 娱反 般

尷 勒　尰 時 腫 反 又之 腫　尰 瘇 二正　𡰥 烏罪反 ー 極 痱 病

𡰒 世乖反 樏□病
尨 上 謡
尰 跛□ 二 □皁反 又勅敲反 蹇
尳 踦 二 后宜反 又一 足行下又渠綺反

尣 安敢反 蹇
尢 末上
尥 上 活 尥一 悪行
尩 尩 二 谷 虫字 鹿鬼反

儿 或リ 后書ヌ 草く 相繚、 蒋字

元 ハシム モト オホ一ナリ
祐 谷 始字
黿 上 元 又 五官反
黿 月

黿
黿 黿
黿 谷
邧 元上
阮 奥遠反

祖 谷 呉字 庄カ反
頑 五閑反
祖 上
道 道 谷 蕭字 啓上

翫 モチアソフ ナラフ メツラし フケル
祖 谷 巨字
䍐 五官反 冤字
无 上 旡 飲食氣逆フ 得息

𣄢 古
既 估味反 スナニ カサヌ コトゴトク ツキヌ 禾し
既 正
既 徃 イニシヘ

尳 上禍 鶩調 逢悪

九 上久

㞕 俗

軌 求上 嗹、 ハナフサナル

尳廬 俗

尰 而九 二上 尤、 屬

光 古黄反 ミツ サカユ ウルハシ ヒカル ヨシ ミカナリ ヒカリ テル

呼ノ公反 明、

尪 或

𡰪 俗蘇字 黃領 或口類反 梟屬

吮 上求 出氣詞

𡯁 俗

尳 求上 亭名

尲 院上 其義 岡矣

䆧 上調

尵尵 今椋或亮 略二上 厳楚

尣 正

旭 許玉反 平旦 アシタ

九 上桓

尶尷尲 未詳

尧 正 尭 古

晃晄 胡廣反

𡰱 俗 瞎字

尵 上達 ミチ 九ー 道

尣 俗通

尳 呼交反 虎声 イカル

尵 上委 食巳吐毛 鷙鳥

𡰽晃尳 王谷 烘字

𡰿𡰿尳𡰿 俗

㷗 俗煇字 二ム光 カヽヤク 耀 燿 通曜 正 俗燿字 餘吖反 光 カヽヤク 禾エウ 䒖 谷

輝 暉字 チル 又煇 ヒカリ 上暉 丨丶 トテレリ 二ホヘリ 㷯 上㷯 谷煇字 炳 谷昞昺 二正 炳或 丙上光

焜 谷焜字 上混光 爗 爗 二谷 曄日華 二今筠 郰反 又丙甲反 㶾 谷熿字 火晃反

𤎰 ヒカル 㷕 カヽヤク サカユ 燿 サカユ

收 上洪 諫手反 奴 正 扞 従雨手

奐 上奐 文章 奐 正奐 奐 㚕 三谷 弇 正 上掩蓋反 クチスア 弇 古揜 今

奔 谷 奱 上亦 小 縉 畁 其忌二 上挙 异 上怡退反 ヤムヤナム 上異 コト トム

彝 二正 上彝 爵反 尊反 ノリ 罍 谷 酒器 ツ子 彝 谷 彝 今

彝 通 彛 谷　弆 春上 搏飯　𢍭 正 揚字　弅 渠追反 持

𢍸 正　𢍹 倶共反 設　𢍺　𢍻 上 置赦

𢍼 カ負反 𢍽ヽ　𢍾 上 恭　弄 亦 弄 二谷 下 正　弄 上 呼 井テアソフ モテアソフ 禾ロウ

｜槍 ホコトリ　｜九 タテトリ　｜鈴 スヽトリ　弈

弈 カク ヒラハリ ツク　弆 去異反 スツ 禾ー 或 棄 スタル　將 子養反 ナル 助ヽ 欲ヽ 將言ヽ メム ミチヒク ハケナス

奬 又　弊 裨制反 タフル ツタナシ ツヒエ　𢍷 サタム ヤフル ツヒタリ ソコナフ ツフル タツ アシ ヤス 禾ケタリ 禾ヘイ

𢍿 アツ　昪 カク 上 余 擧 或　弁 カウフリ セリ 禾ーナウ カウフル　弁 渒盈反 アフ ヒラク アハセタリ

ミカミナカラ アツテル スミナシヒ カヘシハミヤル

𢎀 ヨリカヽル　𢎁 杖叔反 古 憑 タノム ノホル　𢎂 キヨシ イサーヨシ

契契 二正　㓞 苦計反 在大ア カフフ チキリ 糸 ミトカナリ 𢍁 サカヒ

莾 カサヌ　𢍿 カサル ヨソフ　𢍃 ヒタカミ　奉 ツカヘマツル ウク ウケタマハル タテマツル

ソムク エタ アカム 糸復ウ トモ ヤスシ　奔 姜女　开开 正谷 古其文

ツヽシム ヒタカフ サカユ スヽム サク チカラ

弃 古棄字　𢍰 古畐 草木ー孛 又去勿反　异 古異　羿 谷羿字

𢎀 未詳　𢍶 谷堆字　弄 今正 古奉 種 手地古竪羌別 𢍝 霊鬼文

瞱鼻 谷鼻字　𢍰 通彝 眉 倶万文　丮 古戟持　舉 后与文 ウク アク リ、皆、癸、

去、立、動、言、　擧動 フルヘ　奉奉 技拱文 ウケタマハル 又枝用、サヽク タテマツリ牛 ツカヘマツル

擧字 タカシ コゾル　ウタ テル ツカムマツル 與、養、

弈 サカユ ミカナリ 人

丌 上基 下基、 上朞 ツヽノル ツカサトル カフ 禾チン

其 今ノし トララフ アミナツ 禾ゴウ 𠀠 正

典 丁殄反 ツカサ 主、ノリ ヨし ツネ

顨 上孫伏

卑 正 敢或

典 谷非

箕 古

兵 上側傾頭

嵿 上結頭傾

𡸕 胡結反 頭邪

𡸈 練結反

吴 大言 ミル ナウク 禾キナウ ツナヒラカニ

呉 正 𡗝 古

𠑹 カタチ

具 上懼 トモニ メナフ ミナ ツフサニ

兵 彼榮反 イクサ 禾ヒヤウ 械、防、威、刀、ツハ牛

與 餘據反 トモニ アタフ カナタリ

類、數、黨、貸、能、付、 クミス ト トモナフ アツテル ナルス コしト アツカル 平声 カナ 用、 ナヌカル 禾与

輿 上餘 タコし コし 或舉 ミナフ ツラナル

腰ー タコし

香ー カウノコし

篌ー アミイタ アツフ

𦦝興 上通 下二 虚𫝹反

巽 サカユ オコルニ タトヒ タトフ シワトフ オホカタ 熾、動、發、 タカシ タクラフ 禾シウ 居致反 イハムヤ 子カフ コヒ子カハクハ イヤシ ノソム

頁 谷欲　臾 上俞

貧 上田　真 サネ ミツニ 禾シン

㒈 カク　㒈 カタツク

𤰞 字府而反 帰弃 タツクル

八 博拔反 ヤツ 禾ハチ　尺八 ノフエ

詹 正　詹 谷

異 羊ノ更反 コトナリ ウヤニ ケニ 禾イ ハナハダミ メヅラシ

巽 タツミ ミタガフ

真 戚 タチテツル サダム オク

須ー シハラク　六 上陸 リク ロク ムユ ムツ

失 谷失字欲 アヤマル ウシナフ トカ ミウス イタス 禾スル スツ

共 トモニ 禾具ウ　𦳝 今 アクタ

家 正 遂字　詹 上占 イタル 多言

分 甫墳反 ヒトシウス 禾カツ イサヽカハカリ 禾ク ワカレタリ アーラカナリ コハリ

四分為一兩《アカル》又世間ヌ《ケチヌ》 伏、《アタフ》又技同ヌ《ホト》 限、《ニハラク》別、《ヒトリ》各、 禾復ニ 府文ヌ

分 下 分 今

大分 オホムネ　不一 チタテニト 禾タイカナ　随一 ナフサニ　公 上エ キミ オホヤケ トモ コト ツカウテ况 アラハス

兄一 コトウト　雷一 イカツチ　土一 トクウ 谷上　白頭一 ツヘナクサ ナカクサ

吴一 ムカチ　兼 殊陵ヌ 正 従、傳、 ウク ウケタテル 奉井ル サク サクル ツカフテツル タスク ツカシム

承 一華 ムマヤ 芳 上 奚 語之助ニ　羨羨 上谷下正 餘、 チカフ ココチカフ 似面ヌ 道、饒、長、 又上

縦ヌ 近、進、上賤　曽 上増 カツテ 経、 メノカミ 条し カサナル スナハチ　曾 正

アタフ 芭 奥為ヌ アツフム アヤフし　佰 上陌 阱垸、　買 上谷 トムし 下正

オツ 益益 上谷 下正、　眷眷 上谷 下正　着着 長畧ヌ ツク ハク アラハス ニルス 上谷 下通 著 正 キ

嵳差 上谷 下正 楚宜 茈佳二反 ナカハ サス ノイエ エラフ タカフ 嵳差 カタチカヘ
ヒナ ミサヒラノ サヒテ アチ、 カタチカヒ ヒサイ 杍サク 杍ヒヤ

嵕首 嵕 上通 下正 嵕 谷上 迹状如牛 嵳 上俗 スヽム 嵳 下正
倉 身音如雷一足 ハチ ホヒ、

巻首 二谷 首 書九反 禾ヒフ 今背字 カウヘ カヒラフ ハヒム ホトリ スヽム
ムカフ オモムク アラハル フス

茲 上慈 コレ ココ 孶 シ尾 兼 アヽテ トモ 兼 正
トヒ年 ミヽヒヽク 禾 ケム

弟 徒礼反 オトウト ツイナ ヒハラク 従父兄弟 イトコ 従母兄弟 同訓
ヤスヒ ツ一 禾テイ テエ

再従ーー イヤイトコ 三従ーー マタイトコ 若 可見 卄ア 若正 モヒ ヒク カクノコトヒ
ヒタカフ 又上慈 禾カヒ ミタリ ヨヒ

タスク ナムト コトヒ 義 魚埼反 理、 善、 宜、 ヨヒ ヨロヒ 巻 居遠反 又去遠
ノリ アナル 去負、 居轉、

巨負、 居戀反 安 安上 通下正 ヤスヒ イツクソ ヒツカナリ ヒロヒ イカソ
スフ 居、 ヤウヤン ヨヒ ト、ム ヒタカウ オク

羌羌 上通 下正 ツカ　羗 今麦字 上誘羗 里ヽ 文王所拘　並竝 上通 下正 蒲鞭又 ナラヒ ソフ ヒカシナカラ アラハル ヨル 禾ヒヤウ

㚇奐 上谷 下正 呼乱又文　奐 通　苟 公厚又 イヤシ モシ スナハチ ミ　美 ヨシ ホム ウルハシ アマシ

コトモナシ ナホヨシ アサヤカナリ ムマシ 禾ミ　前 ミヘ スナハチ サキ カナフ スヽム アツ トシ ノホル 禾是ン ハヽ又　翦 クミ山

曼 夢上吾 下正　公 サト タクヒ タヒ トモカラ ツ一　必 カナラス アーラカナリ モシ トク カナフ 禾ヒチ ナラフ

关 アウス オクル　募 ツノル　勇 谷勇字欲カア イサム タケシ　善 ヨシ

譱 ヨシ　畣 コタフ 一サル タムカフ 今畣字 フセク　并 見上ア　巽 見上ア

召 ロア ヨハフ メス　苻 カナフ ノタテウ オアセ丁　象 キサ カタトル カタチ ノトル タヽノリ 禾サウ 禾タル

為 タメニ 禾一 ヒク ハラ ツヒニ モシ ヲサム コトヽ カスル ニス カルカユヘニ スルアテ子 ツクロフ 心サヽ コレ エラフ ツクル ナル

無為 アチヽナし 義 ヨロし ノリ 禾キ 危 アヤフし オトス タヽナム 禾ク井 臼 上陥 今陷 坑

美 或 蔓 上尊酒 畚 上遮 呉人ヽ女 𡨋𡨋𡨋𡨋 谷二

㚖 上或 ヨ略又 歎 𨾴 鳥寓二上 歎 龔 蕫 瑕 匪 三上 賎 力ヽ

寅 ツヽしム

谷 穀欲二上 フカし キ公 ヤしナフ タヽ コヽ 礲 鹿紅又 大長谷 礲 正 䃩 呼江東二又 洞谷 空兒

谹 宏谷中響 䃧 千見又 望山谷 青䄧一 又千上 𧯶 上峻 滜或 谸 上紛 谷名

谻 正 硐 渠竹又 谷名 在上 艾 碭 莫安又 忙元 又ヽ 又ヽ 谻 磤 正

谺 上求 䂨 上隻 谷名 礸礸 上纖餘聚 在艾上 硔 上紅 大壑

谺 火含反ー 呀火空ー 䃺 嵩高二上碑ー 深谷皃 䃺 正 碑 上牢

䃥 土晏反 谷名 世支上 谿 名ミ 禾ケイ 騗ー オコリ フサカル 太 上泰 フトシ モト ハナハタシ イト

艾
大 達頼反 シホーナリ オホイサ フトシ ヒタスラ 又上駄 ヒタチ 禾タイ

エタ イヤラシ 今泰字 夳汏 二正 夾 谷 天 泰堅反 アメ ハルカナリ タカシ

イタハク イカハカリ カタシケシ ヒタローラル 亢 古 兲 而 大周作ー 天衣 アマノハコロモ

ハチハラフ

景ー イキクサ 巴戟ー カミヒラレ 奎 若圭反 星名 アラハル 奎 アラハル

奞 上脆 ハフ ムハフ 奪 奞 谷 奞 谷 奓 竹加反 イカラシ 又竹下尺氏二反 上侈 ハナハタ 启佐反大

畓 上本 草ハ 畓 谷 畓 大田 谷 既字 古朗反 廣田 大林 谷似字 𡚁ー反

奝 綢 二正 丁寮反 村

𡚁 或、喬字

𡘊 谷䅭字 胡反 大東

𡘝 谷鹿字

奎 谷穏字

盔 谷䀀字

奚 隻二正 之反

𡗹 谷

奩 才邪反 大

奩 胡反 又寒桓 二上 大口

𡘋 谷臍字

夸 若華 大言、名 ヤハラカナリ ホコル 手ル オコル イカル

奔 正

奔 ミタル ホコル ノホル

奯 呼活反 大開、

大引 口孤反

奩 力鹽 切香ー

奩 通奩字

奩 谷奩字

瓠 戸反 瓢

瓠 谷

奕 上亦 大、 呉ー 厄

奭 上廣 今字 如朱 ヤハラカニ 和十 如反 二 又 稍前大

𡙇 上俑反 醉 而懸、今 今字 上老反 又

𡚒 正

𡙇 谷

𡙇 谷

𡘙 谷 如反

𡗨 上洗 於、 放、 扶策、

奔 谷

𡗚 上討 長、

奔 上 オモムク トこ 廾ル ハこル

秂 正 禾ホン
牽 上揀小羊
牽 胡梗反 牽 今
奮 上奮 フルフ 禾フン

奮奞奮 谷 フルフ アキラカニ
奮 谷
奓 上孤大
奔奔 普故反 大

㚒 上枝大
会 牛吻反
奃 弟伯二上大
夰 上介大

奈 正
奘 火男反 瞋大声
奘 正
奘𢻿 蹋佛二上大

奄 上紙大
奢 馨缨反 感
奢 正
奎 火消反 長大

奔 匹反大
奘 翡娑二上
奇 勛云 普結反
奏 上開多、太 剡或

奯 大逼反大
奱 居篗反 健
夻 側下反 夸
奘 祖朗反 大

臭 古老反 又赤 大白澤
大淵 於筠反 水勢
大𤾩 昌者反 寬
奎 谷塗字 上夜

𡘋　谷傘字
奇　谷懭字
𡗜　又叶上　又頬上　持、　ヌクル
𡘙　谷懼字

𡚑𡘾𡚙　未詳
夾　古冷又　チカツク　又叶上　ハサム　又頬上　持、　ヌクル
夾　正

𡗹　上檡　盗　竊　壊牙、
奪　フルフ
奄　オホフ　イタル　タチテチ　ミハカ　ヒサし　ヒサク　タチスホ　オホイナリ　ヤム　スナハチ

𡘊　ツク
𡘅　ニヒナリ
獎　コし
李　谷本字　在木ア　モトィ　ムカし　タメし

𡙓　モト
𡗷　子廉又　スルトナリ　トカル　ヒトし
契　通契字　チヘル
契　正
奈　イカムソ　サイハヒ

奢　爺邪又　オメル　オコル　ユルス　ホコル　トシし　ユルカナリ
奢　ハルカニ　ユルカニ　ソフ
矣　千化又　語已　助辞　ヒサし

哭　ナク　カナシフ　アハレフ
哭　ナク
𡙡　オコル
夷　上旨彝　ナラス　タノラク　禾上ラ

ヤフル　ウヱ井　ヨロコフ　ツ子ニス　ヒラク
央央　上殃　已、　久、　ツク　ナカハ　谷正

コロス　ヤロフ　タヒラカナリ　又妻　ヒトし

奭 𡚁 上傎 又許 カメ サカンナリ 奭 上釋 部公 名、咸 夫 上扶 ソレ カノ カレ ソフト一ヨシトコ イヤシ モツ ツカフ アスラン ヒトヽ

後一 ウハウ 一ヽ イラノ シトコ 前一 コタツ 一ヽ モトノシトコ 丈一 アスラシ 若一 モミソレ

一然 ユタンノコトー 樊樊 上谷 下正 カール 樊 カコフ 㚇

夭夭 屈、挍、析、 フ盡、 上殀 遍 正 禾エウ 真 側隣反 テリ 失 上室 ウス イタス ウシナフ アヤミツ

奭奭 上通 下正 一所雨反 サク サハヤカナリ タカフ アラハス ミタリ イサキヨシ アキラカナリ コヽタシ メケ 奧 上懊 於報反 竟、 室、 穴、

奚 ナソ イツクソ オクソ フカシ ウチ 禾アウ 奔 ハシル 禾ホム 弇 谷弇字 上掩

奞 他達反 末戉羊 奭 谷䶂字 奩 上權 木䙺 畣 上本

𡚗 求住反 乖 失 鐵字 子廬反 鈇、 𡗟 通𡗟字 大 上扙

馱 上躰横首犾 受 上劉姓

卅九 火 呼果又 ヒ 禾クワ 灬 火字 蚊遣― カヤリヒ 篝― ヒウカリ ニス

熩― イ―クサ 焰 羊贍又 ヤク アクタ ホノヲ 爓 正 ホノヲ 焔 谷 欲 爍 上梯 ウルホス カヽク モエ

熑煰 谷 熩 大鼓又 又鼓又 燒 燂 檣 燿 上赤 燿燿

充 古皇又 光今 ヒカリ テラス ミテリ オホイナリ 禾火ウ 蒸 上侵又 女曜又 覢 失冉又

秉 上覃又 文廉 余剣二又 小㔟 炙 正 炎 谷 煬 上羊 又白上又 チル アフル サラス ヤシ

爀 上赫 爆 谷 炭炎炗 古 眣炎化炎炗 苔

燧 谷 投字 他念又 進火具 烊 上羊 又与終又 炖 上屯 火焔 又丑格又 炘 谷

爆 爆 上豹 又雹駮朴博四上

爛爆 谷 アツし ハタメク サンス アフル

煌 音黄 ヒカル ヒ イタム アキラカニ

煌 人 トサカナリ

烘 音洪 アフル タク 赤 モユ

烙 上洛 焼

熒 螢 上 ヒカリ メクルヘク

目熒 メクルヘク

青｜ チイトマサヤカナリ トアツヤカナリ

滎 上同 縣名

熒 谷

逢火 上夆 烽火 トフヒ

夆火 或

烊 谷

燧

熢 薄切反 谷烽字 トフヒ ヒヽル ヒウチ

熨 上尉 一鬱 アツし 禾爲ノス シチ

｜斗 くし

熨 或尉

螢 音

爝 上爵 又子石反 タチアカし ケフクし

爝 谷

焮 カー

焚 房文反 ヤイカリス タク フル 禾ホシ ヤク カハク

燌 或

㸌 古 ヤク

笑 或 トク

焱 上 トフヒ 大華

炷 上主 又去 谷訛ミ ト毛ミヒ 呉音 ミミミ トモス 烽 トウヒ 熥 焞焞焞 三谷 勃音

上悖 サカリ 熯 暖二正 奴短反 又喧上 アタヽカナリ 禾ナシ 煗燸 谷 ヤハラカナリ

熨熨 谷熨正 尉字上尉 煬 士端反 赤貞 煬 正 𤎥 キコリ イヤシ 禾カス

焼炸 谷圻字 炘 ヒハル 焰焰 上下正 之く 笑反 イチシルシ 照字

照 之曜反 テラス アラハス ヒカリ アキラカナリ ツヤヽカナリ テル 照曜 トテリカヤク 爆 正

熀 谷 ヒカリ 煢 上勞 ホタルヒ 犖 カ角反 スクル 珓 勞 即到反 ツトム イトナム イコフ

モノウシ ヤス ヤマヒ イタハル イタハシ 勞 若 勞 勞上 熥 谷 篆字

ツカレツル ツカル タシナフ 文兗

爝 谷樵字 爗燁 筠輒反 熠 餘計反 又習上 ヒカル サカリ カヽヤク テル 熅 烏採反 又上 氳

烟一 无氣、上上燕 又曰 カアト 煙 二正 爕 胡郭反 爕 〃

臭 ケフリ 谷臭字 モエ 禾エシ 熯燿 上霍 炜 上補 把火行 熇 古武反

熨 之八反 炳 正 ウ 焆 上育 カヤク 煜 正熠

煜 人 トチリアヘラカニ 熩 谷 爊 熝 烏高反 埋灰火 燁煜

炙 章適反 又章夜反 サミタツ 吴尺 又ミヤ アフリ牛 アフル ヤク コカス 炙 正 膔 膈

灸 谷 灸 ヤク 上玫 又上救 ヤイトフ 剡 若 煴 通 炒 今楚巧反 イル 楚何反

烜 日 煮 通 熇聚 烝畬 鬻 撳南 六谷 糗 熂 炆 煬 炅 炅 吴甚 七谷

煥 呼亂反 チラス 上ヒル 熯 谷 アヘラカニ ハヤク チラス 禾大ヒ 爐 鷹上 鑪 正 ツカル ヤク 薫 爈 正トリ

火ー　ヒター　谷ミ　熇　火酷反　熱又呼　又又或　槁字　熇　谷　炻炻　上呂火　上ー
㷉　谷又黍上　煨　上隈　アツヒ　オーヒ　アツシ　熸　谷　𤏿　上　鼠
𤑔　谷　𤍠　𦳝　㸂　谷遍　カミク　ヒタク　𤓷　カミク　禾カス　イヒカミク　コミー
爨　ウカラ　ツミ　變　谷變正　熱　ヤハラカニ　酒捷反　燿　又上藥　チル　ヒカリ　烧燿　下古八　スハル　曜　羊昌
炊　上炯又恢　熇　黍上又　商適二上　焇　上消
營　於営反　灾　作才反　禾サワイ　上哉　禾サイ　裁正　杕災　二　谷　爚爍　上藥　トメ　哥灼反
禾カス　銷　アツシ　チラス　ナラフ　カヽヤク　ヒカル　コカス　𤓷　谷　鑩字　𤏿文䝤　正匪反
燴　アキラカニ　人　トテリ　アヽラカ　ニワ　門燎　カトヒ　遮ー　ニハヒ　爍燱燏　谷

焉、烏骨反 又焉上 煬 唱二正 傷㓨 上謂、 焯 上灼 明、 丁洨反 ヤク タク 熇 上居 オーヒ アツし ハヒ、

丨熼 オー 煒 于鬼反 盛明 チル ウルハし カヤク サカリニアリ 燁 烏甲反 フ定 熩 上户

燼 上晉、 モエクヒ タキ、 ホタクヒ ⿰火疌 谷 ⿱吴火 正 炱 上苔 炙 或

炲 煤 臺梅二上 アマノアカ スヽ 下 スヒ スヽ 熛 谷 燎 遼繚療三上 フスフ ヤク

トモしヒ モユ タク 燠 正 燥 谷 タツ 熱 熱 而列反 ホトホル アツし

吴粁 アタヽカナリ 禾 ネイ ⿱埶大 正 ⿱埶大 ⿱㓞大 谷 耳⿱埶大 下 イヽル 烴 上經 又頸 丨斲 焦臭氣

⿰火至 今 ⿰火斷 上斷 又光井反 ⿰火至 タカし 焚 ⿱火焚 焚 谷通正 上瓊

ヒトリ 儻古 惸古 嫈 烏耕反 炥 古未反 又佛上 火貟、 爤 上瀾 之去 ミムル

ヒトリアルヤモメ ヤモメ タヽル ホノホ クサル

四四七

ツク クツ 上ヒタリ 上ヒク 明、禾乱、　爤 呑通 タヽル ヽカル ツツ ウルフ 燗 或　焰爤 トチレリ

丨然 アヽラカナリ　欻 呉上 窟 又上忽 タチ一チ イク　烓 呑性字　[火匡] 匡誑反

炫 上縣 又絃 ヒカリ カヽヤク　燉 上モ 丨煌郡 名 アフル　燬 呑　炇 若介反 サカユ

煙 ウレフ　炳 丙上 トチレリ チル チラス 上ホル 又昞 アヽラカニ アラハル トモス 禾平　熇 如恍反 又燒

爇 正 アツシ　熵 ヤク　燸 カハク　焫 奴本反 又奴昆反 蓺

焜 上混 丨熿光 ヒカル 上魂　熿 上黄 ヤク チル　爌 呼廣反 又曠 上 アヽラカナリ　燭 上屬 トモシヒ チラス チル

ヒラメク アヽラカナリ 禾メク　丨燿 トチレリ　紙燭 呑ミ ミメク　爥 呑 チル

剡 余冉反 又 削、又 瞻上 縣名　焥 紆越反 又紆勿反 爩丨 熀起、又 烏活反　爞 椎貧八二上

㶭 谷疾字　炊 上穴八 ヒタク イヒカミク カミク　覞 先八舞ヽ 暫見　睽 正

郯 上淡國名　烔 上同 ケフリ トホル ホトホル 禾トウ　燑 谷　爏 上歴

炋 谷坏岯二正俗 谷通上丕山名 未し内典八　炢 直律ヽ 火煨 㷠一　㷠 許勿ヽ　煏 谷畐字 方欠ヽ 又皮彼ヽ 方武ヽ

煩 附袁ヽ 勞ヽ 擾ヽ 禾ワツラフ 禾ワツラハし ツカル ハケし 禾ホシ　熲 谷類字

燗 谷燗字 敏上　燧 上遂 トフヒ ヒウチ ヒトリノヒ 正隊金　㷟 隊金二或　燧 籒 爂ツ 篆

㷩燧 崒遂二 上 トフヒ　𤑔 古鼢字　灼 上酌 アキラカナリ イタム ヤク 驚ヽ 炤ヽ 灸ヽ 又焯 アラハス サカリ 花 タミル

灼然 アキラケし　炣 許于ヽ　炟 怛上 爆　爆 熶 熶 谷擾字 千活ヽ

焟 上昔　炧 旁夜ヽ 又燭餘ヽ　炮 正　熒 胡須ヽ 票二八 烏項ヽ

𤏈 上遼腸同暗 𤓰𤓰 正穎 古穎 三或 孔穎反 麻屬 炅 香 二正 上桂 上向反

熒 烏營反 ミカク 鎣 上同 三鎣 ヒラメク 一欤 熒 上同 イトフ 煇 暉煇 三正上 渾又暉又暈

又瑰 チル ヒカリ フスフ 䊒 谷 耆字 爢 谷 灑 㷖 与之反

炽 呼交反 又勢 炌 谷 爔 爔 上 裛 灰二 熆 谷 㷡字

熄 熄 良古反 一炒 火フ 絶又上無 タエヌ タエヌ タユ クユ 燍 上移 𤎺 或 𤓻字

熼 𤌨 𤌨 谷 㫗字 火見反 𤈃 𤈃 他敢反 又 奧举反 烝 諸膺反 ムス フスホル アツシ 殼 啟 正 工巧反

アツリ スミヤカニ 一ミナル 一欤 燫 谷 蒸 羔 羔 炦 文木然

一ホ 炯 カナ 古 火又 又迥上 炯 谷 ウルハシ 烱 呼頂反 爕 谷 蘇字 但 江反 ヒカル カヽヤク

炕炕 苦浪反 アタヽム ヤク　熩熩 谷　炘 𦘕二反 乾字　熠 上音

𤆽 正𥳽字俎 下キ和二反　𤎽 スミコ　烸 莫才反 又毎悔 二上　𤇻 惣二正 捴字

敫 谷塊字　焦𤒎 コカス 上蕉　𤉎 谷　燋 上同上 又績又 側角反 炬火

コカスル カハク コカシクサシ ヤク カシケタリ 吴消　燋焦 上通下正　𦗟 子姚反　婆𡒄 丁礼反

燔 上𤑔 ヤク モ アフリ牛 ヤーキ サカリ ホフル 繙反　燔 正　燒 失饒反 ヤク 彡 又エサ モエ 禾セウ

燒 正覧谷　煁 而林反 行𠆖　煁 正　𤏶 而善反 火乾 ツヽミメリ

燀 充善反 然 アツシ ツクス カヽク　㷿 谷减字　燱 谷憶字　熠 上謂火 ヒナリ

烷 谷浣字　烍 上珠　炦 谷未人 火氣上　炘 許斤反

爓 羊瞻反 ホノホ ホノカニ 以冉反 禾エウ 焰燄爁爁燅爓炎燄 九谷

爁 詩凡反 味辛 燖 又痰 徐廉反 ウツ 滅 燅 燂燖 今作一 詩廉反 燅 谷亦字

煡熄煶 上迮 中谷迮字 炬 上巨 谷ミ コカス トモシヒ タイアカシ 禾コ 苣 正 熘 谷 煖 雉 谷誰字 但合反

燊 上采 燊 無分反 又生飲反 灰 呼回 ハヒ 禾クヱ 灸 正

石一 イシハヒ 蛍一 同上 一汁 アク 淋一 アクタル

冬一 アカサノハヒ 爨 上毀 ニ サカリ 焜熴 谷 炘爞 之炅反

燹 許促反 又先善 ヌヒ 煮者煑 谷今 上諸 𤎒 トモカラ イル ヤク カヒク 禾ミヨ 炅燝 谷

㷊 上弗 火光 燎 正燎字 落蕭 又燎上 ヌヒ 燒 倭㐌 𤍠 火 熛 留柳 火点 燥 正

顔 カヨヘ 火貞
㸑 上庰 火乇
熛 上漂 飛火 巛古
熛 否 モエ ホノホ 禾表

熄 上息 畜 ヤム
烓 古礼反 烏携 三隅竈
熺 許之反 炙 ヒカリ サカリニ
熹 嘻 二或

熙 火之反 禾基 ヒロシ ヒロシ オコル
熈 ヨロコフ オコル アソフ サカリニ イタル オホイナリ
丨丶 トシノミ ヒロナル
熅 衮二正 恩上又 烏高反 炮炙

福 皮逼反 火乾
ヒホシノイツ
煸 或
煸 篇
炒 燍 早僞二丄 丨 㚐

熣 上譙 灼
𤏐 上糜爛
龜 上焦 灼 龜フ兆

焠 淬二正 七碎反 堅ヨ ニラク
焟 ヤク オトロフ
燥 燥二正 人久反 屈ア木丶
焯 上的 貝大

焆 一悅反 火先 アヽラカミ
燂 炏 燗 又焰二一 燗 五正
熇 苦老反 燥

焅 上酷 旱氣丶 熱丶
彗火 衛越 二丄 暴 乾 タナヒク
彗火 正
燿 一貝 行丶大

熹 盗桃二上 オホフ タナヒク
熸 正
㷄 大和反 契火 火駕反
煽 上扇 サカユ サカリナリ
爈 或
爔 上華 ホ然
熉 上娟 サカル 焙ヽ
烷 谷悩字

燷 許既反 氏 火明燎
㶱 許勤反 ホトホル 炙ヤク
炨 上乇赤
焯 上阜熾 サカユ
炵 上 疼炎
炔 於丈反 光明 敷上
焊 上脾 無
熼 即栗反 又即 上 ホツク

㷜 上䵷火
煞 モユ
爀 上頼毒
烣 上亦大光
爆 曠二正上 聶爆
煐 カヽ
爝 上爝 ケフゝし
燏 于来反 メ一 煙光炎

熭 上穴ヽ ノチケ 一一上
烗 上侈盛
熵 刃離反 大炎
燺 盧感反 黄色
熇 去衆反 乾
焦 或飪字 上荏 熋
燉 上喫火乾
烠 上堆光色

熞 烏堅反 契 アツミ 三上　烑 上 姚光　熢煤 土洽反 湯 淪菜 ユツ

爍爍 上云 ユツ ナユツ　燻熏熏 許云反 カホル サカリナリ フスフ タ一牛 禾久之　煙 ヤク オ一

𪹷 正君古　薰 香氣　熏 古　勲 上薫 タ一牛

爚 上吸 アツシ 又爚上　熷 腊 二今 上昔 カク　熷 瞎 二正　燊燊 犇今 カ人反

燐 上隣 一上 オニヒ　熽 平遍反　爄 背随反 臛

熼 腸 二正　㷗 腊同 二或　焳 谷堆字　熷 上因火貞

𤓰 疼沖 二上 旱熱 カサナル　烌 上休未之内典　烋 許敷反 又許交反 ヤム　燾 力甚反 審上 燢 或

燊 上訖或　燔 上煩 祭内 アフリ牛 ヤム アフル　𤏹 或脂字 胡監反 館餅脂　烌 箕 烙

熛爍㸕 未詳 煉 ヤー牛 アフリ牛 爔 呉上 義正規 爔乃 ヒカリ カヽヤク 禾キイ

燵 チル チラス アーラカミ 熷 上 遭 炬 ヤノ イキヨカル 呉糟 熜 アフル 㷆 サカリ ヒラメク

爈 ムラカル 熾 處志反 オー サカリナリ 禾ㄴ モユ ヒシコス 燃 呑然字 ヤク トモス モユ 禾ㄴ子ㄴ

然 如捅反 ヒカナリ ウク ウケタイ仁 ヒツカナリ コタフ オノツカラ タカㄴ ホミイテ ヒカリ ヒカモ 禾子ㄴ 自ー シノツカラ

ー者 サラハ 如然 ヒカノコトㄴ 煎 子連反 イル ニル 㷂 烏胡反 アツㄴ ホノホ カケロフ

羙 アツ牛 孰 上孰 アニク ツヒニ ウム ムニク ムテㄴ ツテヒラカミ コテヤカニ ナル ミツク ヤム クハㄴ 子ル ツラク ウク アニ子ㄴ ニエル カレク

不ー ミノラス 榮 木ア アニ子ㄴ ヨㄴ 為明反 サカユ ハナ 花サク 花ヒラク カヽル チヒサㄴ 禾井ヤウ

㷀 上 㷀 ホヤフ ニホル イトナム エタリ ツクル ヒタカフ イホリ シサム アトノ 覺 古 耿 イタム

悲 悲谷欲 ラ 上久
无灬 古気字 タナヒク
匆灬 ツナノ ツヽメリ ツクス ムチ アヒタ 或无 禾ム
𤓷 弊谷欲 オホフヤム
殄灬 コロス
灾 ヤク ムス

熬 上 ヤイタナ イリタナ アフリナ
烝 一ア シホーイナリ
煦 谷 呴字 ニヘク スミヤカナリ スチ モロ 禾一 クヰヨク
夂灬 ニタ
奥灬 フカミ 乙し
鳩灬 ヤム
焦 ヽヤし 木カ爪 ムフ
燎 クヒ

𤇆 亦炮字 アフリ牛 ツヽミヤ
炮 上庖 ツヽミヤ アフル
烈 刻 サムイ アニル ツクフ ツラナル カウヘし ハケナス タケし 威ヽ 美ヽ 光顕ヽ 猛し
無 武于反 ナクモカ ニヌ ナミ ナイカミロ ナスミ セス ムミロ ケタ牛 イナヤ
烋 チル
淮灬 ツクス
契灬 契谷欲 カナフ
炆 イタル
熏熏 普耕反 ニル
焴 カハク
賁灬 賁若欲 ハカル
爁 ナキヽ ミツーし

熊 熊 上雄 今正 クマ 羆 上俾 シクマ 羆 或 熊 羋攻又 姓 熊 クマ アフ

丨白 シロ 焼 サカリ 燈 上登 アフラヒ トモシヒ 丨籠 呑 トウロ

丨爐 ロ 丨械 下上戒 丨盞 アフラツキ 丨明 オホミアカシ

熊 燧 上条 サシ 無 見八ア 歙 歙殺 呑遍 正

燚 呑遍 燚 燿 胡汳又 灼 鳩 鳩呑欤 爽 餘石又 カヤク 盛 ヤク

点 煮 方婦又 サシ汁 樵 才焦又 薪 熢 上郁 アタナナリ 炬 古 アタヒテル

燠 鰛 於六又 烜 肝遠又 カワク 煉 力見又 乏錬字 煉 正欤

炭 嘆 アラスミ 可在山ア スミ 和丨 ニコスミ カチスミ 爆 補各又 タク 雹 呉上迫 搏 敲又 アフリ 抱

爈 上銃 ホソチ
燹 亦
焙 アフル
炏 奥斤又 或作 斷 ホム

煦昫 二谷 吁句又 アタヽカ ヤク アーートフ
烟

㷊 許其又 ヒロニル
燮燮 燮谷二正 先侠又
焦 上 イア 可見

夷火 可加又 家
熧𤋎 正或 子呂又
䝪 谷䝪字
雋 或雧字 由又 又上因 鐖

煦 谷助字
煦 谷朋字
燹 錐二正人家人尹二又 毛臧聚

夷人灸 或正 赤今昌尺又 朱色
黙 タカヒニ
煙 ケフリ

嘸 アツシ
醮 才肖又 サカムケ ニツリ
熅 カヽノ

罒
黑 呼得又 クラシ 禾コク クロシ スミ ゾル
𪐗 正
黟 烏兮又 オホシ 黒木
黚 巨淹又 又上因 烏羊

四五九

䵪䵫 朱領反
黢 谷叟字 又力反
䵩 瓈二谷 上離 璃字
黖 谷虬字

黔 上琴 黄首、民名、又巨炎反 クロシ 黒而
黜黜 丑律反 サル スヽム ツタナシ シリゾク 廢、貶、出、谷正

黬 ツタナシ シリゾク
䵳
黤 烏敢反 又於檻反 アシクロ
黶黯黭黮

黯䵴 上同 又於湛反 クロシ ヒソクロ 禾スル
黶 於檻反 人名 又伊琰反
䵟 谷

黳 谷黳 二匣谷 通上纏
黥 巨京反 刑 クラシ
黥 正
黥 剠二或

黚 巨炎反 浅黄 色
黕 丁敢反 又徒感反 點 汙、
黕 正
黭 谷

黟 躰交反
黟 谷詩呼二正 烏礼反 相然 麞詞
黷 上獨 クロシ ケガス ニコル アナツル カウフル ニーハフ 易、

黷 正
墨 莫北反 スミ 禾モク
塓 谷
黓 羊職反 皂

黠 下八反 クロシ サカシ 禾ーエフ カシコシ 吳浴 ーダシ モダ イサナダリ ウソクレダリ ミソラナリ 吳利

黧 谷

黳 上黳 小黒、 黒玉 黒光、 サウサシ 禾モク

⿰黑矣黳 三谷

嘿 谷通

⿰黑會 烏外反 クロシ

⿰黑昜 傷箱二反 黒赤

黲 倉敢反 黒色 淺青

黲 正

黝 谷通

黨 初刮反 短黒

⿰黑⿱罒几 正

⿱垂黑 上典反 又硯研二反 黒致

黕 他敢反 クロシ ニコル

黧 上梨 クロシ ツヒメリ

黧 谷

⿱𩬷黑⿱勑黑、⿱勑黑 二谷 ⿱敖黑字

⿰黑干 或盰字 古旱反

默 莫北反 クラシ モダス シヅカナリ

黸 或旅 正 張或上 盧黒弓、 上里一 田、

⿰黑旦⿰黑叩 都達反 白而黒、

⿰黑咸 上針 又古咸反 黒

黝 伊糺反 クラシ アシクロ 又伊上 縣名 クロシ

黦 於元反 又於吻反 黒有文

黔 巨淹反 如金 黄黒

⿰黑彔 上禄 ー黷黒

黵 丁敢反 クロシ ケカラ、 黵ー

⿱般黒 上艓珊下 クロム アカラサミ

黛 上代 黱谷 クロシ マユスミ ハクロメツク クロシ ミツカ トモクラ ツミメリ

⿰黒突⿰黒曇 黮 三谷

黮 他感反 [illegible] 美上湛 ツクロ

⿰黒尤 上殿澤

⿰黒喜 許其反 赤黒 クロシ

⿰黒毛 真江反 隋佛 鳥困反 深黒 又軫上ノ

黰 寘覓二上 草 木藜葺

⿰黒覓⿰黒亘 或

黰 参頡 三正 水美反 灸、

⿰黒乚 鳥困反 又鳥八反

⿱冠黒 莫困反 書 車輪

⿰黒耒 上耒 ツミム

⿰黒幸 都来反 大黒

⿰黒辱 上辱 垢黒

⿰黒茲 上茲黒

⿰黒屋 或剭 今屋 墀 二上 䣊名

⿰黒恵 英八反 短黒

⿱窻黒 上勲 縡 又於粉反

⿰黒黽 上劍 ハヘクタ 上孕 オモハツタ

黤 正

黥 上劍 又盧叶 竹裏衣黒

⿰黒枼 正

⿰黒沓 鰌 二正 他合反 泰 山羊曼為上伯

⿰黒式 上邑 釜底黒

⿰黒逮 谷隸字 上隸

⿰黒付 九嚴反

黈 智主反

黬　⊥域

點　⊥玷　ミル　ミム　書、　ケツル　カク　ミリソク　オソク　スーツ　メーツ　ケカス　サス

黔　ミリメタ

黛　スミヤカ

黥　クラシ

モト　アタ　タスク　トル　アチハヒ　アツテル　ムツテシ　ミタシ

トモ　智、　義ー　善、　禾タゝ

默　上黒喑户

黯　莫得反

顆　クロシ

黨　多朗反　トモカラ　ムラカル　ヤトナフ

儻　呉上宿

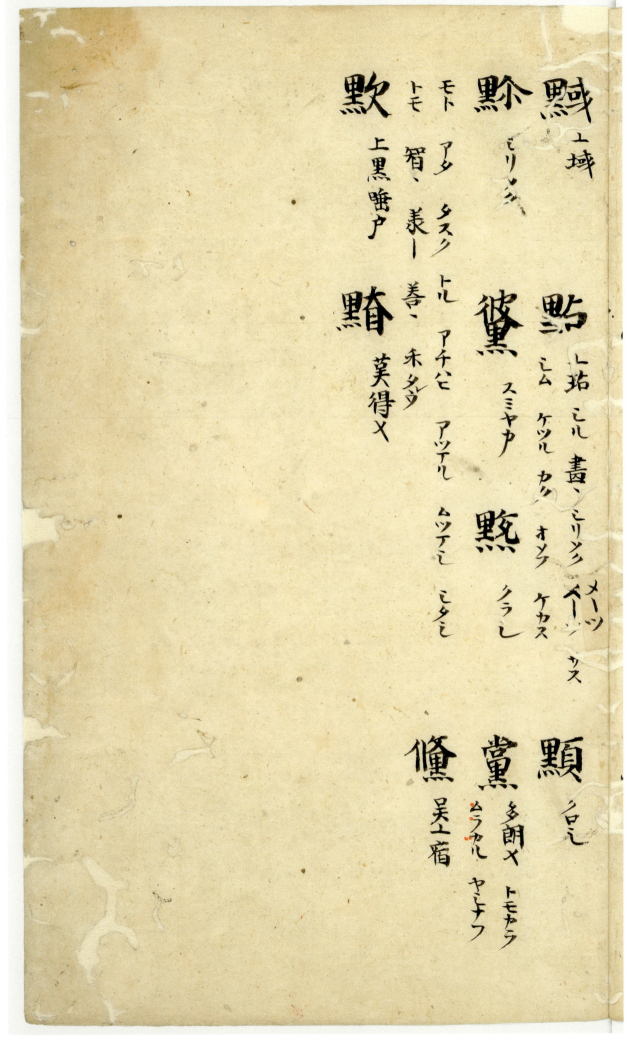

觀智院

新天理図書館善本叢書 第9巻 類聚名義抄 観智院本 一 仏

2018年4月24日 初版発行 定価(本体45,000円+税)

編集 天理大学附属 天理図書館
代表 東井光則
〒632-8577 奈良県天理市杣之内町1050

刊行 (学)天理大学出版部
代表 前川喜太郎

製作 株式会社 八木書店古書出版部
代表 八木乾二
〒101-0052 東京都千代田区神田小川町3-8
電話 03-3291-2969(編集) -6300(FAX)

発売 株式会社 八木書店
〒101-0052 東京都千代田区神田小川町3-8
電話 03-3291-2961(営業) -6300(FAX)
https://catalogue.books-yagi.co.jp/
E-mail pub@books-yagi.co.jp

製版・印刷 天理時報社
製本 博勝堂

ISBN978-4-8406-9559-6 第2期第4回配本

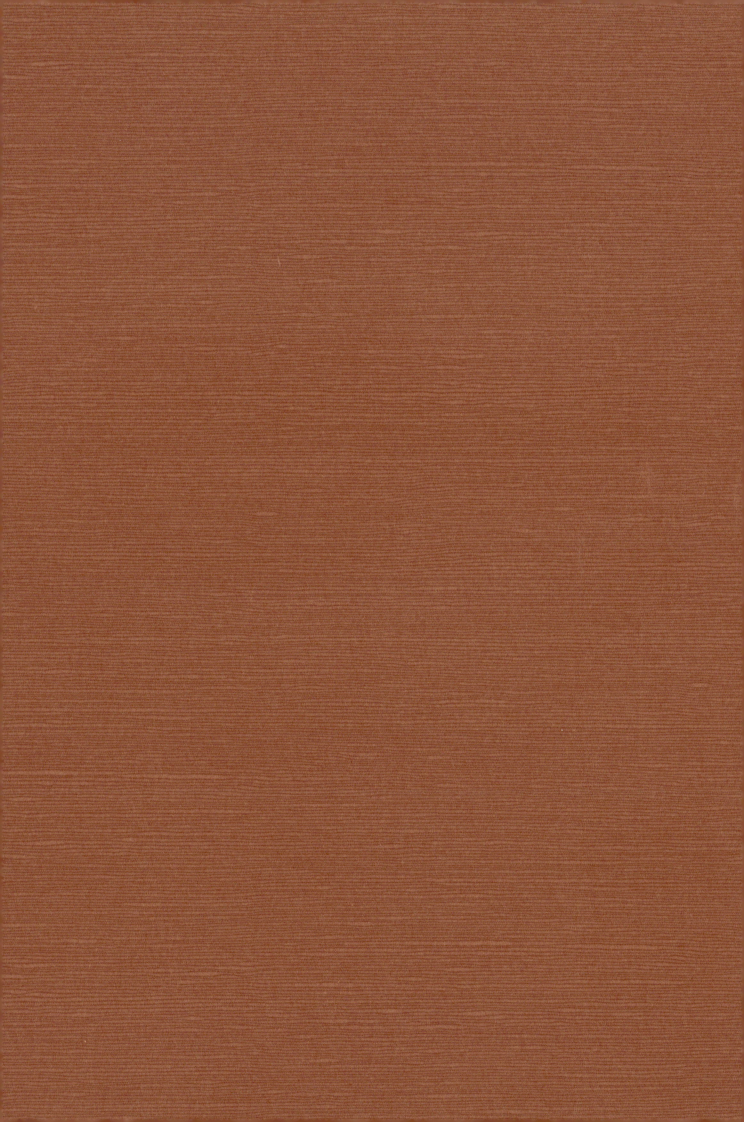